企业战略管理实论

Analysis of Enterprise Strategic Management

鲁贵卿 著
Lu Guiqing

中国建筑工业出版社

图书在版编目（CIP）数据

企业战略管理实论 = Analysis of Enterprise Strategic Management / 鲁贵卿著. -- 北京：中国建筑工业出版社，2024.8. -- ISBN 978-7-112-30210-9

Ⅰ. F272

中国国家版本馆CIP数据核字第20244RQ003号

本书的主要内容，包含了企业战略管理的基本问题（如第一和二章）、特殊问题（如第三章的扭亏脱困战略、第四章的组织优化战略等）；也包含了企业战略管理的普遍性问题（如人才强企、活力机制、市场布局、管理创新、科技创新、商业模式创新、降本增效、转型升级、数字强企、企业文化等）；还包含了企业战略管理的重大问题（如区域化、专业化、品牌化、精细化、数字化、国际化等）。从各章节的内容可以看出，本部实论是以工程建设投资类企业为底色、兼有其他各类企业通用性，可供各类型企业管理者和各类院校、研究机构的师生以及社会上有此兴趣的人士阅读参考。

责任编辑：朱晓瑜
责任校对：赵　力

企业战略管理实论
Analysis of Enterprise Strategic Management
鲁贵卿　著

*

中国建筑工业出版社出版、发行（北京海淀三里河路9号）
各地新华书店、建筑书店经销
北京点击世代文化传媒有限公司制版
北京市密东印刷有限公司印刷

*

开本：787毫米×1092毫米　1/16　印张：23½　字数：360千字
2024年10月第一版　2024年10月第一次印刷
定价：**88.00**元
ISBN 978-7-112-30210-9
（43612）

版权所有　翻印必究
如有内容及印装质量问题，请与本社读者服务中心联系
电话：（010）58337283　QQ：2885381756
（地址：北京海淀三里河路9号中国建筑工业出版社604室　邮政编码：100037）

序 言

战略管理是引领企业未来的关键

在当今竞争激烈的商业世界中，企业战略管理犹如航海中的罗盘，指引着企业驶向成功的彼岸。企业战略管理是对企业全局的、长远的发展方向、目标、任务和政策，以及资源调配做出的决策和管理。它涵盖了从外部环境分析到内部资源评估，从战略制定到战略实施的全过程。

对外部环境的准确洞察是企业战略管理的重要基础。企业需要密切关注宏观经济形势、行业动态、市场趋势以及竞争对手的动向。通过对这些因素的分析，企业可以识别出机遇和威胁，为制定战略提供依据。那些能够及时把握时代趋势的企业，往往能够在市场竞争中脱颖而出。

企业内部资源评估也是不可或缺的环节。企业需要清楚地了解自己的优势和不足，包括人力资源、财务资源、技术资源、品牌资源等。只有充分发挥自身优势，弥补短板，企业才能在战略实施中取得成功。

制定明确的战略目标是企业战略管理的核心任务。战略目标应该具有明确性、可衡量性、可实现性、相关性和时限性。它可以是市场份额的增长、盈利能力的提升、品牌知名度的扩大等。

战略实施是将战略目标转化为实际行动的过程。这需要企业全体员工的共同努力，以及有效的组织架构、管理制度和沟通机制的支持。在实施过程中，企业还需要不断地进行监控和评估，及时进行战略修正，以适应不断变化的内外部环境。

总而言之，企业战略管理是企业实现可持续发展的关键。21世纪以来，科学技术迅猛发展，经济全球化进程加快，人类进入了知识经济时代，知识化、数字化、网络化和全球化成为经济发展的基本趋势，企业不得不面对国内市场国际化、国际竞争全球化、市场波动加速、竞争日趋激烈的内外部环境。在世界百年未有之大变局加速演进的时代背景下，我国企业求生存、谋发展的关键出路就是：全面实行战略管理。企业只有通过科学的战略管理，才能在激烈的市场竞争中立于不败之地，创造出更加辉煌的业绩。

企业家作为企业的"掌舵人"，其战略把控能力直接影响企业的发展方向和未来。鲁贵卿先生在他四十多年的职业经历中，曾先后担任过大型央企的主要负责人和民营企业、金融投资企业的负责人，以其独到的战略洞察力、优秀的战略管理能力和坚定的战略执行能力，带领企业一步一个脚印地实现既定目标，积累了丰富的实践经验。

正值"十四五"收官、"十五五"即将开局之际，鲁贵卿的新作《企业战略管理实论》要公开出版发行了，可谓正当其时。一直以来，鲁贵卿先生勤于思考、勇于探索、善于总结，已著有《建筑工程企业科学管理实论》《工程项目成本管理实论》《建设工程人文实论》《工程建设企业管理数字化实论》《企业人力资源管理实论》等多部专著。《企业战略管理实论》作为其"实论"系列的第六部，以其多年在大型国有企业、民营企业、金融投资企业的管理实践与探索为基础，将企业战略方面的思考、认识、方法、路径、成果汇于一书，内容涵盖了企业战略管理的基本问题、特殊问题、重大问题和普遍性问题。将企业管理的一般理论运用到企业管理的实践中，并在企业管理实践中进行总结、提炼、升华为一种具有普遍意义的新的管理理论和管理方法，形成了本书的一个显著特点。如书中的扭亏脱困战略、组织优化战略、人才强企战略、转型升级战略、差异化竞争战略、管理创新战略、精品名牌战略、降本增效战略、文化兴企战略以及区域化、专业化、品牌化、精细化、数字化、国际化、科技产业化策略等，都经过了实践的运用和验证，为广大企业破解战略管理、转型升级、高质量发展等难题提供了可寻之章、可用之法、破局之道。

从各章节的内容可以看出，这部《企业战略管理实论》是以工程建设投资类企业为底色的，但也兼有其他各类企业的通用性和适用性。本书为读者清晰地展现了一条打通"道、法、术"的中国式企业战略管理的发展路径，是一部不可多得的将企业战略管理理论与具体企业管理实践完美结合的佳作，对工程建设企业乃至全国各行各业的企业发展都具有重要的借鉴意义和实践价值。

赞叹之余，欣然为序！

中国工程院院士　丁烈云
华中科技大学原校长
2024 年 9 月

前　言

战略是一种知行合一的实践

"战略"这个概念最初存在于军事领域。在中国,"战略"一词历史久远,"战"指战争、战斗,"略"指策略、谋略。在西方,战略"Strategy"一词源于希腊语"Strategos",意为将军指挥军队的艺术。

最早把战略概念引入企业领域的是美国经济学家切斯特·巴纳德,他在1938年出版的《经理人员的职能》一书中已经开始体现战略思想,他运用"战略因素"这一概念对企业物质、生物、个人和社会等多方面因素及其相互联系和影响进行了分析,但没有形成战略的理论框架。直到1965年,美国管理学家安索夫发表《企业战略论》,"战略"这个概念才开始广泛运用于企业领域。加拿大麦吉尔大学教授明茨伯格对企业战略有独到见解之处,他指出,在生产经营活动中人们在不同的场合以不同的方式赋予企业战略不同的内涵,说明人们可以根据需要接受多样化的战略定义。在这种观点的基础上,明茨伯格提出了企业战略的"5P":即计划(Plan)、计策(Ploy)、模式(Pattern)、定位(Position)和观念(Perspective),从五个不同维度对战略进行了阐述。

战略的概念难有一种标准答案,可谓常变常新。被誉为"现代管理学之父"的美国学者彼德·德鲁克(Peter F. Drucker)教授曾说:"管理是一种实践,其本质不在于知,而在于行。其验证不在于逻辑,而在于成果,其唯一的权威就是成就。"如果我们把德鲁克这段话中的"管理"两个字替换为"战略",也是非常贴切的。

企业战略是企业中各种战略的总称,其中包括发展战略、竞争战略、营销战略等。这些战略的基本属性是相同的,都是对企业整体性、长期性、基本性的谋略，不同的只是谋划角度。

战略管理的过程如同登山比赛，当你领着一群人朝山顶奔跑的时候，你必须告诉跟随你的人，我们的目的地在哪里；你必须说服跟随你的人，登上山顶有他们想要的东西；你要根据你的装备，找到一条最适合的捷径，如果你有跑鞋，那走缓坡的路径可能会快些；如果你有钉鞋，那走陡一些的路径肯定较适合你；如果你有钱购置攀爬设备，你还可以选择直接攀登山崖；你还要使你的队员在统一目标的前提下斗志昂扬，充满激情，不要搞窝里斗；最为基本的一条是，你要保证你的补给，保证一路上为你的队员提供充足的水和食物，因为登山的过程中必然有大量的消耗。只有做到这些，你才可能赢得胜利。

而对于处在困境中的企业而言，如同你在登山的过程中迷失了方向，并且出现了补给问题，你不能为你的队员提供充足的水和食物。在这种情况下，怎样才能让你的队员跟着你跑，继续向山顶迈进？这就需要做如下思考：

一是自己有什么装备和食物，队员的精神和生理状态怎样，到达山顶有几条路。这就是战略分析。二是选择最合适的一条路径。这就是战略制定。三是合理分配装备，保证队员的供给，激发队员高昂的斗志。这就是战略实施。四是根据情况变化及时调整路线。这就是战略修正。

简而言之，战略是一种知行合一的实践。企业战略是企业管理的实践过程，它是指为确立企业的长远目标并为实现目标而采取的资源配置和行动部署。战略管理包含战略分析、战略制定、战略实践、战略修正四个重要环节。企业战略管理就是在企业发展的不同阶段做出重大抉择，使企业做正确的事和正确地做事。企业战略管理的任务就是企业在不确定性的外部环境下，做出符合企业实际的、使企业持续发展的确定性选择。本书在知行合一理念的指引下，既论述战略的"知"，又论述战略的"行"；在"行"的基础上谈论"知"，在"知"的引领下实践"行"。知行互融、知行一体是作者坚持的基本准则。

如果说战略是企业的生命，那么执行就是生命的保障。也就是说，战略的好坏，必须经过实践来检验。离开实践的战略，就如同无本之木、无源之水。正如毛主席所说："如果有了正确的理论，只是把它空谈一阵，束之高阁，并不实行，那么，这种理论再好也是没有意义的。"本书在进行战略层面论述的同时，有意识地在执行层面、实施路径和方法措施上多了一些笔墨。

这部《企业战略管理实论》，是基于笔者四十多年企业管理实践和理论思考，这些企业管理的理论、理念、方法和成果，是从实践中来，又回到实践中去，经受实践的验证。当然，这些实践是具有时代特色和行业特点的，一些具体理念和方法，虽然不能够完全解决企业战略管理的所有问题，但是可以给人们一些启发和借鉴。

本书共分十章：

第一章，企业战略管理概论。主要探讨企业战略管理的基本问题，如：何为战略，企业战略管理的关键要素，企业战略核心内容，企业主要管理者的作用等。

第二章，工程建设企业的战略管理。主要探讨工程建设企业战略管理的基本思路、基本方向、基本目标和基本做法。

第三章，扭亏脱困战略与人才强企，主要阐述在企业面临困境时，如何走出困境实现新生，怎样推进人才强企、青年人才培养和企业差异化竞争。

第四章，组织优化战略与活力机制，主要论述企业组织建设与管理，组织体系构架与组织职能分配，组织运行与管控，"六能"活力机制，绩效考核评价，企业民主管理与民主监督等。

第五章，区域化战略与市场布局，探讨工程建设企业的区域性组织机构的必要性与职能定位问题，企业区域化整合与市场布局，市场营销的制度体系、营销激励机制和营销能力建设等。

第六章，专业化战略与转型升级，探讨企业的专业化路径，构建企业主营业务板块，实现企业转型升级的方针和路径。

第七章，品牌化战略与管理创新，论述企业品牌化战略的本质内涵，产品与服务持续优化，管理创新、技术创新、机制创新与商业模式创新。

第八章，精细化战略与降本增效，阐述工程建设企业经营逻辑、基本规律，三次经营，方圆理论，项目小微责任制，分资制管理法。

第九章，数字化战略与数智企业，论述企业数字化的意义、方向、路径，企业标准化与数字化的两化融合，企业管理数字化的实践做法。

第十章，文化兴企战略与创优争先，重点论述企业文化建设与文化的引领作用，"信和文化"案例，创优争先和"建、做、创"活动的实际效果等。

本书内容包含了企业战略管理的基本问题（如第一章和第二章）、特殊问题（如第三章的扭亏脱困战略、第四章的组织优化战略和活力机制等）；也包含了企业战略管理的普遍性问题（如人才强企、活力机制、市场布局、管理创新、科技创新、商业模式创新、降本增效、转型升级、数字强企、文化兴企等）；还包含了企业战略管理的重大问题（如区域化、专业化、品牌化、精细化、数字化、国际化等）。从各章节的内容可以看出，本书是以工程建设投资类企业为底色的，但也兼有其他各类企业的通用性，可供各类型企业管理者以及各类院校、研究机构的师生和社会上有此兴趣的人士阅读参考。

这本《企业战略管理实论》是作者"实论"系列著作的第六部，前五部分别是《建筑工程企业科学管理实论》《工程项目成本管理实论》《建设工程人文实论》《工程建设企业管理数字化实论》《企业人力资源管理实论》。最初在谋划"实论"系列时，总体上考虑按功能和内容进行一定的区分，每部有不同的论述主题，既独立成篇，又相互联系，互为补充，总体上有个系统的样子和脉络。同时，为了保持每个主题的逻辑完整性，各分册之间又有少许且必要的重叠，从而使得每部书能够保持相对独立性，便于读者阅读。

本书中的实践经验与体会，主要来自于作者曾经工作过的中国建筑集团及中建五局、中建八局、中建八局一公司、中南建设集团、中国平安建设投资有限公司、中国平安不动产有限公司等企业，一些观点理念还来自于本人曾学习考察交流过的优秀企业和优秀企业家以及作者的许多老师和朋友，在此，向他们表达我衷心的感谢！

在《企业战略管理实论》成书过程中得到了许多专家和朋友们的热情鼓励和帮助，特别是华中科技大学原校长、中国工程院院士丁烈云先生在百忙之中亲自为本书作序，在此表达诚挚的谢意！在本书成稿过程中，得到了孙伟、祝理谙等多位同事的大力支持和帮助，在此一并感谢。

鲁贵卿　二零二四年六月

目 录

第一章 企业战略管理概论/001
  第一节 战略与战略问题/002
    一、企业战略的含义/002
    二、企业战略的特征/003
    三、企业战略的作用/005
    四、企业战略"六问"/006
  第二节 企业战略管理/008
    一、企业战略管理的地位/009
    二、企业战略管理的作用/010
    三、企业战略管理的目标/011
    四、企业战略管理要素 /015
  第三节 领导者的责任与作用/017
    一、企业"一把手"的素质要求/017
    二、"一把手"的责任/020
    三、最高管理团队的作用/022

第二章 工程建设企业的战略管理/025
  第一节 工程建设企业战略管理体系的构建/026

一、工程建设企业的主要特点/026

二、工程建设企业战略管理的特点/027

三、企业战略的层次与体系/028

四、企业战略管理体系建设/030

第二节 企业的战略思路/033

一、企业战略思路的作用/033

二、基本工作思路/034

三、总体发展思路/037

第三节 企业战略的实施与修正/040

一、脱困新生战略的"四步走"/040

二、一年一个工作主题/042

三、适时的战略修正/044

第三章 扭亏脱困战略与人才强企/047

第一节 扭亏脱困战略/048

一、企业困境因素分析/048

二、一企一策的"八大战役"/049

三、企业凤凰涅槃持续快速发展/051

第二节 人才强企战略/052

一、人才与企业战略的匹配/053

二、优质人才的持续引进与培养/054

三、骨干人才的素质提升/057

第三节 "青苗工程"战略/058

一、青年员工培养的意义/059

二、"青苗工程计划"/064

三、营造青年人才成长环境/066

四、创新培养机制与培养方式/068

第四节 差异化竞争战略/072

一、基础设施业务的重整 /073

二、房地产投资业务的塑造 /074

三、"一带一路"倡议的"五步走" /075

第四章　组织优化战略与活力机制 /079

第一节　企业的组织体系 /080

一、企业组织体系的设计 /080

二、企业组织架构的设置 /082

三、企业组织的动态调整 /085

第二节　企业组织职能体系 /090

一、高管层的配置与主要职能 /090

二、总部、区域公司、项目经理部的基本职能 /094

三、企业党群组织建设 /095

第三节　组织活力机制的构建 /097

一、组织活力机制的原则要求 /097

二、"六能"机制的形成 /100

三、传统老国企焕发新生机 /105

第四节　"金条＋老虎"考评激励机制 /108

一、客观、量化、科学的绩效标准 /109

二、公开、公平、公正的考评机制 /112

三、尊重贡献、奖罚分明的激励机制 /114

第五章　区域化战略与市场布局 /117

第一节　企业的区域化经营 /118

一、区域市场布局 /118

二、区域性经营机构设置 /119

三、项目管理组织设置 /120

四、区域经营的"四个转变" /122

第二节　区域经营的实践与效果 / 125
　　一、中建五局区域化经营的"11次机构重组" / 125
　　二、中建八局一公司市场布局的"三大战役" / 128
　　三、区域化经营的实践效果 / 132
第三节　区域市场营销 / 133
　　一、区域品牌化经营 / 133
　　二、市场营销管理 / 134
　　三、市场营销理念 / 139
　　四、市场营销能力 / 142

第六章　专业化战略与转型升级 / 151

第一节　企业转型升级 / 152
　　一、企业转型升级的必要性 / 152
　　二、企业转型的方向选择 / 154
　　三、企业转型升级的路径 / 156
第二节　专业化发展 / 158
　　一、企业经营的"二十字方针" / 158
　　二、中建五局10次专业化重组 / 160
　　三、三大业务板块优势形成 / 162
第三节　投资业务能力建设 / 162
　　一、专业的人做专业的事 / 163
　　二、房地产投资能力打造 / 164
　　三、基础设施专业投资能力建设 / 177

第七章　品牌化战略与管理创新 / 187

第一节　项目管理与标准化 / 188
　　一、项目过程管理 / 188
　　二、创建精品工程 / 191

三、管理标准化／192

第二节　管理机制创新／195

　　一、三次效益划分／195

　　二、三项责任制／197

　　三、三个集中管理／199

第三节　技术进步与创新／200

　　一、科技进步强化企业核心竞争力／200

　　二、"四有科技"驱动工程提质增效／202

　　三、科技要素助力工程管理升级／204

　　四、绿色低碳建造／207

第四节　商业模式创新／210

　　一、我国建筑业的发展历程／210

　　二、企业经营管理模式的演变／216

　　三、创新商业模式／221

第八章　精细化战略与降本增效／225

第一节　"方圆理论"的基本理念／226

　　一、项目生产力最大化／226

　　二、"责权利相统一"的管理原则／230

　　三、"外圆内方"之道／233

　　四、"两个基石一条主线"的理念／237

第二节　"项目成本管理方圆图"解析／239

　　一、工程项目成本管理方圆图／239

　　二、"房地产投资项目成本管理方圆图"解析／246

　　三、"基建投资项目成本管理方圆图"解析／256

　　四、"方圆理论"的实践意义／263

第三节　项目目标管理与"分资制管理法"／264

　　一、工程项目目标管理三圆图／265

二、目标管理各要素之间的关系 /267

　　三、分资制管理法 /269

第四节　项目小微责任制 /273

　　一、项目小微化管理 /273

　　二、项目小微责任制的基本做法 /276

第九章　数字化战略与数智企业 /281

第一节　企业数字化的意义 /282

　　一、信息数字技术的发展与应用 /282

　　二、企业数字化的发展历程 /284

　　三、企业数字化方向 /288

第二节　标准化与数字化的融合 /291

　　一、企业数字化需要解决的基本问题 /291

　　二、管理标准化与数字化融合的途径 /293

　　三、企业数字化的顶层设计 /296

第三节　企业管理数字化实践 /302

　　一、企业管理数字化的三个基本特征 /302

　　二、企业管理数字化实践的四个阶段 /305

第十章　文化兴企战略与创优争先 /319

第一节　"信和"文化的形成 /320

　　一、"信和"文化的产生背景 /320

　　二、"信和"文化的三大来源 /322

　　三、"信和"文化的建设历程 /327

　　四、企业文化建设的六个环节 /330

　　五、思想文化建设的"四次行动" /334

第二节　"信和"文化的内涵 /337

　　一、"信和"文化的理念结构 /338

二、"信和"文化的基本内涵 /339
　　三、"信和"文化的主要特点 /344
第三节　创优争先与榜样引领 /346
　　一、"建、做、创"活动 /346
　　二、弘扬"超英精神" /352
　　三、从"一枝独秀"到"八仙过海" /356

第一章

企业战略管理概论

众所周知,战略的概念难以有一种标准答案,可谓常变常新。通常地,我们可以说:战略是一种实践,其本质不在于知,而在于行,在于知行合一,在于具体实践的效果。

第一节 战略与战略问题

战争讲究谋略。谋略有大有小,大谋略叫"战略",小谋略叫"战术"。战略与战术既有联系又有区别。一般而言,先有战略,后有战术。战略高于战术,战略引领和指导战术,战术需服从和支持战略的要求。具体来说,战略针对全局问题,战术针对局部问题;战略针对长期问题,战术针对短期问题;战略针对基本问题,战术针对具体问题。

一、企业战略的含义

随着人类社会的发展,"战略"一词逐渐被扩展至政治、经济、科技、教育、外交等诸多领域。这样,就有了国家战略、经济战略、外交战略、竞争战略、品牌战略、营销战略、人力资源管理战略等。

什么是企业战略?在"战略"一词引入企业管理领域后,诸多学者试图给战略下一个定义。但是,由于不同学者自身经历和对管理的认识不同,对企业战略赋予的定义也不尽相同。一般来说,企业战略有广义和狭义之分。

在广义的企业战略定义中,战略的概念不仅包含实现企业目的与目标的手段和途径,还包含企业的目标和目的本身。如美国哈佛商学院教授安德鲁斯认为,企业战略通过一种模式,把企业的目的、方针、政策和经营活动有机地结合起来,使企业形成自己的特殊战略属性和竞争优势,以便解决不确定环境中的企业发展问题。又如,美国达梯莱斯学院教授奎因认为,企业战略的本质是在经营行动之前,根据企业内部条件和外部环境及其变化趋势,有意识地决定企业的目的与目标、方针与政策、活动或项目。

而在狭义的企业战略定义中,战略仅仅是指实现企业目的与目标的方法和手段,而目标与目的本身是企业战略的前提。如美国著名战略学家安索夫认为，企业战略是一种关于企业经营性质的决策。企业战略是贯穿于企业经营与产品和市场之间的一条"共同经营主线"，决定着企业目前所从事的，或者计划要从事的经营业务的基本性质。

二、企业战略的特征

一般而言，企业战略具有方向性、全局性、长远性等基本特征，此外还具有指导性、竞争性和风险性等特征。

（一）战略的方向性

顾名思义，战略的方向性是指它的方向和目标。战略犹如方向盘，必须把握正确的方向，奔着既定的目标前行。比如，我们要去法国、英国或者非洲，这个方向一旦确定了就不能轻易改变。如果方向选错了，就会南辕北辙。没有正确的战略作指导，企业的发展必然是盲目的、无序的。由此可见，把握好战略的方向性尤为重要。

（二）战略的全局性

企业战略的全局性是指以企业的全局为研究对象来确定企业的总体目标，规定企业的总行动，追求企业的总效益。战略的全局性是战略的最突出特性，它要求企业战略必须以企业全局为研究对象，结合企业的全局发展来确定企业的总体目标，并对企业的总体运营和谋划进行指导。战略的正确与否直接关系到企业的兴衰存亡，只有从全局出发考虑战略问题，才能解决企业各方面、各阶段的问题。此外，企业战略管理还应与国家的总体发展战略相适应，符合国家的相关要求，使企业能够在市场经济条件下取得有效发展。

（三）战略的长远性

企业战略的着眼点是企业的未来，研究的是企业长远的生存发展问题，因此具有长远性特征。企业战略考虑的是企业未来相当长一段时间内（5~10年甚至更长远）的总体发展战略。企业战略的长远性特征，要求把企业战略的制定和实施定位在未来，是为了谋求企业未来的发展和长远利益，而不是局限于解决当前问题和满足眼前利益。

（四）战略的指导性

企业战略对企业在一定时期内的总体目标、发展方向和发展重点，以及实现企业目标的基本途径和手段等都进行了规定，因而对企业经营管理具有指导作用。战略一旦制定，企业各层级、各部门的各项工作就要为实现战略而努力。企业的各项经营活动只有在战略的指导下，才不会偏离企业的战略目标和发展方向。

（五）战略的竞争性

企业战略是在激烈的市场竞争中产生的，是为了培育和增强企业的竞争优势而制定的，其目的就是使企业能在激烈的市场竞争中发展壮大自己的实力，使其在与对手争夺市场和资源的竞争中占有相对的优势。其作用在于通过密切监测市场竞争态势和评估企业自身的相对竞争地位，抓住机遇、迎接挑战、发挥优势、克服弱点，以求在"商战"中取胜，保障企业的生存和发展。因此，竞争性是企业战略的显著特征之一。

（六）战略的风险性

企业做出任何一项决策都存在风险，战略决策也不例外。随着科学技术及国内外经济、社会发展变化速度越来越快，企业战略环境的动态性不断增强，不确定性因素不断增多，许多事物具有不可预测性，使企业的战略环境总是处于不确定和变幻莫测的趋势之中。因此，战略的风险性要求企业在制定战略前要对市场进行深入研究，对行业发展趋势进行科学预判，这样才能有效规避战略的风险性，引导企业健康、快速发展。

三、企业战略的作用

（一）找准定位，指引方向

企业战略的核心就是基于发展的现状，认清企业发展的定位。企业战略包含企业的愿景、价值观、使命、经营产品、经营方针、经营模式、市场客户关系等。明确了企业要朝什么方向走，以及要走向何处，企业的经营管理活动才不至于迷失方向，才能知道什么是"正确的事"。而只有坚持"做正确的事"，企业才能避免在不正确的事情上浪费有限的、宝贵的资源。不知道发展方向，不知道要做什么，把精力和资源消耗在无关紧要的普通小事上的企业，是非常可怕的。就像走在悬崖边上，但还不知道危险一样。

（二）统一思想，统一行动

企业战略是对企业未来一定的时间内各项业务的总体规划，既明确了任务目标，也清晰了实现目标的有效途径。所以，战略是全体员工的行动纲领和指南。制定企业战略的过程本身就是统一思想与行动的过程，战略一旦制定，企业各层级员工都应朝着统一的目标和方向努力。企业员工在战略的指导下做好各项实际工作，战略激励员工追求理想并为之奋斗。

（三）资源调配，控制风险

企业战略有助于集中资源办大事，有助于实现资源的最优配置。战略是基于确定的目标和方向，明确未来不同发展时期的工作重点，并对企业有限的资源进行最合理、高效的分配，将企业资源聚焦使用，实现投入产出比的最大化。同时，通过开展战略环境分析以及内部资源能力评估，明确企业所处行业的发展趋势、竞争态势，以及企业的优势、劣势、机会、威胁，帮助企业前瞻性地提高风险控制能力和市场应变能力，培育、储备必要的资源和能力，提升企业的持续竞争能力。

四、企业战略"六问"

思路决定出路。一个企业如果没有正确的思路,就好比失去了方向的航船,随时都有触礁的危险。在制定战略前,企业管理者必须思考并回答六个问题:市场有什么?自己能做什么?定什么目标?选什么路径?什么人去做?如何让人们努力去做?这是企业战略管理的核心内容。

(一)市场有什么?

任何一个企业都不是独立存在的,都要受到外部环境的影响和制约。企业的外部环境包括宏观环境和产业环境两个层面。宏观环境一般指政治、经济、社会、科技等环境因素,一般来说对企业的影响较为间接。产业环境是对企业所处的行业进行分析,与企业关系较为密切,对企业的影响也较为直接。每个行业都有其自身的特点,企业要在行业中建立竞争优势,就要对本行业的市场有深入的了解和认识。企业是因市场而存在的。只有好好分析市场环境,了解市场需要什么,利用有利于企业发展的机会,避开环境可能带来的威胁,才能顺应市场环境,在行业中建立竞争优势。对于工程建设类企业来说,基于其投资的导向性与市场的不确定性特征,更加要持续不断地对市场环境、投资导向等进行深入透彻分析,审时度势、因势利导,抢抓市场机遇,才能在"狼多肉少"的竞争中立于不败之地。

(二)自己能做什么?

每个企业都应对自身有一个清晰的定位,即"我们的企业是一个什么样的企业?"明确企业目前进入了哪些业务领域?做得怎么样?清楚地认识自我、剖析自我,分析企业内部条件是制定企业战略的前提和基础。要认真分析企业所具备的能力和素质,包括企业生产经营现状、企业的资源和能力、企业文化等,辨别出企业的优势和劣势,做到"知己",才能在制定战略时扬长避短,有效地发挥和利用企业的自身优势。

例如，中建五局于 20 世纪 90 年代开始探索多元化经营，提出"四个轮子"并转，也就是发展四大板块：建筑业、工业、房地产业和贸易。但是由于未对自身情况进行深入分析，涉足了不擅长的领域，导致企业出现连年亏损。而从 2003 年起，中建五局在分析了内外部环境的基础上，结合自身优势，提出了发展房屋建筑施工、基础设施建设、房地产与投资三大业务板块。虽然也是多元化，但这是相关多元化，这就使得企业在进行正确定位的基础上，找到了一条符合自身实际的发展路径。

（三）定什么目标？

企业战略是为实现企业的宗旨和目标服务的。在分析了企业外部和内部环境后，确立企业的发展方向及目标尤为重要。"定目标"，就是明确企业未来要成为一个什么样的企业，确定企业经营管理活动预期达到的成果。企业目标又包括企业使命、企业愿景和具体目标三个层面的内容。只有明确了目标，企业才能根据实现目标的需要，合理地分配各种资源，正确地规划企业各项经营活动。

定目标最重要的是要符合企业的实际情况与发展要求。2003 年起，中建五局根据"扭亏脱困进而做强做大"的总体发展目标，连续开展了一年一度的主题年活动，其目的就是要解决企业在不同阶段的战略发展问题。

（四）选什么路径？

在确立了企业目标后，怎样才能实现目标呢？这就是要找到实现企业目标的途径和方式。选择战略路径是一个复杂的决策过程，需要尽可能多地制定出可供选择的战略方案，再选择最优的方案。在战略选择上，要注意几个问题：一是战略是否与企业宗旨相一致；二是战略是否与环境相适应；三是战略是否与企业拥有的资源和能力相匹配；四是战略是否能够有效地落地执行。如中建五局 2003 年提出，要打造三大业务板块。通过什么样的路径去实现呢？就是通过实施"三化"方针，即"区域化经营、专业化发展、精细化管理"。

（五）什么人去做？

发展路径确定之后，选人就是决定因素。选择合适的人，是把事做正确的前提。在选择什么样的人上，需要注意两点：首先，要做到用人所长。坚持唯物史观，全面、辩证地看待人才，不求全责备，不以偏概全，力求人尽其才、才尽其用。其次，要注意用当其时。人才也有"保质期"，只有将那些能干的、肯干的人才适时地放到合适岗位，才能最大限度地发挥人才的使用效应，避免人才资源的积压和浪费。同样的人，放的位置不同就会带来不同的结果，同一个人，不同时间任用他也会带来不同的结果。人才合理配置是企业持续发展的关键，目标是要将合适的人在合适的时间放到合适的岗位上。如何发现、选拔合适的人才，是企业需要面对和解决的一个至关重要的问题。

（六）如何让人们努力去做？

战略是企业的生命，落实与执行则是生命的保证。保证人员努力行动和有效执行主要有三个方面：一是推动执行力建设。推动执行力建设包括有形推动和无形推动两个方面。有形推动主要是通过制度和流程的建设，通过严格的绩效考核与评价体系，形成有利于执行的硬约束。无形推动主要是通过加强教育，营造执行力文化，形成有利于执行的软环境。二是尊重人性，构建企业文化，营造快乐工作的氛围，构建和谐向上的环境，打造企业的主流文化。三是管理需求，建立薪酬与激励机制体系，坚持"人员能进能出""干部能上能下""收入能增能减"，使员工积极进取，乐于工作。

第二节　企业战略管理

对企业而言，战略管理就是企业到底要做什么，需要重点解决什么样的问题？

如果说企业战略是引导企业达到预定目的的导航图，那么战略管理就是要使企业沿着导航图前进并成功到达目的地。企业战略管理是企业制定战略决策、实施战略方案、控制战略绩效、实现战略目标的一个动态管理过程。

一、企业战略管理的地位

（一）战略管理是企业最高层次的管理

从管理理论的层次来看，战略管理理论是最高层次的管理。自20世纪初温斯顿·泰罗创立科学管理以来，企业管理理论有了极大的发展。尤其是第二次世界大战后，企业管理理论的大发展使我们进入了"管理丛林"时代，各派管理学说不断涌现。按照内容所涉及的范围和影响的程度，人们将管理理论分为三个不同的层次：

一是管理基础。它是指管理中带有共性的基础理论、基本原则和基本技术，主要包括管理数学、管理经济学、管理心理学、管理原理和原则、管理组织学以及管理理念、管理思想等。

二是职能管理。它是指将管理基础与特定的管理职能相结合，以提高一个组织职能部门的效率。它主要包括生产（运作）管理、市场营销管理、财务管理、人力资源管理、研究与开发管理等。

三是战略管理。它是指管理理论中最高层次的管理，它不仅要以管理基础和职能管理为基础，还融合了政治学、法学、社会学、经济学等方面的知识。

从这种分类中可以看出，战略管理是管理理论中顶尖性的和整合性的管理理论，它是在囊括了其他管理理论和技术的基础上，站在一个更高层次上的管理理论或思维方式。掌握了战略管理理论，企业管理人员才能处理好涉及企业整体性的管理问题。

（二）战略管理是企业高层人员最重要的活动和技能

战略管理是一个长期的、系统的、动态的过程，企业高层人员的各种职能和活动都与战略管理息息相关。企业高层人员是战略环境的分析者，企业战略的制定者，战略实施的领导者、参与者、监督者以及战略执行结果的评价者。参与这些战略管理活动均需要企业高层管理者具备战略思维能力，这也是区别于企业其他管理人员的一项最重要的能力。

（三）战略管理是决定企业生存发展的关键

战略管理是企业谋求生存和发展的重要保障。企业战略连接着企业的现在与未来，决定着企业的兴衰与成败。企业战略是企业日常经营活动的指南。因此，加强企业战略管理能够保障企业竞争力的有效提升，促进企业稳定且持续地发展。同时，企业战略管理具有长期性，为企业提供了长远的发展目标，从而减少短期行为，促进企业的长远发展。企业战略管理有助于将企业的生产和服务朝着市场效益的方向转化，提升企业的效益和竞争力。战略管理有助于企业深入分析自身的发展优势及弱点，在此基础上进行战略目标的规划，使企业发展更具针对性、专业性和方向性，为企业的长远发展提供有效保障。

二、企业战略管理的作用

（一）提高企业应变能力

实施战略管理能提高企业对环境的应变和适应能力。正如美国未来学家托夫勒说："对没有战略的企业来说，就像是在险恶气候中飞行的飞机。"战略管理是一种"预应式"管理，企业在面对外部环境剧烈变化时，通过一系列战略调整和决策，迅速付诸行动，便能朝着既定的目标前进。实施战略管理可以使企业充分认识到自己在竞争中的地位，企业战略的制定过程，实际上也是知己知彼的过程。企业需要通过对竞争对手、环境的缜密评估，摆正自己的位置，调整战略路径，使其顺应市场和环境的变化。

（二）增强企业核心竞争力

企业的核心竞争力决定了企业能否适应社会经济的迭代进程，是企业实现持续发展的能力。企业通过战略管理，能够认清自身存在的优势与不足，结合发展远景，调整发展的目标和策略，扩大优势，弥补劣势，做到"知己知彼，取长补短"。在制定企业战略管理规划时，能够促进管理者认清企业目前的经营发展状态，不断发掘企业竞争优势，进而培育、增强企业的核心竞争力。

（三）提升企业员工的协同效率

战略管理可起到"桥梁与纽带"的作用，企业战略是由高层管理者通过层层传递与宣贯传达到基层企业员工中去的。通过实施企业战略管理，企业员工能够认清目前行业的现状与企业所处的位置，了解企业未来的发展目标规划，进而调节自身的工作状态与预期目标。当企业员工对公司的长远目标有较深的认识后，企业各个部门就能在战略的指导下做好自身的本职工作，并同时实现通力协作，提升企业整体的协同运转效率。

三、企业战略管理的目标

企业战略的核心是战略目标。企业的发展目标如同海洋里的灯塔，没有具体的、明确的目标就会丧失前进的方向与动力。因此，实施企业战略管理首先要明确战略目标。具体而言，企业战略目标是一个体系，由企业使命、企业愿景和企业目标三个层次构成（图1-1）。三个层次由上至下、由里及表、由本至末，从抽象到具体、从远期到近期。企业使命是企业最根本、最长远的战略目标；企业愿景是企业使命的具体化、形象化；而企业目标又是对企业愿景在不同维度上的分解，使其可执行、可操作。

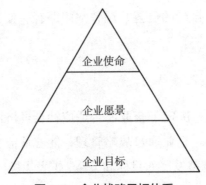

图 1-1　企业战略目标体系

（一）企业使命

彼德·德鲁克认为，企业使命是对三个问题进行深入思考的结果，即"我们公司是一个什么企业？""我们公司应该是一个什么企业？""我们公司将是一个什么企业？"企业使命是企业的存在宣言，它阐明了企业存在的理由和根据，同时揭示了企业存在的目的、走向何方以及生存的意义等根本性问题，也就是企业在社会进步和经济发展中所应担当的角色和责任。确定企业使命是制定企业战略目标的前提，是战略方案制定和选择的依据，是分配企业资源的基础。

企业使命作为企业最高层次的战略目标，在企业经营管理中发挥着不可替代的作用。第一，明确企业发展的方向和业务主题，为企业应以什么方式、进行哪些经营活动来实现战略目标指明方向、提供依据。第二，为企业全员提供思想指导和精神动力。企业使命帮助企业全体员工达成行为共识，是引导和激发全体员工持之以恒为企业不断实现新的发展和超越而努力奋斗的动力之源。第三，有助于树立企业形象。企业使命犹如企业递给社会公众的一张名片，为外界提供了解企业的窗口和途径，能够引导社会公众接纳企业、认同企业，从而帮助企业树立良好的企业形象，进而打造企业品牌。

例如，中建五局的企业使命是：立德、立人和立业。中建五局的使命从社会、企业和员工三者之间的相辅相成、和谐共生的角度，阐明了其生存准则。一是立德,立德是企业基业长青的前提,勇于承担经济责任和社会责任的企业是有德的企业,这样的企业才能在市场上取得持久的发展。二是立人,立人是企业基业长青的根本,企业最大的资源是人,优秀的员工成就优秀的企业,优秀的企业成就优秀的员工,这两者的关系相辅相成,但从根本上来说,企业赖以生存的基础是人。三是立业,立业是基业长青的基础,是立德和立人的结果,一个以立德为前提、立人为根本、立业为基础的企业,必然于外得到社会的认可,于内得到员工的忠诚,中建五局的立业,是在德的积淀、人的相助下,去创造业界的辉煌,打造永续经营的长青基业。

(二)企业愿景

为激励员工永久进取、团队精神和创造力,企业需要对公司前景和发展方向做出一个高度概括的描述。这种概括描述被称为企业愿景,它是基于企业使命对未来的展望,是对未来较长一段时间内企业愿望的生动描绘,是企业想要实现的蓝图和景象。

企业愿景具有以下三个方面的意义和作用:

一是增强企业凝聚力。企业愿景是建立在个人愿景的基础上,通过相互交流、融合,并在企业使命的引导下经过提炼和升华,并最终达成共识,转化为企业成员共同的愿景。企业愿景源于个人愿景,因而能激发员工实现愿景的动力和激情,诱发员工对工作产生自豪感和成就感,满足员工归属、自我实现的需求,感召员工为实现企业愿景贡献自己的智慧和力量,从而提高企业的凝聚力。

二是减少组织冲突。企业愿景为组织和个人树立了共同的理想,引导员工将个人需要的实现和企业的发展有机结合起来,将企业使命由外在的目标转化为员工内在的追求,自觉规范个人行为使其符合企业发展的需要,有效地消除了组织冲突的主要根源,使得组织和个人心往一处使,拧成一股绳,为实现共同愿景目标而奋斗。

三是提高企业应变能力。企业愿景引领员工从不同角度展望未来,员工对未来的普遍关注使企业超越了简单的"刺激—反应"模式,能够尽可能地预先洞悉未来的危机,从企业愿景出发制定应急方案,并使其所采取的行动与企业使命相一致,保证企业长远利益的实现和社会公众的认同,在保证战略方向正确性的同时留有回旋余地,提升了企业的应变能力。

(三)企业目标

企业使命明确了企业发展的总方向,企业愿景描绘了企业未来的理想图景,但如何实现使命和愿景呢?答案是必须将其具体化,转化为可执行、可落地的目标,并根据企业内部等级体系、分工合作关系、企业特定的发展阶段等因素进行分解,转化为不同部门及不同岗位的具体目标,让每位员工明确知道自己应该做什么、做到什么程度,最终通过集体努力,实现企业的使命和愿景。

企业目标的制定应遵循如下原则:

一是可执行。制定战略目标时,要充分结合企业运营的特点和企业发展的实际,既不要过高也不要过低。战略目标的可行性是实施战略管理的关键,也决定了战略管理能否实现预期目标,影响整个战略目标的落实与推进。因此,制定目标前需全面分析企业各种资源条件和主观努力能达到的程度,确保目标切实可行,保障目标的有效执行和落地。

二是可衡量。战略目标一定要清晰、明确,并尽量使目标定量化,具有可衡量性,以便检查和评价其实现的程度。

三是可分解。可分解是指目标必须能够按不同维度进行分解,构成一个体系,使目标之间相互联合、相互制约,系统地支持战略目标的实现。具体来说,应将战略目标按照一定规则层层分解至组织中的每个岗位及个体,做到横向到底、纵向到边。

四是可挑战。目标需要切实可行,但同时也要具有一定的挑战性。所谓挑战性,就是要求制定的目标需要通过努力才能实现。只有那些可行且具有挑战性的战略目标,才能激发人的积极性、挖掘出人的潜能。

四、企业战略管理要素

战略管理是一个环环相扣、循环往复、螺旋上升、持续发展的动态管理过程，它将企业所有的经营管理工作都纳入企业战略体系，使企业上下的所有工作都围绕着企业战略展开，在动态持续的变化和发展中实现企业的战略目标。企业战略管理包含战略分析、战略制定、战略实施和战略修正四个关键要素。

（一）战略分析

战略分析是战略管理的第一步，也是非常关键的一步。是指对企业所处环境进行分析，评价并预测这些环境未来发展的趋势以及这些趋势可能对企业造成的影响。战略分析包括对企业外部环境的分析和企业内部条件的分析两个方面。既要分析企业所处的外部环境正在发生哪些变化，又要了解企业自身所处的相对地位，具有哪些资源以及能力，还需要了解与企业有关的利益和相关者的利益期望，在战略制定、评价和实施过程中，这些利益相关者会有哪些反应，这些反应又会对组织行为产生怎样的影响和制约。简而言之，就是要好好分析市场环境是什么，自己有什么，能做什么，适合做什么，再决定做什么。

（二）战略制定

战略分析阶段明确了"企业目前状况"，战略制定阶段所要回答的问题是"企业应该发展成一个什么样的企业"及"企业如何发展"，包括确定企业使命、设置企业的战略目标及制定企业的战略。

如何制定正确的战略？适合的才是正确的。处在竞争中的企业，必须摆脱"不识庐山真面目，只缘身在此山中"的境地，抬起头高屋建瓴地思考和探索自己的发展道路，制订适合自身的发展战略并认真加以实施。

在制定战略的过程中要善于取舍，放弃是一种智慧，一定要舍得放弃，有所为有所不为，有所不为才能有所为。中建五局的"1357"工作思路及区域经营战略之所以取得成功,也是进行了一番深入的思考和分析,放弃了一些不舍得放弃的市场。

(三)战略实施

战略是企业的生命,执行是生命的保障。一个良好的战略仅是战略成功的前提,有效的企业战略实施才是企业战略目标顺利实现的保证。战略实施就是将企业战略转化为具体行动。这一阶段的主要任务是,根据战略方案的要求,调整企业组织结构,分配职能工作,进行资源配置,并通过计划、预算等落实既定战略。战略实施的首要任务就是制定战略计划,将各管理层级和职能部门的战略进一步分解,使每一位员工的工作都成为企业战略的有机组成部分,将企业的资源与能力按照战略的需要进行有效配置,集中企业的全部力量来实现战略目标。需要特别注意的是,在战略实施的过程中要坚守战略,要有定力,要能够坚守目标,不能轻易改变初衷。

(四)战略修正

战略修正就是根据企业情况的发展变化,即参照实际的经营事实、变化的经营环境、新的思维和新的机会,及时对所制定的战略进行纠偏或调整,以保证战略对企业经营管理进行指导的有效性。要保证企业战略的有效实施,实现既定战略目标,必须对战略实施的全过程进行监督与把控。要审时度势,及时完善战略。边走边看,整天忙于应付日常竞争,光拉车不看路的企业注定是失败者。因此,企业高层必须全面及时掌握战略实施的确切情况,及时进行信息反馈,将实际战略绩效与预定战略目标进行比较,如两者有显著的偏差,就应当采取有效的措施进行纠正,使战略实施沿着既定轨道和方向前进。当由于战略分析不周、判断有误,或是企业内外部环境发生了未曾预想的变化而引起战略方向的偏差时,就需要重新审视环境,对原有战略进行纠偏修正,制定新的战略方案,开启新一轮的战略管理过程。

第三节　领导者的责任与作用

领导有别于普通群众，是一个组织的领路人、带头人。作为领导者所需要考虑的问题：研究路怎么领，头怎么带？企业的战略目标是什么，如何使团队万众一心去努力奋斗？毛主席说过："政治路线确定之后，干部就是决定的因素。"企业要长远发展，没有一个强有力的领导团队是不行的，领导人员没有与岗位职责相匹配的素质能力也是不行的。

一、企业"一把手"的素质要求

企业"一把手"处于核心地位，是领导班子的组织者、运筹者、指挥者和协调者，起着关键作用，负有重要职责。企业"一把手"的基本素质如何，作用发挥如何，直接影响到领导班子的运行效率，直接影响到企业的管理水平和运营绩效。

企业"一把手"也是企业战略的主要制定者和管理者，其素质高低决定着企业战略成功与否，是企业战略的正确性及其成功与否的关键所在。

企业"一把手"应当具备以下八个方面的基本素质：

（一）眼界开阔，能够把握大局

企业"一把手"，眼界要开阔，具有预见性和长远性，做到谋远而不短视。既要立足当前抓工作，又要着眼未来谋长远。清楚行业发展趋势，掌握区域发展战略，根据单位实际情况，合理分配工作任务，有重点地抓、促落实。分配工作要考虑个人职务、业务能力、工作态度，不偏不倚，知人善任；安排工作要掌握轻重缓急，对重点工作要突出创新和时限要求，但也要有张有弛。对落实工作的过程要掌握了解，及时解决工作的难点堵点，也了解职工的辛劳。

（二）虚怀纳谏，心胸豁达包容

企业"一把手"，要善于倾听别人的意见，做到自信而不霸道。避免凡事都由一个人说了算，包揽一切、个人专断，否则就会让人敬而畏之、敬而远之。企业"一把手"，不一定是最聪明、最能干的人，但应当是最公道、最敢当、最包容、最坦荡、最能把大家团结起来的人。要豁达宽宏、厚德包容，切忌心胸狭隘、记恨记仇，抑或嫉贤妒能、揽功诿过。

（三）敢于担当，讲求工作方法

企业"一把手"，要敢作敢当，实事求是，真理真话敢讲，歪风邪气敢管，硬事难事敢抓，让人觉得有主见、有胆识、有魄力。避免凡事过于多虑，谨小慎微，凡事不敢较真碰硬。成熟的企业"一把手"，要做到思虑周密、稳健持重、言行谨慎，不轻浮、不轻率、不轻信，不躁动、不妄动、不盲动，让人觉得靠谱、认真、踏实，严谨细致、见识过人、驾轻就熟。

（四）思路清晰，具有坚定的执行能力

企业"一把手"要开拓创新，有主意、有思路、有办法，敢为人先。如果一味守旧、迷信经验，固守传统习惯，甚至一味照着上面"条条"搬、跟着别人后面干，必然造成裹足不前、一事无成。企业"一把手"，要求真务实，要雷厉风行。对于已经议定的事情，一定要抢时间、争速度，以全部的精力狠抓落实。不能只说不干，也不能"雷声大雨点小"，更不能拖拖拉拉，搞"马拉松"。

（五）选贤任能，公平公正理性

选拔任用干部必须依据一定的原则和标准，这是确定无疑的。但在事业迅猛发展的时代，正职领导必须率先解放思想，更新观念，摒弃那些妨碍选拔人才的老条条、老框框，重资历而不唯资历，重学历而不唯学历，

重测评而不唯测评，不拘一格，大胆提拔德才兼备、群众公认、有能力、有业绩的干部，根据岗位需要，委以重任。要人尽其才，量才用人。尺有所短，寸有所长。"骏马能历险，犁田不如牛；坚车能载重，渡河不如舟。"人的知识、性格、能力等都是有差异的，每个人具有不同的特质、专长和优势，正职领导要善于发现每位同志身上的"闪光点"，用人所长，扬长避短，慧眼识珠，准确把握人才的特长和优势，委以适合其发挥才能的合理岗位，最大限度发掘每位人才的内在潜能，使智者尽其谋，勇者竭其力，仁者播其慧，信者展其能，从而实现人才效益的最大化。

在干部选拔、任用、考核奖惩上，在员工队伍管理上，要一碗水端平，遇事出以公心，坚持原则，理性处理。根据个人能力大小、工作态度，做出合理的安排和对待，不能浪费人力、财力、物力，也不能让能干事的人没事干，让没能力的人任大事，让看热闹溜门缝的人吃大锅饭。凡事以公为先，以工作为主，兼顾人性关怀，不能因小失大，转移重心。正职工作要讲究方法，做事要渐进而不心急，不要抱着升官发财的私欲来谋事、行事，不能为了树立权威、显示才能，不顾长远利益、不从事业出发，竭泽而渔。

（六）奖罚分明，完善激励约束机制

"栽培剪伐须勤力，花易凋零草易生。"激励与约束是对立的统一，是正职领导抓班子、带队伍的两个相互联系、相互影响的最基本方面。要有明确的是非观念和原则立场，健全制度，强化纪律，坚持弘扬正气，遏制歪风邪气，要实事求是分析功过是非，激发鼓励人们的正确思想和行为，对一切错误思想行为一针见血地批评，使受奖励者积极向上，使受罚者心悦诚服。

（七）勤奋学习，熟悉经营管理业务

学习是我们获取知识、提高素质、增长能力的一条必经途径。作为一名基层的领导干部，要使你的工作、你的指挥更加得心应手，那就只有付出比常人更多的精力、挤出更多的时间去学习。既要学习党的方针政策和国家的法律法规，不断增强自己的政治素质和法律意识，树立正确的世界观和人生观，又要学习业务知识，熟悉掌握各项业务技能，不要求精通业务，犹如善读书者，要学诸葛亮读书"但观大略"，陶渊明的读书"不求甚解"，熟悉基础性业务知识，知道单位业务工作的重点和关键点，最主要的是掌握业务的改革发展方向，努力使自己成为内行。可以不懂业务流程，不知道详细数据，但绝对要把握大数据，掌握大方向，不能领错方向，也不能对具体执行过程横加干涉、事无巨细全程过问，导致外行领导内行，反而使工作无法正常开展。要不断提高管理能力，还要博采众长，丰富自己的知识结构，全面提高驾驭全局的综合能力。

（八）以身作则，清正廉洁自律

正人者先正己，作为"一把手"，对自身的政治思想素质、领导工作水平、民主作风等有特别的要求，应努力在这些方面走在副职的前面，做到在职务高于其他人的同时，更要在政治思想、理论水平和工作水平等方面努力超过其他同志，要注重塑造个人的形象和威信，心胸要宽，身子要正，时刻注意用自己实实在在的品格去赢得人，用自己光明磊落的行为去影响人，用自己乐于奉献的精神去感动人，使大家感到你是名副其实的正职，在你的领导下工作顺心，少走弯路，有东西可学，有成绩可出。手握权力的正职，要保证权力的正确使用，要牢固树立正确的世界观、人生观、价值观和正确的地位观、权力观、利益观，按照"权为民所用、情为民所系、利为民所谋"的要求，"淡泊名利，志存高远"，自觉做到"今日权在手，倾心为企业，全心为群众"。

二、"一把手"的责任

企业"一把手"在战略管理中具有重要的责任和作用，主要体现为：

（一）思想家

"一把手"作为企业战略的主要制定者，首先需具备很强的思维能力。

需要从整体上认识企业和环境，洞察企业与外界环境之间的关系，需具备战略性思维，站在企业总体战略设想的高度来制定决策和实施管理。具体来说，一是要有超前意识，即思维敏锐，目光远大，能先人一步地预见事物的发展变化，提早做出决策并付诸实施。二是要有长远意识，即站在长远的角度来思考问题，重视长远规划和长期利益。三是要有全局意识，即具备良好的大局观，从企业全局出发，处理好企业内外部的各种关系，维护企业的整体利益。四是要有创新意识，即敢于标新立异，在新产品、新技术、新市场、新组织等方面不墨守成规，勇于突破和创新。五是要有人本意识，即具有人文关怀精神，善于调动企业全体人员的积极性和创造性，充分发挥广大职工群众的作用。

（二）设计师

美国管理学家彼得·圣吉经常问这样的一个问题："如果组织是一艘船，那么领导者是什么角色呢？"大多数人的回答是船长或者舵手。但是，彼得·圣吉的回答是："如果组织是一艘船，领导者首先是这艘船的设计师！"第一，要设计组织的目的，也就是组织为什么要做事？第二，要设计组织的运作流程，也就是组织怎么干事，也就是你要有一个经过时间和实践验证的成功模式。第三，要设计组织的学习流程，也就是怎么让大家学会前面两点。船长与设计师的根本区别就在于：船长是解决问题，设计师是避免问题。直接控制解决问题与间接控制避免问题，在领导效果上是完全不一样的。如何才能成为一个高明的"设计师"呢？这就需要树立避免问题的领导理念。"一把手"的主要任务是指引方向、规划未来、掌控全局。作为一名领导者，能够在事后解决问题固然可喜，但能够在事前避免问题出现，才是领导者追求的最高境界。

（三）教练员

当今社会，人才成为企业之间竞争的关键。激发员工的积极性、"引爆"其内在潜力，以人力资本打造竞争优势，对企业发展尤为重要。领导是一门用人成事的艺术,即善于通过组织指导好下属来实施领导。这就要求企业"一把手"充当好"教练员"的角色,积极引导、"开发"员工,从向员工"提供方案"转向促动员工"自己找到方案",并通过有效的倾听、总结和提问,不断引发员工积极主动地思考,从而找到解决方案。作为"教练员",需不断激发员工的潜能,使员工自发自主地成长,从而提高员工对企业发展的参与度、贡献度、敬业度,使他们成为真正全力以赴、使命必达的员工。

（四）指挥家

著名音乐家和指挥家本杰明·赞德曾说:"指挥家,从来自己都不演奏任何乐器;但指挥家用他的影响力,使所有乐师更加出色。"指挥家挥动的指挥棒,其实只是一个道具,它能真正发挥作用的关键在于指挥者的领导能力,以及与团队成员之间的默契;而领导者正是一个团队的指挥家,通过赋权、确定目标、指引路径、业绩激励等一系列方法,引领团队形成合力,为企业的远景目标而努力。

在乐队中,每一个人通过与他人的合作,展现个人的价值与才华;而指挥家通过带领乐队和谐共鸣而缔造音乐传奇,在成就自我的同时也成就团队、成就每一位乐手。企业也是如此,领导者除了要拥有拥抱无知、接受差异、学会倾听这些开放的心态,更应懂得团队中相互成就的关系,让每一位成员通过提高团队的成就而拓展个人的机会,这是企业"一把手"作为指挥家的灵魂所在。

三、最高管理团队的作用

企业最高管理团队通常是指企业的领导班子,他们处于企业层级组织体系的顶层,是企业发展的领军团队,对企业成功地制定和实施战略具有非常大的影响。企业最高管理团队的作用主要体现在以下几个方面:

一是研究战略"六问",领导战略管理的全过程。作为企业的"最高层"和"核心层",首先要理解并回答好战略"六问",正确确定企业使命、建立战略目标、制定企业战略和政策，并促进战略的执行和实施。并且，当发现市场和社会环境发生变化时，带领团队调整战略，帮助企业选择新的方向。在面对市场中的险阻与艰难时，能够高瞻远瞩、顾全大局地去寻找解决方案，并带领团队快速采取行动。

二是创建优秀的企业文化，营造良好的企业氛围。企业高层管理团队在长期的管理过程中形成了自己的管理哲学和经营理念，基于此共同创造公司的企业文化。企业文化对部属的感染力是长期的、深远的，在企业成长和发展过程中起到了巨大的凝聚和激励作用，无形之中能够让员工跟随高层管理团队，让企业组织结构随时能得到调整并适应市场环境和匹配企业战略，焕发出旺盛的生命力和活力。

三是设计职责清晰、合理高效的组织结构。不合理的组织结构与制度是一种极大的负作用力，将导致企业政令不通、降低劳动者士气、阻碍管理工作顺利有序进行。所以，企业决策者要从战略管理的高度，按照生产经营的实际需要，优化组织结构与制度机制，建立科学合理、功能清晰、执行高效的组织管理体系。

因此，可以说企业高层管理团队是维持企业有效运转的动力源泉，是企业取得发展的决定性力量，在很大程度上决定了企业对环境的应变能力、面对问题时的决策能力以及对组织和团队的管理能力。

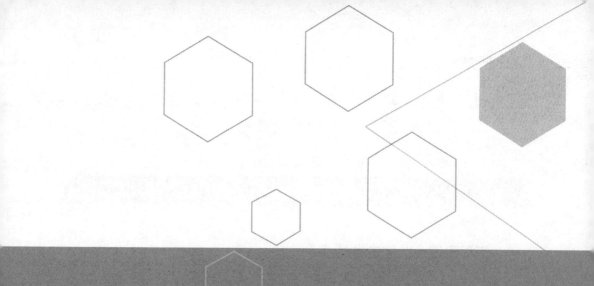

第二章

工程建设企业的战略管理

在市场经济条件下,工程建设企业面临的是一个无地域保护和行业垄断的全竞争市场。能否获得工程项目,拼的是实力与服务,其本质是考量企业的战略管理水平。加强战略管理能力,是提升工程建设企业核心竞争力的重要途径,也是保证企业在竞争突围中做强做大、保持可持续发展的基础。

第一节 工程建设企业战略管理体系的构建

一、工程建设企业的主要特点

（一）工程建设行业的"三低"现实

改革开放后经济建设的迅猛发展，使建筑业异军突起，建筑施工力量的不足，造成了建筑企业的人事门槛低、建筑产品技术难度低和一线工人专业技能低的"三低"局面。"农民放下锄头就可以拿瓦刀"，似乎谁都可以做"建筑工程"，这是在改革开放之初的一个时期内建筑业的真实写照。在市场有所波动的形势下，就出现了"狼多肉少"、竞争非常激烈的市场态势。这就是行业的特点，也是建筑业的一种基本态势。

（二）工程建设企业的"订单经济"特征

在工程建设企业，获得工程项目订单是第一重要的事，怎么去把订单拿下来，是企业时刻都要想着的事。即使已有工程项目在执行，也要想着拿新的订单，因为如果没有源源不断的工程项目任务，工程建设企业的持续发展是不大可能的。不少工程建设企业市场订单不稳定，持续发展能力便出现了问题。所以获得工程项目订单非常重要。建筑市场的拓展必须是持续的，这关系企业的持续发展。

（三）工程建设行业的"趋势性语言"

随着建筑工程市场的竞争白热化，行业的"趋势性语言"表现为：一是工程项目的工期要求越来越短；二是工程质量要求越来越高；三是工程施工成本越来越高；四是投标报价越来越低；五是工程企业利润越来越薄。这也是一个基本的趋势。其原因是竞争者越来越多，平均利润率低，这是一个"常态化"

的趋势，也充分说明建筑行业竞争比较充分，是一个有活力的行业。

（四）建筑市场的严峻形势

鉴于全球性经济的复杂多变，国内建筑工程市场出现了"四难、四烦、四险"现象。"四难"是指接活难、干活难、结算难、收款难；"四烦"是指工程项目承建者需要面临垫资、被压价、工程款被拖欠、"维稳"的麻烦事，特别是最近几年一些地方和单位提出的低价保证金，动辄几千万元，甚至过亿元，使工程建设企业运转难上加难。一方面，应收工程款回不来；另一方面，企业中进城务工人员工资不能拖欠，否则就会影响社会稳定。工程建设企业的"四险"是指工程建设企业时刻存在着营销风险、安全风险、成本风险和质量风险。当前建筑工程市场出现"四难、四烦、四险"，无一不在挑战着工程建设企业的管理创新水平与核心竞争能力。

二、工程建设企业战略管理的特点

（一）受外部环境影响较大

企业战略虽然是企业内部决定的，但是会受到外部环境的影响。工程建设企业面临复杂多变的环境，涉及上下游产业比较多，属于劳动密集型、资金密集型产业，且受到行业准入制度和技术标准的制约，容易受到外部多种因素的影响，这是工程建设企业战略管理区别其他企业的主要特点。工程建设企业应根据外部环境的变化，及时调整战略目标和路径，优化内部资源配置，打造和培育企业竞争优势。

（二）市场拓展战略首当其冲

市场开拓能力是企业的核心能力，尤其对于工程建设企业来说，建筑产品的单件性、客户市场的一次性，使其需要不断开拓经营领域、多渠道承揽工程项目。同时，鉴于建筑区域市场相对稳定，根据内外部环境，对其面对的不同区域市场进行分析，合理地进行市场布局，确定开发策略、明确开发重点，适当走区域化经营道路也十分关键和必要。

（三）低成本竞争战略势在必行

建筑行业利润率普遍偏低，且未来将以"中速"和"低速"增长为主，增量空间萎缩，存量竞争更加明显。低利润率的行业特点，要求工程建设企业在业务选择、业务模式和业务管理方面，做出更精细化的思考，对企业运营过程实施精准、细致、科学的管理与控制，最大限度地降低成本、提高质量和效率。

（四）人才战略具有根本性作用

工程建设企业因需大量使用进城务工人员、临时工等，人员素质参差不齐，人员结构相对不太合理，因此，人才战略对工程建设企业意义非凡。而且，在当前经济社会中，各个企业竞争的本质已经不是成本竞争，而是人才的竞争，因此在人才战略的制定上，企业应致力于吸引并留住更多优秀的人才，激励他们发挥出自己的智慧和才干，最终获得持续性的集中优势，提高企业的核心价值。为了达到这个目的，企业应积极完善企业文化和企业结构，通过有计划地招聘和培训，使人才能够认可企业的价值观，从而为企业付出不断的努力。

三、企业战略的层次与体系

一般而言，企业战略包含三个层次：公司战略、业务战略和职能战略（图2-1）。这些战略有机地联系起来，就构成了企业战略体系。

（一）公司战略

公司战略又称总体战略，是企业最高管理层为实现企业的使命、愿景和总体战略目标而制定的企业战略总纲，是指导和控制企业一切行为的最高行动纲领。公司战略决定了企业发展态势，明确了企业经营范围、业务类型、

图 2-1 企业战略的层次与体系

组织类型、资源配置方式等。

根据企业的总体发展态势，一般将公司战略分为三类：增长型（发展型）战略、稳定型（维持型）战略和紧缩型（撤退型）战略。

增长型战略就是企业在现有的战略水平上追求更高的目标，提高经营层次、增强企业实力、实现企业扩张和发展。

稳定型战略是指企业在现有的发展状况下，一定时间内维持现有的战略态势。稳定型战略的特征就是较少或基本不做出重大战略决策。这种战略常常表现为持续地向同类型的顾客提供同类的产品或服务，维持市场占有率，并保持企业长期稳定的投资回报率等。

紧缩型战略是指企业在一段时间内缩小经营规模或缩减经营范围。在现实中没有人愿意采取紧缩型战略，进行全面紧缩更是任何企业都不愿面对的选择。

需要指出的是，在现实中企业往往实施的是一种组合型的总体战略，即根据企业内外部环境，在不同的业务领域或在不同的发展阶段分别选择上述三种战略中的一种或几种。

（二）业务战略

业务战略又称竞争战略、事业部战略等，其主要思想和目标是促进企业在某项业务领域获得优势地位。业务战略即由各战略业务单元或事业部根据总体战略特别是业务组合的要求，确定本业务发展方向、具体竞争方式和资源使用重点。总体战略主要回答"要不要干""干什么、不干什么"的问题，业务战略则主要解决"怎么干"的问题。业务战略要服从总体战略的要求和定位，为实现总体战略服务。

（三）职能战略

职能战略是为贯彻、实施和支持公司战略与竞争战略而在企业特定的职能管理领域制定的战略，它的重点是提高企业资源的利用效率，使企业资源的利用效率最大化。所谓职能战略是一个统称，是指导企业各方面职能子战略的集合，又称职能支持战略，是按照总体战略或业务战略对企业内各方面职能活动进行的谋划。

从战略构成要素来看，协同作用和资源配置是职能战略的关键要素。可以说，职能战略是公司战略、竞争战略与实际达成预期战略目标之间的一座桥梁，如果能够充分地发挥各职能部门的作用，加强各职能部门的合作与协调，顺利地开展各项职能活动，就能有效地促进公司战略、竞争战略的成功实施。

企业的职能战略一般可分为市场开拓战略、技术创新战略、人力资源战略、资本运营战略、品牌战略、跨国经营战略等。

四、企业战略管理体系建设

战略管理是企业管理的核心。战略管理的核心职责包括：确定企业使命、建立企业哲学、制定企业政策、建立经营目标、策划战略、设计组织结构、人员培训与安排、制定工作程序、提供物质条件、提供资金支持、制定工作标准、制定综合管理计划和各项工作计划、提供控制信息、激励员工等。企业战略管理过程是由一系列在时间上和逻辑上相互连接的环节组成的，战略管理就是用科学方法组织和指导每个环节的工作，并形成一个有自律功能的管理系统。

企业战略管理体系建设要切实围绕企业的日常经营业务，将日常运营作为出发点，通过一系列方法和步骤，建立高效运行的经营战略管理体系，为未来企业的发展指明方向和道路，增强企业员工思想的凝聚力，确保企业经营的有序开展。

企业战略管理体系的建设和完善，需要做到以下几个方面：

（一）建立完善的战略管理组织机构

战略管理体系建设不是简单地编写发展规划，而是通过企业多个部门开展管理协同，形成包含战略分析、战略制定、战略实施、战略修正等多个环节的体系化管理活动，最终使各个层次的企业战略成功落地。

对于在行业中具备一定规模和竞争力的企业来说，建立完善的战略管理组织机构是非常有必要的。这一组织机构主要包含三层关系：第一层是企业的领导层。企业领导层作为企业经营战略管理的决策层，对企业经营战略管理负有全面的领导责任。对企业战略方向、发展目标、主要战略性保障措施等具有决定权，负责组织研讨与战略相关的重点策略、重大资源配置等，并对战略规划编制、评估、修订、总结等进行审批。第二层是企业战略管理的归口管理部门，主要负责企业经营战略管理相关机构设置，管理制度编制，战略规划的汇总、编制、宣贯、实施、评估、调整、总结等内容。第三层是战略管理的主责部门，主要由相关职能部门组成，主要职责是根据企业整体战略要求，管理本部门主管业务范围内的专项规划编制、宣贯、实施、评估、调整、总结等，起到配合作用。

（二）制定优化战略管理制度流程

科学规范的战略管理制度和流程是企业战略管理工作的基础保障。通过建立完整的制度体系，优化战略管理流程，可确保战略管理工作流畅有序运行。在实际工作中，可以由归口管理部门牵头组织各主责部门编制出台战略管理规定，明确相关部门的职责分工、战略规划编制发布、战略规划宣传、战略规划实施、战略规划评估、战略规划调整修订、战略规划总结等相关内容的要求。通过制定制度和流程，将战略管理的要求明晰化、部门职责具体化、业务要求流程化，为战略管理活动提供有效的制度保障，积极促进经营战略管理活动的有序开展。

（三）加强战略性、体系型人才队伍建设

通过组织机构设置完善、制度流程的制定优化，为企业建立起战略管理体系的大体框架。接下来就需要企业在此框架下配备相关管理人员。战略管理人员可以由企业内部员工转岗而来，也可以由外部招聘而来，二者各有优劣。内部员工对本企业各层次情况比较了解，但可能缺少经营战略管理知识；从外部招聘的员工具有丰富的经营战略管理知识，但对企业各方面的情况需要有一个了解适应的过程。

因此，企业领导层在配置人员时要综合考虑以上情况，认识到战略管理是一项长远性、全局性的工作，对企业的未来发展具有重大的影响，必须配置较高工作能力的人才，其不仅要具备专业的管理知识，还要知晓企业日常运营的方方面面，要具备良好的敬业态度和高度的责任感，要善于团队合作，具备创新思维和意识。同时，从事战略管理的人员还要具有行业发展趋势的灵敏度，对经济环境变化能够快速做出反应，并提出应对措施。

企业在日常工作中应及时开展战略管理人员的培训活动，主要围绕国内外经济形势、行业发展趋势、经营战略管理知识等内容，不断提升管理人员的素质和能力。考虑到企业战略管理是一项系统工程，需要不同部门的紧密配合，因此要建立一支稳定的管理团队，在工作中不断提高团队的沟通效率，增强成员之间的凝聚力，确保企业战略管理工作的顺利开展。

总之，企业要在不断变化的社会经济环境中实现发展壮大，在复杂多变的市场竞争环境中稳操胜券，离不开自身战略管理体系的建设。战略管理已

成为关系企业未来发展、兴衰成败的重要管理活动，是企业经营管理的核心内容。企业经营者必须意识到构建战略管理体系的重要性，不断优化本企业的战略管理体系，为企业的长期稳定发展奠定基础。

第二节　企业的战略思路

一、企业战略思路的作用

战略思路是一种工作的思维方式，是指在工作开展之前，领导和部门理顺完成工作的顺序、工作中可能会出现的问题以及相应解决办法，对自身以及下属工作进行统一规划或部署的具体方案和方法。基本工作思路，是基于企业战略、企业愿景而产生的，是企业一段时期内所有工作的思想基础和运作指南，它一般不受外界的影响而轻易变动，仅随战略思维、战略目标的修正而更新。

（一）理清基本工作思路是企业开展一切工作的重要基础

基本工作思路包括工作宗旨、工作目标、工作布局、工作任务、工作方法、工作措施等内容。企业只有把这些内容理清楚了，才能有效地开展各项工作。在全球经济快速发展、市场竞争日益激烈的今天，惟有制定更加科学的竞争策略、工作思路，才能帮助企业掌舵者统揽全局。因此，首先要求企业的领导班子认真分析研究内外部形势，在把握企业发展情况的基础上，有针对性地提出可解决企业实际问题的工作思路。其次，管理层理清了工作思路，便可以梳理形成工作套路，克服工作上的盲目性、随意性。最后，组织可通过理清工作思路带来观念的转变，以统一认识、增强信心、鼓舞斗志。由此，使组织上下更好地做好各项工作，上下同频、齐心协力。

（二）确立基本工作思路是实现企业战略目标的有效途径

企业战略目标的实现必然是基于对基本工作思路的认真实践和富有创造力的演绎。不仅要把思路理清，还要定准、定实和定好。可以说，工作思路越清晰、越正确、与战略越匹配，战略目标达成的可能性就越大。首先，基本思路既要确保中心任务，又要注意全面发展。既要强调第一要务，也要关心工作重点和关键，做好全面建设。其次，既要坚持高标准，又要结合自身实际。做到有的放矢，求真务实。最后，要求企业既要坚定必胜的信心，又要增强忧患意识。在完成工作的同时，思考可能会出现的不利因素，不断进行调整和规避不利因素的影响。明确企业基本工作思路及具体要求，让企业结合自身实际，有组织、有侧重地严格推进各项工作是其达成战略目标的必然途径。这将不断提高企业运行质量，实现企业的全面、协调、持续、快速发展。

二、基本工作思路

2002年以前，中建五局作为一家老国企，存在着自身机制僵化、产业产品结构单一、管控能力不强等诸多问题，再加上企业多元化探索的失败和市场广种薄收，导致企业迅速滑向谷底、濒临破产。2003年初，新一届领导班子在认真分析内外部环境的基础上，有针对性地提出了"1357基本工作思路"。

"1"，即围绕一个主题——发展是第一要务。

当时，中建五局面临很多困难，从大的方面讲，主要表现为市场、管理、人才、稳定四大难题。这使中建五局处于一种极为脆弱的、稍有闪失就难以维持相对平衡的生存危机之中。一方面，追根溯源，中建五局面临的难题和矛盾，中建五局所处的困境，都是因为发展不充分造成的。要解决中建五局的问题，也唯有通过发展来"买单"。发展是硬道理，发展是第一要务。另一方面，发展才有出路，不发展难逃死路。企业不发展，就会被市场淘汰，企业就会关闭破产。企业不发展，员工就会另谋高就，企业也会被员工淘汰，人才大量流失企业必然也很难存活下去。企业不发展，就没有办法解决中建五局的遗留问题。因此，所有的问题和矛盾只能通过发展的途径来解决。

"3"，即建设三项工程——信心工程、信用工程、人和工程。

当时的中建五局存在"三失"现象：信心丢失、信用缺失、人和迷失。信心丢失，就是随着资产缩水、人才外流等有形的流失，也出现了无形的丢失，对搞好企业信心不足。信用缺失，就是一级不信任一级，对外的社会信誉也不高，如果不把信用工程和信用基础建起来，企业的发展会受到影响。人和迷失，当时中建五局的所谓"人和"表现为一团和气，正气不足，小团体、裙带关系、亲亲疏疏，"好的不香、坏的不臭"，原则性差。人和的气氛不是建立在公正、公开、公平的基础上，所以叫"迷失"，这不利于企业的发展。人和工程，是为了营造公开、公正、公平的氛围，营造企业员工快乐工作的环境。人不完全是为了钱而工作，更多的是为了得到公平、得到尊重、得到理解，正如马斯洛五层次需求论的观点，精神上的需求也十分重要。因此，信心工程、信用工程、人和工程的建设，对凝聚人心、搞好中建五局至关重要。

"5"，即把握五个重点——业务拓展、总部商业化、班子建设、企业稳定、工作落实。

一是抓好业务拓展——发展生产力。当时，中建五局作为一家拥有2万余名职工的国有建筑企业，年营业额只有20亿元左右，经济规模不大是其主要矛盾之一。根据木桶理论，限制企业生产力发展的最大短板是市场。所以，当时最主要的是尽快把业务拓展这块"短板"补齐，业务拓展如果上来了，生产力就上来了，限制企业发展的瓶颈就打破了。解决业务拓展的问题，要做到"三个转化"：将外部的战略机遇期转化为内部的营销收获期；将外部的竞争压力转化为内部的工作动力；将少数人的指标转化为全员的指标。

二是抓好总部商业化——增强牵引力。"牵引力"，牵引什么？牵引企业发展。只有总部才具有这种功能。总部牵引着企业做大做强，牵引着企业基层的各个单位提速，加快发展。当时中建五局的弱，主要是总部非常弱，龙头和示范作用几乎没有，并且总部机关的官僚气息十分浓厚，商业氛围和服务基层意识严重缺乏。总部强才能集团强，集团强才能大家强。中建五局作为一个集团，总部不强，是推不动下面工作的，也不能起到带动作用。

三是抓好领导班子建设——提高战斗力。一人兴邦，一人丧邦。联想集团将企业发展的关键因素总结为三点：定战略、搭班子、带队伍。这是柳传志先生的观点。毛主席说，组织路线确定后，干部就是决定因素。这也是从领导班子的重要性来讲的。中建五局能走出困境，实现凤凰涅槃，靠的是什么？天还是那块天，地还是那些地，员工还是那些员工，市场还是那些市场，设备还是那些设备，唯一变化的就是班子。所以，加强班子建设，是为了提高企业战斗力，战斗力强了，企业自然就会发展好。

四是抓好企业稳定——消除制约力。中建五局当年困难单位多，稳定形势严峻，制约了整个企业的发展。因此，花大力气解决困难企业的扭亏脱困问题势在必行，要变以治标为主的消极的稳定，为以治本为主的积极的稳定。要用发展的办法解决发展中的问题，用发展来促进稳定、保证稳定。"上下同欲者胜"，统一认识了，所有的人都想通了，事就好办了。

五是抓好工作落实——加大执行力。"做正确的事"与"正确地做事"，中建五局两方面都需要强化，但根据当时企业实际，正确地做事显得更为紧迫。首先，要吃透上情，加强学习，不能满足于掌握了几个新名词，要领会精神实质，把握精髓。其次，要理清思路，在吃透上级精神的基础上，把上级的要求转化为企业的实际行动。毛主席讲过，抓而不实，等于不抓。最后，重在落实，在执行力方面，特别强调领导要以身作则，"其身正，不令而行；其身不正，虽令不从"。领导的权威不是靠命名一个"官衔"得出来的，是干出来的，领导带头上了，员工才会紧跟上。

"7"，即抓住七个关键词——**区域经营、重点突围、走出去、精品名牌、集约增效、主辅分离、人才强企**。

在区域经营方面，一是要选好点，科学布局，进行分类建设。二是要实行四个转变，提高运行质量。要变游击战为阵地战，实现本土化经营；要变盲目作战为打有准备之仗，实现理性化经营；要变掠夺式经营为可持续发展，实现品牌化经营；要变单体作战为整体作战，实现集团化经营。三是要强化管理，固本强身，最终以现场促市场。

在重点突围方面，也要把握三个层次，一是作为单位、企业的突围，包括总部突围、先进公司突围；二是专业突围，组建路桥事业部、房地产事业部；三是困难公司要项目突围，局部突围。

在走出去方面，一是在工程承包上实现零的突破；二是在有组织输出劳务上重点做文章。

在精品名牌打造方面，要开展建、做、创活动，从名品、名人、名企三个层次，推进精品名牌战略。精品工程多了，名人多了，名企多了，集团就好了。

在集约增效方面，集约是途径，增效是目的，核心是抓好资金管理和合约管理。

在主辅分离方面，要做到六个字：一是"积极"，要抓住机遇，积极推进。二是"稳妥"，要吃透政策，细化措施。三是"有情"，要心中装着职工。

在人才强企方面，主要是加强队伍建设和文化建设，完善分配机制，严格考核，增强企业活力。

"1357基本工作思路"的每一个要求，都直指中建五局发展中的薄弱环节，抓住了解决中建五局问题的要害，并在此基础上，形成了"解困脱贫进而做强做大中建五局"的整体战略规划，通过循序渐进地实施"强心、换血、搬山"，有效解决了困扰中建五局发展的信心、人员、市场、管理和结构五个问题。通过几年的认真践行，成功地将一个濒临破产的"老五局"，蜕变成了一个队伍精干、主业清晰、资产优良、文化积极、商誉良好、充满活力的"新五局"。

三、总体发展思路

中建五局在"十二五"规划中，进一步提出了"1559总体发展思路"。这是"1357基本工作思路"的升级版。从2011年起，中建五局按"1559总体发展思路",引导企业由"新五局"向"全新五局"前进。

"1559总体发展思路",即:围绕一个中心、实施五大战略、坚持五项策略、加强九种能力建设。

围绕一个中心,即围绕"转变发展方式、谋求持续发展"这个中心,就是适应国内外形势的新变化,顺应广大员工的新期待,以谋求持续发展为主题,以加快转变发展方式为主线,大力推动三个转型,即经营结构由单一建筑施工向综合建筑地产转型、发展方式由数量型向质量型转变、商业模式由施工总承包向施工投资联动转型。

实施五大战略,即实施"差异化竞争、精细管理、科技创新、素质提升和文化升级"五大战略:

差异化竞争战略是企业打造持久性竞争优势的成功之道。实施差异化竞争既是企业促进自身持续发展的战略把控,也是中建五局作为中建系统二级集团抢抓有利站位的战略举措。企业唯有充分把握差异化的外部商机,发挥内在的差异化优势,才能在激烈竞争中立于不败之地。

精细管理战略是企业打造低成本竞争优势的成功之道。建筑行业低成本竞争,是一个世界性趋势。低成本竞争是建筑施工企业的核心竞争力。靠订单求生存的工程建设企业必须以客户可以接受的价格去赢得客户,采取市场定价倒逼法,即企业的定价新模式必须是以客户为中心,即:"客户可以接受的价格－适当的利润＝成本上限",而不是传统的以自我为中心,即"成本＋适当利润＝适当价格"模式。要实现规模扩张,就必须致力于建立成本领先优势。规模的持续快速扩张,如何减少成长期的烦恼,如何保障企业运营风险的有效管控,"目光向内,精耕细作。"走精细化管理之路更是必然选择。

科技创新战略是企业打造核心竞争优势的成功之道。提高科技创新能力,发挥科技的第一生产力作用,积极培育和强化中建五局的专业特色,进一步提升中建五局的核心竞争能力,推动企业可持续性发展。

素质提升战略是企业打造长远竞争优势的成功之道。"企业发展,人才是根本,素质是保障",人力资本是企业发展的根本动力。

文化升级战略是企业打造软实力竞争优势的成功之道。企业文化的力量是企业参与市场竞争的软实力，文化管理是历经经验管理、制度管理后企业管理的新阶段，是文化促进管理升级从"人治""法治"到"心治"的无为而治的管理最高境界。

坚持五项策略，即坚持"房建求好、基建求强、地产求富、专业求精、区域求优"的发展策略。坚持专业化发展，集中优势资源致力于自身所擅长的建筑施工行业及与建筑施工行业密切相关的房地产业，心无旁骛地专注发展房屋建筑、基础设施和房地产开发三大主业，逐步实现"541"的业务结构优化目标，即：到"十二五"末，房屋建筑、基础设施、房地产开发等三大业务板块营业收入占比为5：4：1；利润占比为两个50%，即房地产开发占50%，另外的50%中房屋建筑和基础设施板块各50%。

"房建求好"，房屋建筑施工业务是中建五局的传统优势业务，是打造企业品牌和提升美誉度的重要平台，是企业持续发展的"稳定器"。

"基建求强"，基础设施建设是企业抢抓机遇、着力发展、适应环境变化的一个业务，是构筑综合竞争优势的主要支撑，是企业"弯道超车"的"助推器"。

"地产求富"，房地产开发是中建五局的新兴业务，是企业利润的重要来源，更是企业推进战略转型、凸显差异化优势、实现后发赶超的"加速器"。

"专业求精"，机电安装、装饰幕墙、混凝土等专业业务是中建五局总承包管理的重要支持，是中建五局主业的有益辅助，也是企业利润的重要来源。

"区域求优"，区域化经营是企业规模持续发展的重要保障，是实现市场科学布局、资源合理聚集的最佳途径。

加强九种能力建设，即加强团队学习能力、总包管理能力、市场拓展能力、企业盈利能力、风险管控能力、融资投资能力、组织执行能力、品牌提升能力、党群保障能力等九种能力建设。

实践证明，"1559总体发展思路"是十分正确的。通过贯彻执行"1559总体发展思路"，中建五局成功实现转型升级，将"新五局"发展成为"全新五局"，并实现在中建系统内由"追赶者"到"并行者"再到"引领者"的跨越。

第三节　企业战略的实施与修正

如果说战略是企业的生命,那么执行就是生命的保证。在确定了战略后,如何把战略转化为行动,以怎样的途径和路径达成目标,这就需要通过战略实施来实现。缺乏战略实施的行动和支撑,再好的战略也成了"镜中花""水中月",可以欣赏却无法企及。

一、脱困新生战略的"四步走"

为解决企业所面临的种种困境,中建五局在2003年初制定了"扭亏脱困,进而做大做强"的脱困新生战略,并根据实际情况逐步确立了战略实施的路径和步骤(图2-2)。

第一步(2003—2005年)是扭亏脱困,目标为"有活干、吃上饭、不添

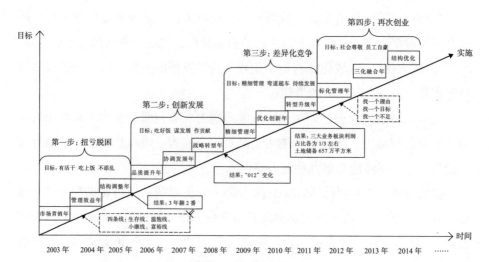

图2-2　中建五局脱困新生战略实施图

乱"。有活干，就是企业有一定的市场占有率，能正常地进行基本的再生产，能够维持下去。吃上饭，就是职工的基本生活能得到保障，并逐年有所提高。不添乱，就是全局维持基本稳定，不给上级单位和地方政府添麻烦，保证内部矛盾不上交。"有活干、吃上饭、不添乱"这九个字是基本的生存目标，是企业取得发展的前提和基础。

第二步（2006—2008 年）是创新发展，目标为"吃好饭、谋发展、作贡献"。经过三年的艰苦努力，中建五局基本完成了解困脱贫阶段的任务，终结了连年亏损的历史，自 2003 年开始的增长势头得到有效延续，发展的拐点已经出现和确认，第一阶段扭亏目标已基本实现。下一阶段的关键所在，是如何把企业进一步做强做大。因此，企业此时关注的焦点，不再是低层面上的生存问题，而应是较高层面的发展问题；企业追求的目标，不再是"有活干、吃上饭、不添乱"，而应是"吃好饭、谋发展、作贡献"。形象地说，企业要从一个谋生存、求温饱的阶段，转型到一个重品质、讲营养的阶段。在此阶段，中建五局提出打造房屋建筑、基础设施、房地产开发三大板块，实施高端市场、优势再造、精品名牌、科技兴企和人才发展"五大战略"，把中建五局建设成为中建集团的一流骨干企业、湖南省建筑业最具综合竞争力的一流承包商、湖南省房地产业的一流开发商的发展目标。

第三步（2009—2011 年）是差异化竞争，目标为"精细管理、弯道超车、持续发展"。在经历了扭亏脱困和创新发展阶段后，中建五局如何保持持续稳定的发展，答案必定是要实施差异化竞争战略，打造产业结构、目标客户、商业模式的差异化竞争优势。弯道超车，是指遇到弯道时，大家都在看，我们看得准一点；引申到企业的发展中，就是要看清方向，把握政策导向、投资方向，明白市场在哪里；大家都慢下来了，我们稍慢一点；当大家准备加油加快前进时，我们稍快一点。通过"看准一点""稍慢一点""加快一点"这三点来实现"弯道超车"。精细管理，是实现弯道超车的一种手段。我们只有把自己的能力和技能组织好，才能实现弯道超车。而"持续发展"是"弯道超车"要达到的目标。通过精细管理实现弯道超车的目标，达到持续发展的目的。

第四步（2012—2016年）是再次创业，目标为"社会尊敬、员工自豪"。从2003年开始，通过实施"扭亏脱困、创新发展、差异化竞争"的战略路径，实现了"三步跨越"，创造了"85°增长曲线"，中建五局由"老五局"蜕变为"新五局"，也从"追赶者"变身为"并行者"。下一阶段，就是中建五局的"再次创业阶段"，也就是在以往发展的基础上再接再厉，沿着"1559发展思路"，通过"转型升级"的途径，建设"全新五局"，成为"引领者"，并将中建五局打造成"社会尊敬、员工自豪"的现代化建筑地产集团。"社会尊敬"，着眼于外部评价；"员工自豪"，着眼于内部评价。从本质来说，员工自豪，方能释放激情，激发潜能，自发工作，高效工作，从而赢得社会尊敬。因此，员工自豪，是企业发展的第一推动力，也是企业发展的根本目的和最终落脚点。我们对在职员工，要从事业、感情、待遇等各方面着力，增强员工的成就感、成长感和归属感，不断提升员工的幸福指数。

二、一年一个工作主题

基于对"1357基本工作思路"的发展和延伸，为确保基本战略和企业目标的实现，需要实事求是、与时俱进，及时进行战略完善，在战略实施过程中有所发展和创新。从2003年起，中建五局遵循着基本工作思路，开展了一年一个主题年活动，补齐企业管理短板，一年解决一个问题，一年取得一些进步，逐步积累、循序渐进。

2003年"市场营销年"，解决任务不足问题。通过实施"四个转变"，提高企业市场营销能力，实现了承揽任务的历史性突破。着力抓好区域经营、重点突围、走出去、精品名牌、集约增效、主辅分离和人才强企七项重点工作，拓展生存空间，提高生存质量。

2004年"管理效益年"，解决集约程度不高问题。向源头、节约、集中、质量要效益，向管理、科技、体制机制创新、人力资源优化要效益。

2005年"结构调整年"，解决结构性矛盾问题。推进经营、组织、人员、产权结构调整,解决了"房多路少""庙多僧少""员多兵少""枝多干少"的"四多四少"矛盾。

2006年"品质提升年",解决企业品质提升问题。实现经营品质、产品品质、管理品质、工作品质、文化品质的全面提升。

2007年"协调发展年",解决企业协调发展问题。着力正确处理好速度、质量、效益;战略、运营、人员;房建、基础设施、房地产;本部经营、区域经营、海外经营;市场、现场、清场;业主客户、总承包方、分供方;过去问题、当前发展、长远利益;国家利益、企业利益、员工利益;思想建设、作风建设、文化建设等"九大关系"。

2008年"战略转型年",解决发展模式问题。推动中建五局向复合协调型、质量效益型、可持续发展型的战略转型。

2009年"精细管理年",解决精细化管理问题。以结构优化、降本增效、管理信息化和文化落地生根为重点,提高全局精细化管理水平。

2010年"优化创新年",解决持续性、改进性和发展性、增长性问题。以观念创新、管理创新、科技创新、机制创新和文化创新为抓手,推动企业再上新台阶。

2011年"转型升级年",解决发展方式问题。以优化结构推动产业升级,强基固本推动管理升级,锤炼团队推动素质升级,践行"信和"推动文化升级,谋求企业长期可持续发展。

2012年"标化管理年"、2013年"结构优化年",也都是结合当时的具体情况,实事求是,与时俱进地解决企业持续发展中面临的主要问题和主要矛盾,在实施过程中不断寻求创新和发展。

中建五局的主题年,坚持三年一个小循环,每一个阶段均以加强市场营销、强化内部管理、优化结构转型为着力点,第一阶段的管理效益年,第二阶段的品质提升年,第三阶段的精细管理年,再到第一阶段的结构调整年,第二阶段的战略转型年,第三阶段的转型升级年,循序渐进,推动企业螺旋式上升。

三、适时的战略修正

（一）战略执行上的修正

在战略执行过程中，难免出现走偏、走样的情形，究其原因，思想出现偏差或认识未统一是一个重要因素。这时，就需要企业管理者对战略进行再宣贯，对员工思想进行正确引导，及时纠偏，以保持战略定力，保证企业战略的有效执行和落地，实现既定的战略目标。

例如，中建五局2003年初提出了"1357基本工作思路"，并确定了"发展是第一要务"的工作主题。2003年全局新签合同额打破了多年徘徊不前的僵局，首次突破了50亿元大关，是2002年的2.43倍。到2005年，合同额更是超过了100亿元。在这种情况下，有一部分员工就觉得可以歇歇了，企业发展应该慢一点了。针对这种倾向，根据企业资质要求、生存发展需要和企业自身潜能，公司领导提出了企业生存发展的"四条线"标准，即"生存线""温饱线""小康线"和"富裕发展线"。按照这"四条线"的标准，经过三年的努力，企业经营规模虽然过了百亿，但仍然是在"生存线"上下，还有不少公司仍处于生存线以下。通过算账分析，让大家又感受到了差距和不足，消除小富即安、小成即满、止步不前的错误思想，从而又重新燃起继续前进和发展的激情。发展是第一要务，这个主题是不能轻易改变和动摇的。不进则退，小进也是退。中建五局在当时把握住市场机遇，仍然有很大的增长空间，这不是空喊口号，而是建立在对当前形势和自我优势的分析上提出的目标。

到2011年，中建五局在历经了8年的高速成长，迎来了"十二五"的开局之年。站在新的历史起点上，在开局之年如何谋篇布局，十分关键。然而，面对新的形势，有不少员工在思想上出现了一些波动和不安。比如，有的单位和员工沉浸于过去的成绩，有点小富即满的飘飘然，缺乏继续前进的动力；有的单位和员工面对连续8年的高速成长，有点发展到头的惴惴然，对能否实现"十二五"奋斗目标心存疑虑；有的单位和员工迷失于复杂的宏观调控形势，有点手足无措的茫茫然，不知未来的路在何方……

基于这些情况，公司领导提出了"找一个目标、找一个理由、找一点不足"的要求，在广泛深入调查研究的基础上，局主要领导奔赴每个单位进行指导，痛陈"病灶"，并开出"药方"。

首先是"找一个理由"。一个人或一个企业，要想持续成功，唯一的秘诀就是，要给自己"不断地找一个做事的理由"，从而激发起企业在新的起点上继续前行的动力。

其次是"找一个目标"。目标犹如灯塔，指点人们前行的方向。"十二五"期间，中建五局的目标就是要建设一个"社会尊敬、员工自豪"的现代化建筑地产集团。围绕这一愿景目标，每一个单位都应该找准自己的定位，为自己确定一个跳一跳可以实现的发展目标。

最后是"找一点不足"。找准以往的不足，持续改进和提升，才能避开前行中的障碍和暗礁，不断地朝着正确的方向迈进。困难企业不讲困难，但好的时候要下大功夫找不足、找问题，找与对标企业的差距。因为只有把不足找出来了，才能正确地看待自己，才会采取正确的对策，企业在发展的道路上才能不断前进。

（二）战略内容上的修正

企业在制定战略时，是立足当下、预判未来的，经过一系列管理活动制定出的战略符合企业在市场中的定位，同时满足社会发展需求。但在现实中，万事万物都是在不断变化发展的，随着内外部环境的不断变化，原有的战略可能会出现不适应的情况，这就需要管理者对企业的战略内容进行适时调整修正。

2011年，经过连续8年的持续打造，中建五局已做成房屋建筑、基础设施、房地产开发三大业务板块，为企业的转型升级、持续发展奠定了良好的基础。当时，恰逢国家投资业务快速扩张，企业审时度势，成立了投资管理公司。投资管理公司的成立，使基础设施和城市综合体类投资业务的日常运营管控职能，落实到了明确的责任主体上，通过有效的管控模式，实现房屋建筑施工、基础设施建设、房地产开发之间的联动，推动中建五局由施工总承包向施工投资联动的商业模式转型。

至此，中建五局形成了以局投融资部作为投资风险管控的归口管理部门，以中建信和地产公司作为房地产开发业务的运营管控平台，以投资管理公司作为中建五局综合类投资业务的运营管控平台的双平台模式，整个投资运作组织体系更加完善。城市综合体项目的运营，将中建五局由"建房"带到了"造城"的新境界。

同时，三大板块的内容也得到了丰富和升华，房屋建筑、基础设施、房地产开发三大业务板块间产业联动、协同发展的良性局面逐步形成，投资业务成为推动企业持续发展的新引擎。

第三章

扭亏脱困战略与人才强企

　　任何人在登山的过程中都可能迷失方向，陷入困境。企业发展如同潮起潮落，有高潮，也会有低谷。好公司和差公司都会面临亏损，所不同的是，好公司在扭亏的过程中蜕变，差公司因为亏损而灭亡。笔者认为，困境其实恰恰是企业创新工作思路、寻求战略转型的最好时机，因为这个时候的变革思想最容易被接受，变革的成本也最低。如果方法得当，困境往往能成为企业蜕变发展的机遇。因此,对陷入困境企业的关注、对扭亏脱困战略的研究、对企业新生之路的追寻，是一件很有意义的事情。

第一节 扭亏脱困战略

中建五局 20 世纪 80 年代中期曾一度辉煌，却在 20 世纪 90 年代后期陷入困境，21 世纪初跌至低谷。然而，就是这样一个时拥 2 万余名员工，但已资不抵债、濒临倒闭的企业，通过实施"扭亏脱困"战略，短短几年时间就实现了浴火重生的蜕变，迸发出勃勃生机和活力。

一、企业困境因素分析

2003 年前，中建五局作为长期在计划经济条件下生存的老国企，在向市场经济转型过程中，被推到了完全竞争领域的市场，面临内忧外患的生存环境。一是宏观社会经济环境的变化使建筑市场竞争白热化，机制灵活的民营企业和技术资金力量雄厚的国外企业给国企带来强大的压力；二是自身机制僵化，长期形成的陈旧观念无法迅速适应市场，企业风险四伏、人心涣散；三是企业的"先天不足"，中建五局组建初期机械化工程局的定位，作为集团企业的产业、产品结构过于单一，为承揽业务"普遍撒网"，市场开拓疲软、管理与技术力量落后，企业发展缓慢；四是企业战略管控思路不够清晰，曾提出"建筑业、房地产、工业、贸易"四轮并转的经营方针，尝试多元化发展，办起涂料厂、挂毯厂、棉麻厂等第三产业，虽企业规模一度有所扩展，但多元化经营定义过于宽泛，从事业务不相关，核心竞争能力不够突出，管控能力又不能同时跟进，"后天失调"，多元化探索的失败和市场广种薄收的结局更加剧了企业迅速滑向谷底、濒临破产。

2001 年中华人民共和国审计署的审计报告即是当时情况的真实反映："该企业资金极度紧缺，已资不抵债，举步维艰。由于长期欠付工资和医疗费，职工生活困难，迫于无奈，部分职工自谋生路，有的只好养鸡、养猪，甚至到附近菜场捡菜叶为生……"

2002年中建总公司审计局的审计报告这样描述:"全局营业额仅为26.9亿元,合同额为22.3亿元。企业的报表利润总额为–1575万元,不良资产达4.8亿元。拖欠职工工资2亿多元,有的公司拖欠工资达48个月。下属16家二级单位中有11家亏损,每年亏损几千万元……"

要迅速摆脱困境,不彻底摒弃传统的管理模式,不解放思想、主动转型升级,制定适合企业实际的发展战略,企业最终的结局可以想象。

基于以上情况,2003年初,中建五局新一届班子提出了用三到五年时间扭亏脱困进而做强做大中建五局的目标。通过循序渐进地实施"强心、换血、搬山",有效解决了困扰五局发展的信心、人员、市场、管理和结构五方面问题。

二、一企一策的"八大战役"

2002年底,中建五局16家生产经营单位中,有11家亏损,其余单位也盈利不多,大多处于亏损边缘,多数单位都是积弱多年,积重难返。为实现困难企业脱贫解困,由局领导亲自主持,对这11家单位逐一分析亏损原因,实行一企一策,对症下药。

对于员工数量不多、市场前景黯淡的海南公司、厦门公司、直属公司3家单位,予以撤销。对于其余的8家单位,根据实际情况确定了战略思路和战术措施,遵循"弃船救人"的原则,采取"外科手术式"的调整整合措施,逐一制定解困计划,组织了"八大战役":

一是上海公司的"一揽子解决"计划。从2003年开始,通过对上海公司实施机构改革、主辅分离、基地置换等一系列措施,有效扭转了上海公司连年亏损的被动局面。相比2002年,2005年上海公司合同额增长14倍、营业额增长11倍、综合效益从–550万元增长到463万元,累计偿还债务1757万元。上海公司的成功解困,为企业着手做强做大上海市场奠定了基础,2006年,以上海公司为主要力量,整合华东地区资源,组建了上海建设有限公司,企业步入健康发展轨道。

二是机施公司的"综合治理"计划。机施公司的解困可以说是对中建五局"弃船救人"思路的一个成功诠释。局总部将其有效资产剥离,有生力量局部突围,留守机构停止经营,较好地解决了困难企业职工脱困和目前政策条件下企业退出市场的问题。到2007年底,职工内债全部清零,员工得到分流安置,一部分员工并入局广东公司,历史遗留问题全部解决。2009年,机构销号。

三是二公司的"改革解困"计划。包括理顺劳动关系、清理债权债务、局部突围、资产重组、解决注册地等方案。二公司的"改革解困"计划从2004年开始实施,近2000名员工分流安置,一部分员工派到局阿尔及利亚公司开拓海外市场,一部分员工则分流到发展比较好的局广东公司、上海公司妥善安置。到2007年,二公司的有效资源注入上海建设有限公司,职工个人内债清零,2009年机构销号。

四是七公司的"总体脱贫"计划。七公司是连续多年的困难企业,在中建系统内号称亏损大户的"四大家族"之一,拖欠部分职工工资长达48个月之久,是标准的"困难企业"。2006年,中建五局制定了七公司"总体脱贫"计划,该计划由组建隧道公司、改革机关、拆迁安置旧房、开发商业土地、理顺劳动关系五个方案构成。"总体脱贫"计划实施后,取得显著效果。至2007年,七公司实现盈亏平衡,职工内债清零。以七公司为基础组建的中建五局隧道公司健康发展,七公司机构2009年销号。

五是房地产公司的"资源整合"计划。2003年,中建五局采取整合全局土地资源、组建中建五局房地产公司、盘活自有存量土地、加强人才培养等一系列措施,发展房地产业务。到2006年底,房地产公司先后开发了10个项目,总建筑面积30万平方米,使用有效存量土地180亩,新购土地300亩,净资产从-120万元到8000万元。到2010年,中建五局房地产公司的土地储备量在中建系统里名列前茅,与其他七大工程局、六大设计院合计的土地储备量相当。房地产开发投资业务发展成为中建五局三大业务板块之一,实现利润占全局利润总额的三分之一。

六是五公司的"整合发展"计划。从2005年起,以五公司为基础,围绕组建土木公司的目标，先后进行了六次整合，涉及局属二级单位五家、资产几千万、人员2000余人。整合发展计划取得了硕果：2006年，土木公司综合效益2813万元，名列全局二级单位第一名，基础设施业务占70%以上，成为名副其实的专业公司。与2002年比，2006年合同额、营业额、利润总额分别增长了10倍、6倍和3014万元。2008年，土木公司进入中国建筑十大号码公司行列。

七是一公司的"奋斗突围"计划。根据一公司的实际情况，主要采取调整领导班子、完善市场布局、加大经营拓展力度、规范内部管理的方式来解决一公司的问题，先后四次对一公司班子进行了调整加强。与2002年相比，2006年公司合同额、营业额、利润总额分别增长了10倍、6倍和2051万元。至2009年，以原一公司为基础组建的辽宁公司完成合同额9.89亿元，营业额4.39亿元，综合效益994万元。一公司停止经营，原机构缩编为资产管理公司，负责处理历史遗留问题。

八是装饰公司的"资产重组"计划。2004年底，中建五局进行了装饰业务的整合，将五公司金属门窗厂重组并入中建五局装饰公司，把装饰公司打造成为具备设计施工五个一级资质的专业公司，同时改造了装饰公司办公环境，对装饰公司实施了董事会制度试点、机构改革等一系列措施。装饰公司逐步步入快速发展轨道，至2009年，装饰公司完成合同额8.77亿元、营业额5.59亿元、综合效益1232万元，与2004年比，分别增长11.4倍、5.57倍、115.2倍。

三、企业凤凰涅槃持续快速发展

"扭亏脱困"战略的实施，极大地调动了广大员工的积极性，激发了企业活力，局属各单位比学赶帮超，争先恐后，奋勇向前。推动了企业的持续、快速发展。中建五局的主要经济指标持续、快速、加速发展，呈现出了85°增长曲线（图3-1），年经营规模由2002年的20多亿元，增加到2013年的1300多亿元，利税总额由2002年的0.46亿元，增加到2013年的40多亿元，企业资产总额由2002年的20亿元，增加到2013年的460多亿元。

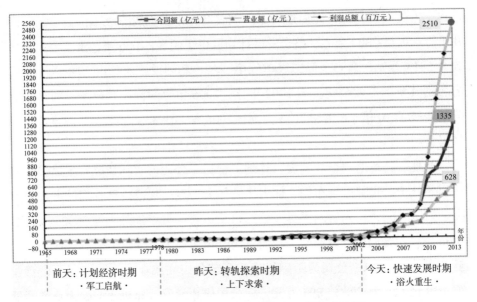

图 3-1　中建五局主要经济指标 85°增长曲线图

与此同时，企业也积极承担社会责任，回报社会，连续多年每年接收大学生就业 2000 多人，为社会提供约 15 万个进城务工人员就业岗位，关心进城务工人员的成长，对进城务工人员讲和谐、讲关爱，带动进城务工人员家庭共同奔小康；建立"扶贫济困"专项资金，组织青年志愿者服务团队，积极参加扶贫济困、爱心助学、社区服务等社会公益活动，企业社会价值大幅度提升。一个"社会尊敬，员工自豪，全国一流"的现代化建筑投资集团呈现在世人面前。

第二节　人才强企战略

企业的竞争归根结底是人才的竞争，谁能吸引最优秀的人才，谁就能赢得竞争、赢得市场、赢得发展。中建五局的跨越发展和持续发展也得益于企业对人才发展的重视以及人才强企、人才兴企举措的实施。

一、人才与企业战略的匹配

人才是战略的决定因素。"没有人就没有企业",战略确定后,人才是决定性因素。人才战略属于企业战略的有机组成部分,对企业整体的宏观战略有着重要的支撑作用。

人才资源是指人力资源中素质层次较高的那一部分人。人才资源是企业获取竞争资源的第一资源,是企业核心竞争力产生的源泉。如何制定人才战略并有效地开发和使用人才,使人才在组织中发挥更大的作用,支持组织战略目标的实现,是企业必须认真思考的问题。

企业获取战略成功的各种要素,如营销能力、财务能力、生产能力等,最终都要落实到人才资源上。人才战略在企业战略中起着统领作用,是企业战略的灵魂所在。人才战略应侧重于让人才的开发和使用与企业战略相匹配,以获得市场竞争优势。人才需求一定是随着企业战略的变动而变动,在企业发展的不同阶段,人才也应随企业战略的特点和趋势呈现不同的结构和特点。

人才与企业战略的匹配是一个长期的、动态的过程。人才战略应依据企业战略,不断地进行调整和优化,使其与企业战略的匹配度不断提高,从而推动战略目标的实现和企业的可持续发展。企业的成长与人才的整体发展往往是相辅相成、相互促进的。在调整人才战略的同时,也需要考量企业人才的特征,从特征出发分析如何更好地吸纳人才、运用人才、留住人才,获得核心竞争力。

总之,在企业追求自我生存和永续发展过程中,需不断优化调整人才战略,使人才适应社会、经济的发展环境,与企业内外的环境、生态、资源协调一致,达成深度融合,推动企业一个又一个战略目标达成,以实现企业的长期高效运行,助力企业愿景和企业使命的实现。

二、优质人才的持续引进与培养

优质人才是企业改革发展的重要源泉，是企业核心竞争力的重要组成部分。企业要想实现高质量持续发展，就要重视优秀人才的持续引进与培育工作，积极培养和吸纳适应高端市场的各类复合型人才，提高和调整人力资源的数量和素质结构，完善人力资源激励机制，把人才作为重要的资本进行管理和经营，为企业战略的实现提供坚强的人才保证和智力支持，实现企业和人才的共同发展。

（一）以更灵活的举措引人才

牢固树立人才强企战略，坚持人才与企业战略相匹配，切实灵活地将企业需要、岗位需要、战略发展需要与人才选拔结合起来，形成合理的梯队结构，打造高素质人才队伍。

一是要深入剖析企业发展过程中的真实需求，了解企业真正需要什么样的人才，以此为基点，明确人才队伍建设的总体目标、结构布局，建立精准的引才标准。不断完善人才选育机制，加强对人才干部供需情况、整体素质、专业结构等方面的预测分析，推进建立完善的员工素质模型，制定科学合理的选拔方案。

二是在引进优秀人才的过程中，企业不仅要根据不同岗位的实际需求，科学安排人员比例，做好岗位分析，制定好招募计划，而且要树立不拘一格选人才的观念。

三是要把好人才"入口关"。企业进入一定要坚持标准，抬高门槛，严格程序，绝不能将企业办成社会福利机构。社会成熟人才引进要契合企业实际需求，以稀缺的专业人才为重点，持续优化人员结构，匹配企业发展战略。

四是要加大高端人才的引进力度，拓宽人才引进的视野和渠道，注重从跨国公司、合作企业、同行单位引进优秀人才。建立健全高端人才选拔培养体系和责任体系，加强各专业技术带头人队伍建设，发现引导优秀人才向战略板块转移，实施高端后备人才的系统化教育培训和轮岗，选定重点项目、重点课题培养锻炼高端人才。建立国内外人才良性流动的循环机制，逐步加大海外轮岗工作力度，在人员晋升和干部选拔时，加强体现"海外优先"等原则。

（二）以更健全的体系育人才

建设和完善人才职业生涯规划，构建人才培育体系，搭建人才成长通道，为不同类型人员实现价值提供发展平台，持续加强人才队伍建设，打造高素质、职业化的工作团队。

一是构建岗位胜任力体系。胜任力与个人、组织绩效紧密相联。科学的胜任力体系是将企业战略目标转化为组织能力发展的方向。细化分解岗位胜任力模型和标准，使人才在培育环节更具精准性和战略性，将人才成长从靠悟性的"野蛮生长"转变为有方向、有目标、有方法、有计划地"科学成长"。

二是搭建职业化队伍建设体系。企业应结合战略规划和发展现状，为人才创造舞台和跑道，设计人才职业成长体系，定期进行职业生涯指导，为其精准赋能，使人才的成长和企业战略紧密结合。要加强职业化队伍建设，加强人才培养开发，通过有计划的岗位轮换和交流，提高员工的综合素质，培养复合型人才。对工程建设企业来说，对职业经理人、项目经理、营销经理、造价工程师、注册会计师、律师等稀缺人才资源要倍加珍惜，加大力度培养，形成一支门类配套、素质优秀的职业队伍。

三是建设组织学习体系。以服务企业战略为中心，构建企业的组织学习体系，推动个人学习与组织学习相融合、组织学习与企业战略相融合、学习与实践相融合。在个人学习与组织学习相融合方面，可以优选一批业务专家和领导干部组建内部培训队伍，让专业导师带训人才，将个人学习领悟和实践经验转化为组织内可供分享和传递的知识。在组织学习与企业战略相融合方面，结合企业发展战略和管理目标，设计系统的学习、培训方案，开发出针对性强的课程板块，进行专业培训，搭建企业自身的学习平台。而在学习与实践相融合方面，可以制定岗位交流计划、发展共享计划，将学习与实践进行有机结合，更好地指导实践。例如，为打造学习型组织，提升企业培训工作的系统性，中建五局2010年成立了"信和学堂"，明确了分类培训思路，重点开展了对领导干部、中层干部和后备干部、项目经理、专业技术人员、新入职员工等的培训，并把教育培训与团队建设、改进工作、考核激励和个人发展等结合起来，收到了很好的培训效果。

（三）以更科学的机制用人才

完成了人才的引育和培养，企业要想持续发展，还需做到科学合理地使用人才，把合适的人才放在合适的位置上，才能实现人力资源效能的最大化。在用人上的主要做法是：

看业绩。始终注意辩证把握"德、能、勤、绩、廉"的相互关系，把视线聚焦于被启用对象的业绩上，"从业绩看德才，凭德才用干部"，坚持用干事的人，用干成事的人，用职工满意的人，强调以业绩论英雄、凭贡献定升迁，在企业内部树立鲜明的业绩导向，使"有为才有位"成为共识。

严考核。企业建立横向到底、纵向到边的全面拉网式、立体交叉式的考核体系，打造"金条加老虎"的赛马机制，有效传递压力和动力，有效促进了干部队伍素质的提高。

坚持以人为本。在人力资源管理上，尊重人性，遵循"七成定律"。具体分为六个方面：第一，在看人上，"金无足赤""人无完人"，一个人如果70%是优点，30%是缺点，就算是优秀人才了；第二，在知人上，要用70%的注意力发现人的长处，用30%的注意力发现人的短处；第三，在用人上，当候选人能具备应征岗位70%的要求就可以使用了，不能苛求一开始就100%胜任岗位要求；第四，在管人上，一个团体有70%的人符合职位要求，工作尽心尽力，就属正常；第五，在做人上，能做到有70%的人认可你就算不错了，对自己不能过于苛求；第六，在容人上，对别人给你提的意见，包括批评和建议，要花70%的精力去反思自己，花30%的精力去考虑别人的意见合不合理。

（四）以更有温度的环境留人才

企业在进行了引人、育人、用人之后，如何留住人才、让人才扎根，也是十分关键的环节。

一是要建立人才发展空间。发挥企业高品位发展目标、高起点事业平台的感召力和影响力,根据企业的特点,通过区域开拓和项目承建,为各类人才提供岗位培训和实践的平台,为人才成长搭台子、铺路子、架梯子,使其创业有机会、干事有舞台、发展有空间,做到以事业留人。

二是要营造良好的工作氛围。在企业内部要打造公开、公平、公正的制度环境、和谐健康向上的人际环境。营造尊重人才、珍惜人才的企业内部环境,以和谐的文化氛围获取员工的心理认同,做到以感情留人。

三是要适度提高薪酬待遇。要深化分配制度改革,在内部形成公平的价值分配,逐步建立市场化的薪酬体系,做到以待遇留人。

三、骨干人才的素质提升

骨干人才是企业生存与发展的核心基础,骨干人才的素质水平高低,直接决定了企业战略的实践方向和路径,极大地影响了战略的最终实现。

(一)建立骨干人才素质提升的科学机制

建立科学的激励机制和考评机制对骨干人才的素质提升意义重大。一是建立完善的、科学的人才激励机制,通过物质和精神的激励,提升骨干人才的主人翁意识,激发工作热情,使其自主提升个人素质。一方面,可根据人才的实际岗位、素质能力、参与度及贡献度,科学设置薪酬体系,提升物质补助。另一方面,根据人才的具体贡献和精神品质的呈现,推出荣誉称号,对为企业作出重要贡献的骨干人才进行表彰,提供精神激励。实现人性化的管理机制,尊重人才付出。二是建立科学的人才考核和评价机制,将竞争引入人才培养流程,定期进行考核和淘汰,实现骨干人才的向上流动。建立契合企业战略发展的考核评价体系,将有关人才素质的关键指标纳入评价内容体系,在考核中发展,在发展中考核。

（二）搭建骨干人才素质提升的平台载体

搭建平台、创造载体，不断促进企业骨干人才的素质提升。一方面，健全多层次、多结构的骨干人才培养平台，推动企业、科研机构、教育机构等多方参与，形成相互支持的立体化人才培养体系。使人才可以从选育时的学习者转化为引育后的建设者，最后转化为具备优秀综合素质的领导者。另一方面，打造先进的企业人才信息平台，定期针对骨干人才素质情况进行调研，探索建立骨干人才素质提升的运行机制，对企业骨干人才素质的层次开展分析，建设完善的人才信息库，为针对性提升人才素质提供数据基础。最后，还可以开展人才素质提升的专项活动，如组织开展技能比武、人才座谈会等，促进骨干人才的交流和提升。

（三）打造骨干人才素质提升的重点工程

为快速适应外部经济形势、行业结构变化等，企业需要适时打造一系列具体系统的人才工程，从培养模式、课程设置、平台搭建、能力评估、人才发展道路等方面进行系统规划，充分调动企业抓好人才工作积极性，通过工程的逐步实施，推动人才结构战略性调整，促进各类人才队伍素质的逐步提高。例如，中建五局创新校企合作，实施了"千人研究生计划"，与中南大学、湖南大学等知名学府签订研究生基地协议书，以促进研究生教育与企业生产实际结合为出发点，以重大工程、管理课题、技术创新项目为支撑，以培养具有研究生学历的高层次人才为重点，开展工商管理硕士和工程硕士培养，促进企业骨干人才的文化升级和素质升级。

第三节 "青苗工程"战略

自2003年，中建五局围绕新的发展战略目标，把青年员工培养作为优化人才结构、打造高素质职工队伍的重要支撑,以实施"青苗工程"为主线,加快了青年人才成长,取得了显著成效,对企业的持续发展意义重大而深远。

一、青年员工培养的意义

从党和国家的发展事业看青年人才培养就会发现,一代又一代青年人才的健康成长不仅仅是年轻人个人及其家庭的期待与寄托,更是党的事业、国家发展与社会进步的希望所在。

(一)青年是国家的未来

马克思、恩格斯在对"青年"概念的具体运用中,从自然性与社会性的统一、群体性与个体性的统一、相对性与确定性的统一、现实性与发展性的统一等特征,揭示出"青年"概念所指称的这一特定群体及其成员所具有的理想性、积极性、开拓性、未来性和继承性、过渡性、成长性、可塑性等特质。马克思主义辩证法和唯物史观的创立,从社会关系层面把握青年的本质和社会历史作用,成为观察和处理青年问题的基本出发点和准则,马克思主义青年观由此形成。中国共产党自成立以来,一直把培养青年提到关乎党和国家前途命运的战略高度。不管是革命战争年代还是和平建设与发展时期,党和国家都十分关心青年的成长。在建设有中国特色社会主义的新的历史时期,青年的未来就是党和国家的未来,青年必须要担当国家发展、民族兴旺的大业。

1957年11月17日,毛泽东主席在出席十月革命胜利四十周年庆典期间,在莫斯科大学接见了留苏学生和实习生代表,并发表了著名讲话:"世界是你们的,也是我们的,但归根结底是你们的。你们青年人朝气蓬勃,正在兴旺时期,好像早晨八九点钟的太阳。希望寄托在你们身上。"这个讲话完整体现了中国共产党的青年观,激励着一代又一代中国留学人员和无数中国青年。

青年是整个社会力量中最积极、最有生气的力量,国家的希望在青年,民族的未来在青年。今天,新时代中国青年处在中华民族发展的最好时期,既面临着难得的建功立业的人生际遇,也面临着"天将降大任于斯人"的时代使命。新时代中国青年要继续发扬五四精神,以实现中华民族伟大复兴为己任,不辜负党的期望、人民期待、民族重托,不辜负我们这个伟大时代。

在机遇与挑战并存的环境下,新时代中国青年肩负着中华民族伟大复兴的中国梦的历史使命。当代青年成长、成才需要个人的努力学习、努力奋斗,也需要全社会对青年员工培养的重视与支持,这是极具战略意义的大事,不可淡化、不可忽视。

(二)青年是企业发展的生力军

经济社会各项事业的不断发展,需要一批又一批优秀青年接好接力棒。一个有远见的企业,也会将自己的发展大业系于青年。青年员工具有的激情、好学、创新的特质,决定了青年智则企业智、青年强则企业强。另一方面,青年员工具有价值取向多元化、缺乏工作技能与职业经验等特性,如何发现、培养、造就一批数量充足、结构合理、素质全面、作风过硬的青年骨干人才,形成广大青年快速成长、各类青年人才竞相涌现的良好局面,帮助青年员工明确职业生涯发展方向和成长路径,使其在企业文化感召和发展战略引领下,实现个人与企业的共同发展,是摆在所有企业面前的重要课题。

1.企业必须十分关心青年员工的成长

在企业,青年员工是生产经营活动的主力,是企业发展的依靠对象。因此,培养造就青年员工成长成才是企业人才队伍建设的一项重要战略任务,必须加大培养力度,完善培养机制,采取及早选苗、重点扶持、跟踪培养等特殊措施,促使青年员工快速成长起来,是实现企业长远发展目标的必然选择。

企业要发展,关键在于人,人是最终的决定因素。企业的"企"字也是由"人"和"止"这两个字组成的。如果去掉"人",企业就"止"了,发展就停了。加上这个"人",企业才成为企业,企业才有希望,所以得人才者得天下,得人才者得企业。人才的素质,特别是青年员工的素质,决定着这个企业的发展。企业培养好青年员工,就是培养企业未来的发展力。青年员工是企业具备活力的新鲜"血液",是企业发展壮大的动力源。一个有远见的企业,一定会关注青年员工的成长与进步,这是企业的必然选择。

中建五局作为一家拥有50多年历史的大型建设投资企业,在发展的过程中曾面临严重的人才断层与人员紧缺。自2003年起,企业经营规模的连年翻番,企业青年人才队伍呈现出"总量匮乏、素质匮乏、结构匮乏、机制匮乏"的问题。为此,企业高管层始终把青年员工的成长进步作为一项重要的战略任务来抓,从而推动了企业持续健康发展。

2. 深入基层是青年员工成长的必要条件

每一个工程项目的完成,都是集合无数一线作业团队智慧、力量的结晶。青年员工到企业工作,第一步就是去基层团队,每一个基层团队都是新员工锻炼成长的温床。工作团队良好的工作状态、合作精神、人际氛围,团队成员的人生观、价值观等都直接影响着青年员工的成长。因此,充分发挥工作团队在培养青年员工成长方面的作用,十分重要。

基层团队,是为了实现共同目标而集合起来的一个团体。团队精神是指个体或群体在维护共同信仰和目标时所表现出来的意志、力量和效率。相互信任是团队精神中的重要特点。在一个良好的团队里,每位成员都愿意与其他成员坦诚地分享自己的忧虑、弱点、风险、目标和动机。团队精神特别是在压力和争议下所展现出来的气势,可以通过个人在履行义务时所表现的意志、服从和自律来体现,也就是个人在集体利益下所展示的信念、心态和动机。

"团结就是力量",而且团队合作的力量是无穷尽的,甚至可创造出意想不到的奇迹。团队成员需要的是心往一处想、劲往一处使;需要的是分工协作、优势互补;需要的是团结友爱、关怀帮助;需要的是风雨同舟、甘苦与共!与组织、集体的力量相比,个人的力量都是微弱的、渺小的,仅凭自己的孤军奋战、单打独斗,是不可能成大气候的。只有融入团队,只有与团队一起奋斗,才能实现个人价值的最大化,才能成就自己的卓越。员工个人与团队的关系就如小溪与江河。每个人都要将自己融入集体,才能充分发挥个人的作用。对于青年员工来说,如何融入团队,首先是对团队精神的认同。

英国剧作家萧伯纳曾经说：理智的人使自己适应这个世界，不理智的人却硬要世界适应自己。一般来说，优秀的青年员工的适应能力强，来到新环境会快速融入团队，很清楚想要立足、发展，必须与团队成员打成一片。而有些青年员工的适应能力差，没有融入团队的意识，难以与同事和谐相处，离职可能性大。

俗话说，"一个和尚挑水喝，两个和尚抬水喝，三个和尚没水喝。""三个和尚"是一个团体，可是他们没水喝是因为互相推诿、不讲协作；还有一个蚂蚁搬米的寓言故事："一只蚂蚁来搬米，搬来搬去搬不起，两只蚂蚁来搬米，身体晃来又晃去，三只蚂蚁来搬米，轻轻抬着进洞里。"这三种做法有不同的结果，体现团队合作精神的重要性，团队合作越来越被现代企业视为员工的必备素质。

青年员工要谨记集体的成功才是个人的成功，不能因个人私利而置他人和团队的利益于不顾。应该真诚地信任他人，这样会很快被团队所接纳。一人智短，众人智长。个人的力量总归是有限的，应该融入集体当中，为共同的目标努力，因为团队的成功也是你的成功。

基层的领导者必须信任新的青年员工，熟悉他们的情况，掌握青年员工的特点、优势与不足，在工作安排上要扬长避短，严格要求，悉心指导。在生活上给予关心，做好青年员工与团队成员之间的沟通和协调工作，营造一个积极向上、努力工作、和谐相处的基层环境，加快青年员工尽快融入团队的步伐。在职场中，最重要的就是深入基层、融入团队，做到与集体一荣俱荣、同心同德，为达到共同的目标而齐心努力。

因此，青年员工要让自己的工作能够拿得起来，并且能在工作中独当一面。在团队中应扮演奉献者的角色，不要因为一点私利而斤斤计较，影响团结。在工作中一定要做到勇于担当，特别是团队遇到困难的时候，能够勇挑重担。在与人交往的过程中，应该做到与人为善。也就是说，善良对待别人才能够让别人更喜欢。与团队和谐相处的秘诀就是：尊重别人、帮助别人、肯定别人，学习别人的长处，感恩别人的帮助，成为与团队其他成员相处融洽的好朋友。

3. 遵循青年人才成长的规律

青年人才成长有着共性的规律，但不同行业的青年人才成长有着不同内涵和特点。建筑是凝固的艺术，每一项建筑产品都是技术与艺术的结合，独一无二。工作就是融汇已有知识和经验，创造性解决实践中出现的新问题，是一个不断将知识运用于实践并在实践中检验和提升知识的过程。我们提倡"学中干，干中学"，更注重实践在青年人才成长过程中的作用。

人才成长是岗位实践、自我学习与脱岗培训三方面相互作用的结果，三方面起的作用比例大概为70%、20%、10%。这就是人才成长的"721规律"。脱岗培训与自我学习是"知"的过程，岗位实践是"行"的过程，青年人才成长必须强调"知行合一"，强调实践在人才成长过程中起的主导性、决定性作用。同时，必须制定清晰的、与企业发展战略相匹配的人才发展战略，适应企业快速发展的需要。

从2003年起，中建五局开始大量引进接收大学毕业生，先是每年三五百人，后来是每年一两千人，2010年以后每年接收大学生都在两千人以上。大批量年轻人的加盟，给企业注入了新鲜血液，给企业带来了活力，使一个老国企焕发了青春。与此同时，青年员工的状态、素质、能力，直接关系到企业的未来和发展，青年人才的培养就成了企业的战略性课题。

（三）青年是家庭的希望

家庭是社会体系组成的重要细胞。在我国，具有中华民族传统的家庭观念仍是维系国家稳定、社会和谐的基础之一，青年在家庭中起着承上启下的重要作用，也是一个家庭的寄托与希望。随着年轻人离开学校，进入社会，走上职业岗位，就开始在单位负任承责，在家庭扶老携幼，担当挑起"双大梁"角色，因此，对青年员工在政治上关怀、在工作中指导、在生活上关心，是青年人才成长的必需。

一位青年员工在职场上打拼，能努力工作，刻苦钻研，充分发挥自己的聪明才智，为单位多作贡献，并获得应有的回报，这是每一个家庭最大的安慰。可见，对青年员工工作的重视、企业对青年人才成长的关怀，至关重要。

二、"青苗工程计划"

基于对青年人才成长规律和企业人才发展战略的清晰认识和把握,中建五局推出了实施"青苗工程计划"的战略举措,实施以"青苗工程计划"为主要内容的"接班人计划",营造人才成长环境、完善人才成长机制、创新人才培养方式、助力青年人快速成才,为企业持续健康发展提供不竭动力。

对青年人来说,青春年华,精力充沛,正是最能干事、最能成事、最重要的成长阶段。好的时机和平台,为青年人实现人生价值提供了广阔的舞台。青年人,应该勇立时代潮头,挥洒青春激情,担当光荣使命,努力创造出无愧于历史和人民的业绩。

企业员工,尤其是青年员工的命运与企业是紧密联系在一起的,企业好则个人好,企业强则员工富,企业差了、弱了,企业员工的生活质量就会下降。企业中青年人才健康、快速成长,是企业义不容辞的责任。

"今日青苗,明日栋梁",对企业来讲,要净化人才成长环境,完善人才成长机制,创新人才培养方式,关注人才个性诉求,创造良好的发展环境,促进青年人才的快速、健康成长。建立企业青年人才培养的合适平台,是优秀青年人才成长的快速通道,这项工作只能加强,不能削弱。

(一)"青苗工程计划"的意义

为培养造就一支素质优良、数量充足、结构合理、管理规范、能支撑和保障企业发展目标的后备人才队伍,中建五局根据企业发展战略目标,于2006年发布了《中建五局后备领导人员队伍建设实施办法》,这就是中建五局"青苗工程计划"的正式开始。

其重要意义在于,"青苗工程"实质上是一个根据国家经济发展态势、根据企业战略目标制定的年轻接班人的培养计划,这决定了企业未来的前途命运,比接几个工程项目、开拓一两个区域市场更重要。把人才建设、接班人培养计划作为一种战略性的核动力,是非常必要的。

（二）"青苗"培育体系

中建五局员工的平均年龄31.9岁，青年员工是员工中的最大群体，关注青年员工至关重要。由人力资源部门会同有关部门实施的"青苗工程计划"，按后备干部1：2的配比，从毕业3～5年的大中专学生中，择优选择学历背景好、思想品质好、敬业上进、有培养前途的青年员工，着重培养青年人才的素质。青苗人才的平均年龄在26岁。"青苗工程计划"实施分三个层次：一是局、公司两级领导班子；二是领导班子后备干部；三是"青苗人才"，也就是后备的后备。

这三个层次的人才，是中建五局的核心员工，组成了梯队形"青苗工程计划"培育体系。三个层次人才的选拔，不仅考虑了学历因素，更重要的是强调思想品德、敬业上进、工作绩效、发展潜质等条件。由优秀导师指导职业规划，并安排重点培训和岗位交流等活动。在具体的培养措施上，坚持"注重实绩、德才兼备，重视培养、动态调整，梯次结构、纵向到底，统一调配、规范管理"的原则，按与领导干部1：1.2的配比建设"青苗人才"队伍。

"青苗工程计划"是企业培养人才的重要平台，是优秀青年成长的快速通道（图3-2）。该计划一方面给青年创造更多表现的舞台；另一方面，在具体的培养措施上，坚持"注重实绩、德才兼备，重视培养、动态调整，梯次

图3-2　中建五局"青苗工程计划"示意图

结构、纵向到底、统一调配、规范管理"的原则,将其潜能激发出来,发挥个人作用,为企业作贡献。"青苗工程计划"预示着企业的未来。"青苗工程计划"体现了企业"以人为本"的人文关怀,是企业加速青年成才、培养接班人的创新之举,是着眼未来、打造百年老店、追求持续发展的战略之举。

三、营造青年人才成长环境

"橘生淮南则为橘,生于淮北则为枳,叶徒相似,其实味不同。所以然者何?水土异也!"外部环境是人才成长至关重要的保障。在价值观多元化、良莠不齐的今天,如何确保青年人才成长为"橘"而不是"枳"呢?大力营造青年人才成长环境尤为重要。

(一)营造"公开、公平、公正"的制度环境

公开、公平、公正的制度将为企业员工创造良好的成长环境、激励环境,从而激发员工的无限工作热情、创新智慧和才能,并汇成洪流,形成企业持续发展的强大动力。我们坚持加大竞争性选人用人力度,优胜劣汰,促进优秀青年员工脱颖而出。坚持公开、公平、公正的赛马机制,让"能者上,庸者下,平者让,错者罚"。树立业绩导向,将竞技体育机制引入企业管理实践中,通过公开竞聘、民主测评、业绩评价、组织考核等多种方式,在全局范围内甄选企业领导班子、项目经理、项目管理班子后备人才队伍,完善各级领导班子后备人才库建设。形成"愿干事的给机会、能干事的给舞台、干成事的给奖励、干错事的给处罚"的良好氛围。积极、健康、向上的人际环境,能够让员工避免不必要的内耗,能够做到心无旁骛,集中精力谋事、干事、成事,团结一致,协同联动,提升员工队伍的战斗力。

(二)营造"积极、健康、向上"的人际环境

在企业中,员工之间、上下级之间倡导积极沟通、相互支持、和谐互助;倡导尊重贡献、崇尚简单、快乐工作,倡导君子和而不同,坚持原则性与灵

活性相结合。工作上互相补台、生活上相互关心，形成团结向上、生动活泼的良好氛围。同时，要用科学的方法评估人际环境的状态，主要是通过个人考评中的德育、集体考评中的员工评价来实现，及时发现"害群之马"，保障人际环境的良性发展。

（三）营造"以苦为乐、助人为乐、成长为乐"的思想环境

2003年以来，中建五局始终把加强企业文化建设作为企业战略任务来抓，把员工队伍的思想建设作为企业发展常抓不懈的重要工作，每三年就会进行一次大的思想建设行动，一次思想建设行动持续三年。如，在2009年，企业开展正确处理"公与私、是与非、苦与乐、言与行"四组关系大讨论。提倡大公无私、是非分明、以苦为乐、言出必行；做到先公后私、是非明白、先苦后乐；批评公私不分、是非模糊、计较享乐、只说不做；惩处损公肥私、是非颠倒、贪图享受、言行不一。在2012年，中建五局又开展了以"忠诚不渝的信念、公而忘私的情操、是非分明的品格、言行一致的作风、以苦为乐的境界、关爱群众的美德"的"超英精神"传承为重点的思想文化建设活动，促进了企业的转型升级和科学发展。

除每三年进行一次大的思想建设行动外，企业还开展了经常性的思想教育活动，如在全体员工中开展倡导"七学"（即学而习、学而思、学而用、学而传、学而行、学而修和学而果），坚持"七不"（脑不昏、眼不空、口不吃、肩不滑、腿不曲、脚不虚和手不松），反对"七小"（小圈子、小心眼、小聪明、小享受、小政治家思维、小市民习气和小我主义），树立"三乐"（知足常乐、以苦为乐和助人为乐）等活动，都收到了很好的效果，使社会主义核心价值观得到弘扬，企业的思想环境得到净化和升华，职工的精神面貌焕然一新。

良好的环境不仅事关员工的个人成长，而且事关人心向背；不仅事关当前，而且事关长远。基于企业领导者在企业中所处的特殊地位，决定了领导者在环境营造中承担设计者、布道者和实践者的多重角色。领导者能否率先垂范、身体力行，将直接影响企业环境的变化。大力提倡"领导干部用命工作，中层干部用心工作，普通员工用力工作"，要求各级领导者"亲心"（即

忠心立人、诚心待人、平心做人)、"亲言"(即真言感人、"大话"服人、"巧言"悦人)、"亲力"(以务实的作风带动人、以出色的业绩感召人、以廉洁的行为影响人、以切实的关怀温暖人),是形成良好环境的重要基础。

四、创新培养机制与培养方式

企业有了青年人才成长的有利环境,就需要创新的培养机制与培养方式,才能落实培养青年人才的目标。

(一)创新培养机制

坚持有培养必有考核,考核必兑现。青年员工在发展各阶段必须达成培养目标、考核合格方可进入下一阶段培养,考核过程坚持"评价"与"考核"结合,"评价"是由领导、同事、工作相关方对青年员工的品德、素质、能力、服务态度与管理行为的定性判断与反馈,"考核"是根据预先设定的目标对工作结果进行核定和判断。考核后一定要兑现,光考核不兑现,就失去了考核的意义,也达不到通过考核促进业绩提升的效果。

坚持根据青年员工不同发展阶段,所处业务线条的不同特点和培养重点,制定不同的培训任务,包括促进青年员工掌握应知、应会、应熟悉的知识技能,提高综合工作能力。青年员工培养,要坚持专家型的技术人才和综合型的管理人才培养同步进行。专家型技术人才指在项目生产管理、技术管理、安全质量、物资管理、勘察测量、人力资源、合约法务等领域内掌握较高技术水平的人才;综合型管理人才指在项目和企业管理中具备全面知识,有较高管理水平的人才。专家型技术人才和综合型管理人才都应具备"T"形知识结构,即不仅在横向方面有广博的知识面,纵向方面也要有较深的专门学问。

(二)创新培养方式

根据不同时期的发展特点,青年员工成长可以分为新员工阶段、基层员工阶段和核心员工阶段。

1. 新员工的集中培训

新员工阶段为期一年，培养目标是尽快完成由学生到职业人的角色转化，了解建筑施工企业与项目工作环境与特点，了解并认可企业文化，为下一阶段独立完成岗位工作做好准备。培养方式包括：

开展新员工分层次的集中培训。局层面集中培训内容包括军训、文化课培训、企业参观等项目。军训、入职仪式以锻炼学生坚强意志、增强团队凝聚力为目的，文化课培训及企业参观的目的侧重于企业文化宣贯、增强新员工的荣誉感及青年员工角色转变引导等，内容包括企业文化、企业战略、职业道德、职业生涯辅导、商务礼仪、公文写作等。二级单位集中培训侧重于提升青年员工对本单位的认识，学习单位的规章制度等。内容包括本单位历史、概况、人力资源基本制度、企业财务制度、岗位责任制度、项目管理、合约法务管理、信息化管理、安全教育等。项目部的集中培训侧重于安全教育、项目情况介绍、工作流程、团队建设等。

下班组进行基层锻炼。旨在帮助新员工全面深入了解施工工艺流程、熟悉操作程序，掌握基本施工作业技能，培养对施工具体工序的认识，加强理论与实践操作的结合。同时培养新员工吃苦耐劳的工作精神，帮助其适应公司管理和安全文明施工需求。新员工进班组学习要注重理论联系实际，努力践行"三问、三学、三锻炼"；"三问"即上问、下问、互相问；"三学"即学工人操作、学项目管控、学业主管理；"三锻炼"即锻炼身体、锻炼毅力、锻炼思维。

实施"导师带徒"举措。由员工所在单位或部门的领导担任新员工"成长导师"，同时挑选具有一定工作经验、具备较高的理论水平与实际操作能力的骨干员工担任"专业导师"，帮助指导青年员工树立职业理想、塑造职业道德、提高职业技能。"成长导师"终身制，主要负责徒弟的职业生涯规划、各类学习考证、道德品质修养、心理问题疏导和权益保障维护等方面的工作。"专业导师"阶段制，主要负责徒弟在不同岗位的技能培训，"专业导师"随着员工的岗位轮换不断进行更换。

2. 基层员工的继续教育

基层员工的继续教育一般持续 4~5 年，熟练掌握岗位涉及的法律、法规、规范和标准，掌握本专业领域的理论与方法，能够独立地、较好地完成岗位工作，完全符合某一专业技术岗位的要求，并且对与本线条相关的知识有比较深入的了解，做到协同联动。培养方式包括：

鼓励员工参加社会考试、培训。通过不同方式获取各类对个人职业发展和企业生产经营有利的执业资格证书，保证参加考试的员工有适当复习和考试的带薪假期，并有计划地开展各类取证培训班帮助员工通过执业资格考试，对于通过考试的员工根据证件管理办法予以奖励，并优先提供职业发展机会，在竞聘上岗和提拔晋升方面优先考虑。

直接上级负责青年员工的培养和工作辅导，并积极为其提供平台与机会。下属通过上级辅导，严格要求自己，努力寻求进步，更好更快地胜任岗位工作。对青年员工工作过程中的失误与不足，上级要及时批评指正，帮助其改进和完善；对下属在工作中取得的成绩与进步，应给予肯定与鼓励。辅导的内容包括：针对青年员工岗位工作要求，对岗位能力、素质、技术进行辅导；针对青年员工岗位绩效目标、实施过程及结果进行辅导；针对青年员工的工作、生活、学习状态给予帮助和辅导。

通过轮岗培养青年人才的全面工作能力。使青年人才积累多岗位的工作经验，为后期的职位晋升打下良好的基础。轮岗人员确定途径包括：①公司安排轮岗。根据关键岗位人才梯队建设规划，对表现优秀、有发展潜质的人员进行系统地轮岗安排。②个人申请轮岗。员工个人可根据自身职业生涯发展规划，申请岗位轮换，所在单位批准同意可实施。轮岗方式包括：调动轮换，即脱离原有岗位，跨专业、部门或区域轮换岗位，是岗位的完全轮换。③兼职轮岗，即在不脱离原工作岗位的前提下，通过兼职、增加工作任务的方式进行轮岗，是岗位的叠加轮换。

3. 核心员工的重点培养

核心员工的能力提升阶段是将青年员工培养成为满足公司发展需要的项目专家型技术人才和综合型管理人才。增强复合知识和经验，提升综合素质和能力。培养青年骨干员工的领导力、资源统筹能力、沟通能力、危机处理能力和团队管理能力。培养方式包括：

开设项目经理与专业技术人员培训班。采取与高校联合培训、案例教学的形式，集中项目经理系统学习生产、安全、质检等项目施工知识。集中组织专业骨干人员系统学习安全质量、商务合约、施工管理、技术管理等知识和理念，拓宽工作思路，创新工作方法，提高工作效率。

选拔部分优秀青年骨干代理项目班子岗位职责。通过行使目标岗位职权，提前进入角色进行锻炼。为代理项目班子配备经验丰富的资深项目班子成员作为导师，与代理项目班子就目标岗位所需的专业技能和任职资格要求，共同讨论分析与目标岗位所需素质与能力的差距，制定具体的、可考核的个人培养计划。

实施有计划的项目部与机关工作岗位轮换。将处于核心员工阶段的项目青年员工安排到公司机关挂职锻炼，将机关的青年员工下放到生产一线，目的是让核心员工在很早的阶段就对企业的生产一线情况和公司的生产经营都有比较深刻的认识，在将来的工作中才能从不同的角度考虑问题，确保决策的合理性与正确性。

定期召开"青苗人才座谈会"。每年定时召开"青苗人才座谈会"，邀请200名左右的优秀"青苗"员工参加座谈，董事长全程参与，近距离与青年员工深度交流。各二级单位组织召开分级别青年员工座谈会，为青年员工搭建沟通和交流平台，倾听青年心声、交流工作体会、分享学习心得，了解青年员工职业诉求，引导职业发展，解决青年员工困难。将青年员工座谈会办成"上下沟通的平台、交流学习的讲台、展示实力的舞台、思想碰撞的擂台"。

（三）实施"接班人计划"

着力实施"接班人计划"是企业青年人才培养与"青苗工程计划"落地的关键一环。

人才的素质，特别是核心员工的素质，决定着一个企业的发展。企业要打造自己的三级干部梯队，包括领导干部队伍、后备干部队伍和"青苗人才"队伍，可以把这三级梯队形象地比喻为"共产党员""共青团员"和"少先队员"。"青苗人才"队伍是各类青年人才中的优秀代表，是实施转型升级、跨越发展的生力军与突击队。"青苗人才"培养计划，主要采取"集中培训＋导师带徒＋岗位锻炼＋网络学习＋技能竞赛"的方式进行，各单位根据实际需要有针对性地选择培养模式。

2008—2014年期间，中建五局通过实施"青苗工程计划"，青年人才队伍建设的责任感、使命感明显增强，工作积极性和主动性明显提高，共评选940人加入"青苗人才"名单，期间退出148人、提拔112人，青苗人才队伍进一步壮大。截至2014年，"80后"项目经理达350余人，占项目经理总数的58%，年轻人成为企业的骨干力量，青苗人才结构进一步优化。青年才俊竞相涌现，共荣获国家级奖项7项，获评省部级以上优秀集体30余个、先进个人40余名，多人获评全国"最美青工"、共青团代表、"全国五一劳动奖章""青年文明号""全国劳动模范""全国人大代表"，"青苗人才"队伍质量不断提升，大批"青苗人才"走上企业领导岗位，有力推动了企业持续高质量发展。

在企业青年人才的培养中，总结人才成长规律是前提，找到人才成长成才的基本规律，才能有的放矢地开展培养工作；净化人才成长环境是保障，唯有充满正能量的环境才能抵抗外部不良因素的影响，造就具有正能量的社会栋梁；完善人才培养机制是关键，青年人才是最具有可塑性的群体，通过分层分类的培训、公平公正的考核、竞争性的遴选机制，不但培养了青年员工的操作与管理技能，还做实了企业文化；创新人才培养方式是核心，根据青年员工成长规律，按不同阶段的特点辅以创新培养方式，加速青年员工成长成才，助力青年员工由青苗长成参天大树，长成蔚然深秀的森林。

第四节 差异化竞争战略

差异化竞争战略是企业打造持久性竞争优势的成功之道。企业惟有充分把握差异化的外部商机与内在优势，并将其转化为现实生产力、生产经营成果、企业综合实力，才能在激烈的竞争中脱颖而出。

一、基础设施业务的重整

中建五局组建之初的定位是机械化施工工程局，但由于多方面因素的影响，基础设施业务虽有较好的根基，但一直发展得不太理想。从 2003 年，新一届领导班子提出"整合优势资源，实现重点突围，提升全局运行质量"的目标之日起，中建五局的基础设施业务开启了"重整之路"。

一是持续推进机构与专业整合。2003 年，成立路桥事业部；2005 年，组建土木公司；2006 年，成立隧道公司与铁路公司；2008 年，以铁路、隧道业务为主体，组建路桥建设公司；2012 年，组建基础设施事业部；2014 年，组建盾构分公司。

二是持续推进项目标准化管理，项目实施策划先行、节点控制确保履约，以过程精品保精品工程，通过夯实项目现场管理能力，促进市场的拓展。

三是持续做好技术总结集成工作，在高速铁路、高速公路、长大隧道、城市污水处理、市政公用工程等方面多出工法及成果，培育形成企业在基础设施业务方面的比较优势。

四是持续提升项目营利能力，坚持项目管理目标责任承包为主体，创新项目管理模式，加强过程管理，最大限度提高项目毛利率。

五是创新商业模式，转变发展方式。面对传统承建业务竞争日趋激烈的形势，大力推动战略转型，逐步由单纯的"施工总承包商"，向施工投资联动发展的"建筑投资集团企业"转型。通过投融资带动总承包、小资金撬动大项目，迅速扩大市场份额，做大业务规模。2007 年，通过参股长沙"两带一隧"项目试水 BT 项目运营模式；2011 年，在中建系统内率先成立投资公司，积极推进房地产开发以外的综合投资业务，为基础设施和房屋建筑业务"造项目""造市场"。

通过以上"重整"措施，中建五局的基础设施建设业务营业收入占比由最低时的 15% 上升到 2010 年的 33%，营业利润占比更是上升到 51%。"十一五"期间，中建五局基础设施业务的合同额、营业额、利润总额和营业收入占比，在中建八个工程局中均名列第一。巩固了隧道施工等传统优势，并果断进入高铁、BT等新兴领域，形成了"区域化布局、专业化发展、海内外并进、施工投资联动、相关单位协调"的管理成果，打造了明显的比较优势。

二、房地产投资业务的塑造

房地产开发与投资业务，是中建五局"再次创业"、打造"全新五局"的"第一引擎"，也是中建五局差异化发展、形成比较优势的"核武器"。

大体来说，中建五局的房地产投资业务的塑造，经历了三个阶段：

第一阶段："探索阶段"（2003—2006年）

2003年，中建五局决定在工程局层面整合房地产开发资源，在原湖南建华房地产开发公司和三公司房地产开发部的基础上成立了局房地产事业部，统一经营管理中建五局自有存量土地资源和房地产开发业务。这个阶段中建五局先从自有土地整合开发入手，在借用原湖南建华房地产开发公司500万元贷款指标的基础上，从"负起步"上一点一点累积发展起来的。在这一阶段，中建五局有了几个标志性的建筑，新点苑是"蹒跚学步阶段"，桂苑是"小学阶段"，银桂苑算是拿到了"小学毕业证"，金桂苑则是拿到了"中学录取通知书"。

第二阶段："走出井湾子阶段"（2007—2009年）

2007年，经过激烈竞拍，中建五局拿下了含浦科技产业园内243亩土地（麓山和苑项目），这是中建五局第一块非存量土地，标志着中建五局房地产开发业务正式"走出井湾子"，迈出了市场化运作的关键一步。以此为标志，中建五局进入"中学阶段"。"中学阶段"的产品，除了麓山和苑，还有御山和苑、悦海和园、芙蓉和苑、芙蓉嘉苑、衡阳中心等。

第三阶段："快速发展阶段"（2010—2013年）

一方面，经历了前两个阶段的积累与沉淀，中建五局房地产开发业务渐趋成熟，也开始迎来收获的季节。2010年，中建五局房地产开发、物业管理顺利晋升"双一级"资质，并先后荣获"湖湘地产企业综合实力十强""长沙市最具品牌价值楼盘"等十项省市级和行业内荣誉。济南中建·瀛园作为纯中式高档楼盘，赢得了市场的广泛赞誉，并成功售出全局首套千万级别墅。烟台中建·悦海和园等项目同样是逆势销售，成绩斐然。

另一方面，中国建筑集团上市以后，中建五局组建了投融资部，进一步拓宽了投资领域，不再局限于单一的房地产投资，投资触角开始延伸至BT、城市综合体建设等。2011年，为顺应投资业务快速扩大的发展趋势，又组建了投资管理公司，使基础设施和城市综合体类投资业务的日常运营管控职能，落实到了明确的责任主体上。到2012年，全局投资项目有"三湖六地十八盘"，总投资额达600亿元。

通过几年探索实践，中建五局在地产与投资领域形成了在"四有原则"（即：有钱赚、有钱投、有人做、有管控）指导下的"二五五六"工作机制（即：中建信和地产公司和投资管理公司"两个平台"；主张、评审、决策、运营、监控"五分开"；主张单位、局投融资部、局投资评审委员会、局战略与资金委员会、局董事会"五联动"；立项、可研、评估、决策、实施、后评估"六步骤"），有序运行、科学管控的投资管理体系基本成型。

三、"一带一路"倡议的"五步走"

"一带一路"倡议给每一个企业都带来了无限的发展机遇，"走出去"是我国企业参与国际市场竞争的重要途径，也是企业增加市场空间、实现可持续发展的必然选择。

中建五局积极响应国家号召，于2003年9月开始实施"走出去"战略，首先锁定阿尔及利亚地区与刚果（布）两个非洲市场辛苦耕耘近十载，走过三个阶段（2003—2005年：海外经营的探索磨合期；2005—2008年：海外经营的规范管理期；2008—2011年：海外经营的快速发展期；2012年开始进入海外经营的品质提升期），以承接阿尔及利亚48公里快速路和刚果（布）国家1号公路为转折点，海外市场取得重大突破。

中建五局海外经营坚持"五步走"方针："走出去""走下去""走进去""走上去""走回来"。实施"跟着走"，学会"自己走"的策略，做好"四个坚持"：

即坚持巩固老市场和拓展新市场并举；坚持房建和基础设施两个业务板块并重；坚持资源配置与考评机制海内外联动；坚持"信和"文化海内外共行，中建五局的"信和"文化符合市场化和国际化商业规则，深得当地政府、业界、民众的认同，是企业树立品牌的法宝。"十二五"时期，中建五局海外营业规模及利润在中建系统位居前列，海外市场也成为企业发展重要的支撑区域市场之一。

一是"走出去"，也就是要坚定不移地迈出国门。 企业应当把国际化作为长期发展战略，编制《国际化经营战略规划》，构建相适应的海外发展与管理平台，推动从市场的国际化向管理体系的国际化、企业文化的国际化、人才集聚的国际化延伸。要积极稳妥地提升海外各种资源配置的比例，在人力、物力、财力等各方面要优先供给，政策上大力支持。同时，要坚持"有所为、有所不为"的策略，抑制急于求成的冲动，坚持比较优势、差异经营，依法合规经营，把商誉当作生命，维护企业品牌形象。

二是"走下去"，也就是要持续不断地走下去。 企业走出国门后，必然会遇到各种各样的问题和困难，绝不能遇到一点困难就打退堂鼓，也不能"打一枪换一个地方"，更不能竭泽而渔，搞一锤子买卖。只有长期坚守，持续耕耘，才能有所收获。

三是"走进去"，也就是要融入当地，深耕细作。 工程建设企业"走出去"要实施"属地化"策略，与当地社会实现深度融合，尽快了解熟悉当地的风土人情、风俗习惯、市场交易规则。也可以通过实施海外并购，快速拓展海外市场，引进海外管理经验、科学技术、人才资源，使企业运营管理与市场需求更加匹配，不断提升企业国际竞争力。

四是"走上去"，也就是要走上国际竞争的高端市场。 企业要积极研究世界一流的先进技术、先进管理经验，紧盯国际高端市场，承揽当地市场上具有重大影响力、标志性项目，打造世界一流的"中国建造""中国品牌"。要加强金融资本和产业资本的有效对接，立足全球资源，探索股权投资、股权置换，参与股权基金、项目债券、资产证券化、发行永续债等多种融资形式，深化与国内外金融机构的互利合作，构建起金融产业对海外发展的有力支撑。

五是"走回来",也就是要把收益利润和资金资源等收回来。企业经营不同于做慈善,"走出去"不能老做赔本买卖。企业参与国际竞争,一定要遵循国际市场的通用规则,遵循基本的商业逻辑,敬畏市场,尊重常识,切忌头脑发热,意气用事,盲目跟风。

第四章

组织优化战略与活力机制

　　实现管理效益的最大化是企业发展的本质要求,需要以现代企业科学管理理念作引导,使组织力量、团队智慧与个人能力有机结合。构建工程建设企业组织管理体系和活力机制,全面解决工程建设企业经营管理的全局性、系统性问题,已成为企业决策者和管理者的共识。

第一节　企业的组织体系

企业的综合管理是一个大的系统，合理的组织体系构架与组织建设是企业实现管理目标的必要条件与基础支撑。

一、企业组织体系的设计

（一）企业组织管理的基本原理

19世纪工业经济早期，劳动生产率低下，在组织管理方面，通过把计划职能与执行职能分开，用科学的工作方法取代传统的凭经验工作的方法；实行职能工长制，使其有效地履行自己的职责，提高生产效率，实现管理职能的分工和专业化。这种应用知识代替承担复杂的工作，应用智慧寻求好的管理方法，是一个巨大的进步。这种被称为古典的组织管理理论，解决了局部的或具体的作业效率问题，在提高生产力和保护劳动者等方面是一次飞跃，但是并未完全解决企业的经营管理问题。

进入20世纪，一批西方管理学者开始重视和探讨企业组织内部的管理问题。他们认为人要工作是为了追求最大的经济利益以满足自己的基本需求。为了实现人们工作的经济利益，提出了科学管理方法以追求组织的生产效率和合理化，需要建立一套标准化的原则来指导和控制组织及成员的活动。

产生于20世纪20年代初的"行为科学管理"理论，认为人是有多种需要的"社会人"，满足人的多种需要，在组织内建立良好的人际关系是提高组织效率的根本手段。这一阶段的理论重点研究了组织中的非正式组织，人际关系、人的个性和需要等。20世纪中叶，"现代组织管理"理论诞生，现代组织管理吸收了古典组织管理理论和行为科学管理理论的精华，并且在现代系统论的影响下有了新的发展。研究者把组织看成一个系统，认为要实现组织目标和提高组织效率，取决于组织系统内各子系统及各部门之间的有机联系。

进入 21 世纪，现代企业的组织管理更注重结合企业发展的实际，规范和调整企业组织结构，强化计划和控制，重视领导行为和员工培育、激励等环节，通过组织学习和组织变革，构建学习型组织，适应外部环境的及时变化，推动现代企业高速高效运转，实现组织的发展目标。

在过去的 40 多年，经济社会快速发展，我国建筑业空前发展，工程建设队伍庞大，企业规模不一。企业管理是在一定的环境下，对企业所有的资源进行有效的计划、组织、领导和控制，实现企业发展目标的全过程。

（二）企业组织系统的主要构成

企业组织系统解决的是人的问题，也是企业内部的管理问题。如人力资源管理、薪酬管理、绩效考核管理等。企业组织系统是企业的制度管理系统、人力资源管理系统、财务管理系统的总和。主要是通过有效的组织系统去管人，使人的潜力发挥巨大功能的规则系统，旨在解放企业最高管理者，让整个企业通过组织系统有效运行获取经济效益和综合效益。因此，构建持续发展的组织系统，目的就是实现企业的收益目标、高质量、可持续发展，使之成为系统型企业。

企业组织结构是指围绕实现组织目标，企业组织内部各个部门、各个层级之间固定的排列方式。科学合理的组织结构是企业组织系统高效运行的基础。企业管理的组织系统由各具不同功能的子系统构成，按其功能可分为八大子系统：

（1）产权系统：股权结构、公司治理、运行机制、收益分配等；

（2）组织系统：发展规划、战略目标、组织架构、职能分配等；

（3）生产系统：项目落实、资源组织、技术质量、生产安全等；

（4）经营系统：市场营销、商务成本、合约法律、财务资金等；

（5）人事系统：人才规划、招引培训、考核评价、进退奖惩等；

（6）薪酬系统：薪酬结构、薪酬标准、绩效考核、奖罚兑现等；

（7）监督系统：检查督导、经济审计、纪检监察、民主评议等；

（8）文化系统：文化建设、企业品牌、行为规范、团队和谐等。

（三）组织管理工作的基本要求

企业组织管理工作要求主要包括四个方面：一是确定企业组织目标，并根据生产经营目标需要，按专业化分工的原则进行分类，设立相应的工作部门，设计组织架构；二是根据企业组织的特点、外部环境和部门职能分配，设立相应的工作岗位；三是规定企业组织结构中的各种岗位职务，明确各岗位责任，并授予相应的权力；四是制订规章制度，建立和健全组织结构中纵横各方面的相互关系。依据制度经济学原理，"道"是理想，"器"是体制；企业管理规范化、制度化，才能实施可操作性管理。

企业组织管理的目标是使员工明确岗位职责和工作任务，使员工的素质能力符合岗位要求，明确每位员工的权利与责任及其在组织结构中的相互关系，避免由于职责不清造成执行障碍，保证组织目标的实现。

企业组织管理必须围绕企业组织目标来进行。组织目标是组织存在和发展的基础，组织管理就是为了有效地协调组织内的各种信息和资源，提高组织的工作效率，以期顺利实现组织目标。同时，企业组织管理是一个动态的协调过程，因此，必须既协调组织内部人与人的关系，又协调组织内部人与物的关系；组织管理是企业一种有意识、有计划的自觉活动。

二、企业组织架构的设置

在企业组织体系中，主要由企业总部决策层、总部管理层、区域机构管理层、工程项目管理层组成，不同层级组织具有不同的功能与组织形态。

（一）典型工程建设企业的组织架构

工程建设企业由于其主要业务方向以及管控方式不同，促进战略目标实现，优化治理结构和运行机制，各家企业组织架构也千差万别，不同的组织架构设计可以简单地体现建筑行业组织之间的关系和协作。典型的工程建设企业的组织架构如图 4-1 所示。

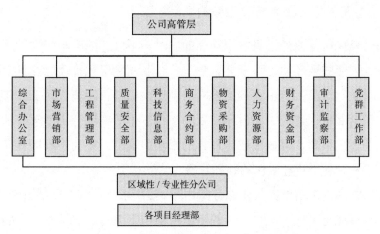

图 4-1　典型工程建设企业组织架构图

工程建设企业组织架构中的所有职能部门包含人力、财务、工程等，都是项目管理部门的基础支撑部门，围绕着项目管理部进行业务运转。工程项目是建筑企业的核心业务，每一个项目的各个环节管理都离不开各个职能部门的支撑。

工程建设企业的组织架构根据规模大小、企业特点一般采取三到四级管理模式，每一级组织的职能权责，不同的企业会有所差异，但总体上是相近的，基本原则是相通的。

以一个典型的三级管理模式为例，组织架构由公司总部、子分公司及项目部三个层级构成。公司总部的职能主要是战略管理与运营管控，对分子公司指标实施监控，负责对各分子公司进行审计监察与业绩考核，重点实现人、财、物及信息的管理。分子公司是连接总部与项目的纽带，在总部的战略指引和管理授权的条件下，对市场和项目进行有效的管理。其主要职能是业务管理和运营协调，行使业务决策、业务管理及本单位信息管理。项目是企业组织管理的基本单元，是企业利润的主要来源，是成本管控中心。大型工程建设企业的层级组织形态不但要在纵向上结构清晰，还要综合考虑横向平级各专业子公司的不同组织管理功能需求的平衡问题。

(二)大型建设企业的组织架构

在研究探讨企业各层级组织功能的同时,不可忽视不同层级管理者的行为功能。人能塑造环境,环境能影响人。企业领导层和管理层在日常工作中的行为举止,对员工产生直接的影响。企业领导者、管理者在工作管理中给员工以模范表率,还应关心过问员工的工作、生活情况,协助解决困难,平日点滴关怀的积累,都会变成管理者的影响力资产,有利于增进其向心力与工作能力,有利于管理工作的顺利开展。

总部管理机构的设置与职能分配如图4-2所示。不同企业的管理层规模、功能分类可能有差别,但总体上的组织框架与管理功能要求是一致的,即围绕企业的战略目标,正确执行决策,认真抓好管理,提高劳动效率,为企业拓展产品市场、创造好的经济效益提供高质量服务与有力保障。

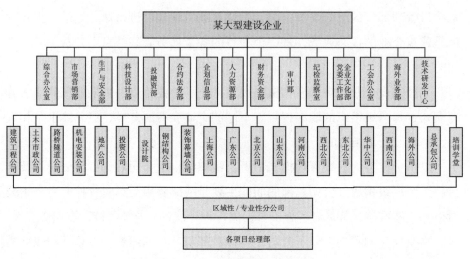

图4-2 某大型建设企业架构图

(三)特大型建设投资集团的组织架构

在特大型建设投资集团总部管理组织体系中,有党务行政管理(办公室、人力资源、财务、党建、纪检监察、工会）、技术管理（工程管理、安全监督、科技质量、设计管理、商务管理、企划信息、法律事务）、业务管理（市场与客服、工程总承包管理中心、金融业务管理、投资部、基础设施事业、海外事业）三大板块（图4-3）。

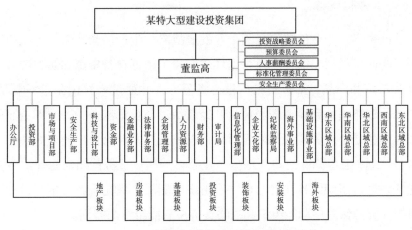

图 4-3　某特大型建设投资集团架构图

总部管理层级组织是实现企业领导层决策、工作承上启下的重要职能部门，也是体现一个企业执行能力强弱的关键层级组织。总部管理层的各个部门，面对的是企业集团与下属基层单位等日常繁杂的管理任务。在市场环境复杂多变的条件下，管理组织成员的思想观念、政策水平、职业素养、责任心、勤勉度、应变开拓与创新能力等是企业管理组织发挥其功能的要素。一个优秀的总部管理组织，是企业充满活力、创造优质品牌的有力保障。

三、企业组织的动态调整

企业组织的分层结构是企业有序开展生产经营活动、提高协同工作效率的组织形式。由于企业组织成员个人决策的差异性和相互制约性，再加上多层级的组织或机构在信息传递过程中的信息损耗和误差，一定程度上会导致决策的低效率。在信息化时代，组织赖以生存的外部环境和组织的竞争方式正发生着深刻的变革。企业应充分利用信息数字技术，提高信息化应用水平，精简原有的组织层次结构，通过标准化与信息化的深度融合，使企业的经营管理和组织结构向柔性化方向演进，不断提升组织的运行效率。

（一）强化战略管理

具体来讲，企业战略可分为企业发展战略、生产经营战略、组织职能战略等。企业发展战略需要企业根据环境变化，依据自身资源和实力选择适合的经营领域和产品，形成自己的核心竞争力，并通过差异化在竞争中取胜；生产经营战略关系到企业的当前生产经营活动与长远利益，关系到企业的成功和失败，是企业为实现其经营目标，谋求长期发展而作出的全局性生产经营管理计划；组织职能战略要根据企业总体战略或业务战略对企业内各方面职能活动进行组织结构设计与确立。组织职能战略应充分考虑生产运营型职能组织、资源保障型职能组织和战略支持型职能组织的差别。

好的战略管理对企业高层决策者的综合素质、理论水平与实战能力有比较高的要求。一是需要创造良好的企业文化。企业文化对部属的感染力是长期深远的，良好的企业文化建设是杰出领导者最重要的职责。二是正确制定战略规划。有效可行的战略管理，可以使员工产生高度的信赖，进而激发努力跟进的决心与信心。三是设计职责清晰、合理高效的组织结构。企业决策者要从战略管理的高度，深化组织结构与制度的改革，坚定按照生产经营的实际需要，建立科学合理、功能清晰、运行高效的组织管理体系。

组织管理工具主要是对整个组织内成员的权责关系进行管理。它既可对人员的任务进行分派，又可进行组织内的业务管理，还可进行部门间的协作管理，保证整个组织运行的顺利进行。

（二）企业组织结构调整的影响因素

企业组织结构是一个发展的、动态的组织体系，工程建设企业必须根据自身的发展战略目标与生产经营需要有所侧重，合理调整子系统结构，以利于企业生产经营的有序开展。

改革开放 40 多年来，我国基本实现了从计划经济到社会主义市场经济的历史性转折。在这一过程中，企业在经营理念、管理体制、运行机制、发展模式乃至企业文化上都发生了一系列革命性变化，企业组织结构系统不断调整，不断完善。影响组织结构系统调整的主要因素有七个方面：

一是从"生产导向"到"市场导向"。 中国工程建设行业是较早进入市场化的一个行业，并且市场竞争的激烈程度越来越高，有时甚至达到了白热化、过度化、恶性化竞争的地步。建设企业作为市场竞争的主体，要想生存和发展，必然也必须参与到激烈的市场竞争中去，这就要求工程建设企业从"生产导向"转向"市场导向"，企业组织机构设置也必须适应市场竞争的需要。

二是从"坐商"到"行商"。 建筑业是我国最早改革开放的行业之一，许多工程建设企业走出省门和国门，开拓外埠市场，进行市场布局。显然，市场开拓就需要设立相应的经营管理组织，实现从"坐商"到"行商"的转变。

三是从"为我所有"到"为我所用"。 顺应工程建设企业的特点，变自我配置和固化生产要素为组装和整合社会要素，极大地释放了生产力。此时，人力资源管理、经营管理机构的观念、制度、举措发生了根本变化。

四是从"办社会"到"办企业"。 20 世纪 80 年代以来，项目法施工的推行，颠覆了传统的拖家带口式的项目组织模式，有效地降低了成本，提高了项目管理水平，也使企业由"办社会"回归到"办企业"的角色本位。工程建设企业先后完成了主辅分离、辅业改制等工作，突出了主业的地位，培植了核心竞争力，这就必然要相应调整和完善相关组织机构。

五是从"广种薄收"到"精耕细作"。 建设企业要着力改变粗放的经济增长方式，积极推行资金管理、材料采购、劳务分包"三集中"，实施亏损企业和亏损项目"两消灭"，锤炼低成本竞争、高品质管理的能力，提升精细化管理水平，推动企业相关机构的调整与管理升级。

六是从"承包商"到"投资商"。 近年来，一些大中型工程建设企业积极推进经营结构、产业结构调整，研究创新商业模式，在融投资带动总承包、"投建运"一体化等领域进行了有益尝试，推动了企业的战略转型，延伸了产业链条，提升了盈利能力。

七是从"企业人"到"社会人"。一个企业存在的目的，不仅是追求利润最大化，更重要的是追求企业价值最大化。一些优秀的工程建设企业以构建和谐企业为目标，自觉承担社会责任，逐步由"企业人"向"社会人"过渡，由"经济人"向"文化人"升华。此时，企业就需要有相应的部门机构开展相关工作。

（三）企业组织的变革与动态优化

企业组织的管理不是一劳永逸、一成不变的，企业必须根据内外部情况的变化，对组织架构和职能分配及时进行调整优化。调整优化的基本原则：

一是要及时匹配公司战略。企业的战略管理要求高层管理者应当具备较高的理论水平、专业能力和实战经验等，而公司战略必须因地制宜、因时而变、顺势而为。公司战略变化后，就需要及时调整公司的管理组织、运行架构。也就是说企业的管理组织必须及时匹配公司的发展战略。

二是营造良好的企业文化氛围。企业文化对员工的感染力是长期的，是企业长治久安、持续发展的发动机，建设良好的企业文化是优秀领导者的选修课。

三是设计精干高效的组织结构和科学合理的职能分配。不合理的组织结构、职能分配和制度体系是一种极大的负作用力，将导致企业政令不通、降低劳动者士气、阻碍管理工作顺利有序进行。所以企业领导者要根据企业情况，从战略管理的高度建立科学合理、功能清晰、运行高效的组织管理体系。

企业组织的变革与优化应当注意以下六个方面：

一是清晰企业战略。建筑行业的高速增长造成了建设企业的战略趋同。但是由于缺少有效的资源支撑，造成了战略定位虚置，难以落地。趋同和虚化的战略，又直接导致组织变革迷失了方向。解决这一问题的关键在于对企业自身的业务进行明确分类，分清战略发展性业务、可培养成为战略性业务、需要退出的业务。根据分析结果，再进行业务调整，使组织变革的思路清晰有序。

二是更新经营理念，提升管理者素质。现代管理者必须善思善言善行，有勇有谋。一方面自身素质要合格，管理者要有良好的道德、丰富的知识、顽强进取的创新精神；另一方面管理能力要合格。企业应该重视管理者的理念更新和素质提升，保障组织变革的顺利进行。

三是建立适当的授权机制。不论是财务型管控、战略型管控还是运营型管控，作为职能管理实际载体的业务流程控制都分布在总部、分子公司和项目部三个层面。不同层级的管理者在流程关键控制点上的权力和责任，体现出了企业的分权与授权。自上而下的权力释放，可以极大地激发个人的潜能。能否科学地设计分权、有效的管控机制，更好为组织赋能，是组织优化、变革成功与否的关键。目前，流行的扁平化管理的实质，就是一种以分权为主、集权为辅的管理形式。分权为主，是通过最大化的授权，让每个管理层次都能获得与责任对等的独立决策权，形成责、权、利的有效统一。集权为辅，是因为流程运行过程中，需要适当的集权，对已经获得授权的部门和岗位进行有效的实时监控，以便对执行过程中出现的偏差进行纠正。

四是优化人力资源。人力资源作为企业的核心战略资源，通过合理优化可以有效激发人力资源潜能，成为企业最有价值的资源。建筑企业组织结构相对传统，在开展组织变革的过程中，要始终以人为本，把员工当作企业最宝贵的资源，更加侧重提供平台和资源支持，激发员工自身潜能以及团结协作的能力，成为企业实现战略目标和健康可持续发展的不竭动力。

五是完善绩效管理机制。企业进行绩效管理的目的是提高组织的竞争力，促进企业与员工的共同发展。企业组织变革后应依据调整后的组织结构进行绩效的重新核准，由企业人力资源部门制定整体绩效管理方案，下发各级组织统一执行。各个组织依据集团的相关规定，再调整各自的工作目标及绩效计划。

六是加强企业文化建设。企业文化是植根于组织内部特定的价值观和基本信念，这种价值观和信念为组织提供行为准则，并指导组织的活动和行为，对组织管理起着引领作用。优秀的企业文化，能够为企业组织管理提供有力的支撑，能够让员工实现组织承诺，提升组织绩效，推动组织创新，使企业更好地应对市场的考验，在增强企业竞争优势的同时，实现企业可持续发展。与组织管理相匹配的企业文化有利于组织内部知识的转移和共享，从而对组织变革起到重要作用。

企业和集团的组织结构应充分利用信息化、网络化的竞争优势，加快网络建设并进行信息化管理，精简原有的组织层次结构，通过标准化与信息化促进科学管理，使企业的经营管理和组织结构向柔性化程度高的方向演进，以满足市场对企业的反应速度和信息传递准确性的要求。

第二节　企业组织职能体系

企业是我国经济社会建设与发展的主体力量，处理好企业的历史问题、当前发展与长远利益的关系，国家利益、企业利益与员工利益的关系，思想建设、作风建设与文化建设的关系，至关重要。作为一个企业，需要加强组织建设与管理，企业不同层级组织机构的设置、定位与职能十分明确。

一、高管层的配置与主要职能

企业高管层通常是指企业的领导班子，处于企业层级组织体系的顶层。他们是企业发展的领军团队，人数不多却是企业的核心组成，围绕企业发展的战略目标，企业决策层集中智慧、集思广益、集体决策。在重大决策过程中，企业主要领导（党委书记、董事长、总经理、企业法人代表）处于决策层核心位置，领导班子其他成员根据企业业务发展和经营管理的实际需要设置，进行职责分工，各司其职，各负其责。一般来讲，要有"接活"（市场营销）、"干活"（施工生产、技术质量）、"算账收钱"（商务合约、财务资金）以及人事、党群、行政等业务的分管领导，具体职务可以称为：副总经理（分管市场营销、施工生产安全、技术质量）、三总师（总工程师负责技术质量、总经济师负责商务合约、总会计师负责财务资金）、党群行政副职（副书记或副总经理）。企业决策层的配置要实事求是、匹配实际需要、精干高效、科学合理分工。

（一）高管层要优先考虑战略问题

战略是件重要的事，是关乎全局性的事。一个企业的发展离不开发展战略的指引。不同时期的战略是不同的，但企业发展战略必须相对成熟稳定，战略常变就不是战略。企业外部环境变了，战略不变也不行，这就涉及一个战略制定、战略执行与战略修正的问题。

例如：中建五局在企业成长期的战略目标是确定的，主要为房屋建筑、基础设施、房地产三大业务板块，这在较长一段时期都不会改变。房屋建筑业务是企业的传统产业和主要支撑；发展基础设施业务则是国家投资导向和同行企业竞争所要求的；涉足房地产可以达到投融资带动总承包的目的，也可以从根本上优化公司的经营结构。

2005年8月，土木公司整合成立，作为一个专业公司，把基础设施业务作为主业，创造条件承担基础设施工程项目，少接房屋建筑业务，而是向市政、环保、路桥、轻轨、地铁等方向发展，确保企业的战略目标和发展定位不偏离。在区域经营上，土木公司强化了广西、武汉、福建、市政"四大板块"的发展，从当时土木公司的人力资源看，把已有的区域市场及海外市场做好，已经很不容易。一个区域要做稳定，需要200名左右的管理人员，做基础设施业务的管理人员还更多，像哈大铁路一个项目就需150名管理人员。如果同时在七个区域开展业务，至少还要1000~2000人，人力资源显然不够。如果有一个非常大的项目，那就个案处理，而不是作为一个区域业务来做。因此，土木公司当时没有开拓新区域，而是把精力放在做强做大现有的五大区域上。

对于局属各单位的大项目施工，如刚果（布）项目和福建长乐机场高速公路项目，集团总部给予投资或倾斜政策，局总部可以按一定比例投入资金，并按市场化运作，采取有偿使用机制，这是一种投资策略。

（二）战略管理的核心是实施

企业战略是对企业全局问题、长期问题、基本问题的思考与决策。它包括了发展战略、产品战略、品牌战略、营销战略、人力资源管理战略等。企业战略具有全局性、长远性、指导性、竞争性、风险性等特点。

企业战略管理是一个动态管理过程，包括战略分析、战略制定、战略实施、战略修正等。企业的战略目标不仅体现在经济、效益刚性指标的快速增长，还体现在员工队伍素质结构、企业文化等软实力因素的重大变化上，这才是确保企业持续快速发展的基础。

制定战略并不特别深奥，最好的战略是符合企业的实际与发展要求。例如，中建五局2003年根据"扭亏脱困进而做强做大"的企业总体发展目标，确定了"四步走"的发展战略：第一步是扭亏脱困阶段，目标是有活干、吃上饭、不添乱；第二步是创新发展阶段，目标是吃好饭、谋发展、作贡献；第三步是差异化竞争阶段，目标是精细管理、弯道超车；第四步是再次创业阶段，目标是社会尊敬、员工自豪。然后，连续12年开展了一年一度的主题年活动，以解决企业在不同阶段的战略实施落地问题。三年一个"小循环"，每一个阶段均以强化管理开始，循序渐进、螺旋式发展。在业务、市场、员工等方面同步启动转型升级。

在制定战略上，有四个关键点：一是正确认识发展战略的重要地位；二是抓住企业的主要矛盾；三是发展思路不能多变；四是统筹兼顾、协调发展。

往往陷入困境的企业面临的关键问题不是市场、资金和技术，而是对国内外形势把握不准、发展战略模糊、发展思路不清晰，缺乏应对挑战的勇气与能力，导致人心涣散，斗志丧失，企业在泥潭中难以自拔。

（三）把"头疼"的事管控好

"管控"是一个简化的时尚用词，意思是管理和控制。企业管控能力的强弱，很大程度上取决于总部机关的管控水平，总部不强是没有牵引力的。总部的管控能力不强，对分公司或项目的指导作用就不大。项目部、分公司、公司总部职能定位要清楚，不能含糊。总部是决策指挥和运营管控中心，同时也是企业基层单元的支持保障中心。区域公司是派出机构，主要有两大职能，一是对接市场，二是管好现场。在开拓区域市场的同时，更应重视公司总部对于全公司宏观管控能力的增强，应该向公司总部充实各类优秀人才，提高公司总部的管控水平。

一个人从小到大，会经历一个成长期。同样，一个企业从小到大，也会经历一个成长期。一个时期以来，在建筑市场发展迅速、企业员工队伍不断壮大的过程中，不少工程建设企业产生了"成长期的烦恼"。这样的"烦恼"主要涉及战略、管控、执行力、人才、文化与细节等多个方面。处于快速成长期的工程建设企业，企业决策层要思考的是持续健康发展问题，如果问题找不准，就有可能度不过成长期，或者会影响企业健康成长与发展。从整体来讲，工程建设企业成长期的"烦恼"问题中，发展战略是必须优先考虑的事，企业管控是件头疼的事，提高执行力是件困难的事，人才选用是件闹心的事，工作细节是件烦心的事，企业文化是件非抓不可的事。这些"烦恼"问题的解决，首先决定于决策层的定位是否准确与职能是否履行。

管控过程中一个常见的问题是业主投诉。这是企业规模扩大，项目增多所带来的必然结果。没有投诉是不可能的，即使像沃尔玛、丰田公司这样的世界知名企业都在所难免，但需要有完善的处理措施。一旦发生投诉事件，不能被动逃避，要快速反应，积极处理，体现大企业的风范，这也是现代企业应该具备的品质。企业法人单位要有处理投诉的应对机制，要有处理投诉的人，通过处理投诉，与对方高层对接。不要认为一有投诉就是件坏事，要把它当作掌握市场动态、了解客户需求、监督企业自身的契机。总之，对于项目投诉，该由施工企业担责的就要认真理赔，要有心理承受能力。认真理赔也是一种企业信誉，但要通过这种案例，认真反思，吸取教训，解决问题。

一般情况下，投诉大多是由企业自身管理的失误造成的，很大程度上取决于项目负责人的责任心。因此要找出原因，对于责任心不到位的要严肃处理。处理这种问题要对事不对人，使当事人口服心服。有一位受过处罚的项目骨干曾说："那次处罚让我记忆深刻，也正是那次处罚让我感悟了许多道理，得以不断成长。"企业领导和决策者对待责任人应该怀着长者对待孩子、兄长对待弟妹一般的感情，不能"一棍子打死"。目的是强调凡事要有责任心，要奖罚分明，只有这样才能在企业内外树立起讲诚信、负责任的形象。企业员工的责任心加强了，就没有什么解决不了的问题。

管控要高效，信息化是一个重要途径。为达到资源共享和零距离管理的目的，通过信息化培训，增强全员的信息化意识，提高全局的信息化水平。

二、总部、区域公司、项目经理部的基本职能

由于工程项目的流动性和区域市场的差异性，工程建设企业必须坚持区域化经营的基本方针。

从生产经营环节来讲，分为一、二、三次经营；从企业组织结构来讲，公司应建立总部、区域公司、项目经理部三级管理形式。三级管理机构每一级的存在都是必要的，如同一台机器，哪一个零件少了都不行。厘清这三级管理机构的功能和定位，是做好区域经营的前提和关键。

（一）总部是调控决策中心，着重解决"不缺位"问题

一是审时度势，把握方向，战略决策不缺位。总部作为决策者，要健全决策程序，提高决策能力，避免战略性失误。对前方反馈回来的信息应做到及时决策，当断则断，不能搞官僚作风，贻误战机。二是检查指导，考核评价，过程控制不缺位。总部作为管理者，必须履行监控职责，经常深入现场，掌握动态，纠正偏差，防微杜渐，奖优罚劣，消除管理死角，确保企业运营全程受控。三是资源配置，后台支持，协调服务不缺位。总部作为服务者，应有效组织人、财、物资源，为前方排忧解难，提供优质服务，在服务中实现管理目的。

（二）区域公司是授权管理机构，着重解决"不越位"问题

一是立足区域不越位。区域公司是企业区域化经营的直接产物，是企业

进行跨区域经营的重要载体。区域公司的任务就是要守住根据地、扎根根据地、壮大根据地，把这个根据地发展起来，而不是四处开拓。总部的授权就是在这个区域内有效，出了这个区域，授权就无效了，就越权了。二是使用公章不越位。使用公章也是有授权范围的，不能随着性子干，任何人的权力都是有限的。三是用权有度不越位。对区域公司必须明确细化授权，如合同签约、资金调配、资源配置等，超出授权范围就必须请示，不能先斩后奏，给企业造成隐患和风险。当然，这里也要正确处理被动与主动的关系。区域公司不能越位，不是说区域公司得缩手缩脚，什么事都不干。在授权范围内，区域公司必须积极主动地、创造性地工作，履行好开拓市场和管理项目两大职能。要克服消极应付的"办差"心态，珍惜企业提供的舞台和机会，大展身手，建功立业，力争尽快打开经营局面，努力做强做大区域市场。

（三）项目经理部是执行机构，着重解决"不错位"问题

一是摆正位置不错位。项目是一次性执行机构，不能搞成项目"法力无边"，总部是决策控制机构，要杜绝企业与项目责任、权利倒挂的现象。二是履行职责不错位。项目的主要职责就是利用企业总部提供的资源组织项目施工。企业与项目两个层面要各司其职，不能越俎代庖。企业以包代管、项目以包抗管都是不对的。

总之，总部、区域公司与项目经理部如何进行功能定位，实质是企业内部的权利分配问题，要正确处理集权与分权的关系，一方面要做到集权有道，分权有章。法人管项目，不是法定代表人一个人管项目，必须有机构和组织作为支撑，对于集中哪些权利，分散哪些权利，要经过集体研究决策来决定。另一方面要做到授权有序，用权有度。根据授权对象在综合实力、资源配置、运营情况等方面的不同，总部授权的范围和大小也有相应不同，做好分类授权。

三、企业党群组织建设

发展有中国特色社会主义市场经济，必须坚持党对国有企业的领导不动

摇，发挥企业党组织的领导核心和政治核心作用。因此，国有企业党的建设作为重要政治任务，必须严格落实党建责任制，发挥核心作用，确保国有企业在改革发展的正确"主航道"前行。

党群组织建设是国有企业组织体系建设的主要组成部分。企业党群组织建设有两个方面：一是企业党组织建设；二是工会、共青团组织建设。在工程项目上建立党支部、工会小组、共青团组织，负责党群工作建设。大的项目部设置专职党支部书记岗位，一般项目部设兼职党支部书记。根据党章规定和上级党组织的要求开展各项组织活动，加强企业党的建设，发挥共产党员的先锋模范作用和基层党支部的战斗堡垒作用，保障和推动工程项目的顺利实施。

企业党群工作的一个突出特点是具体且量化。比如，有的企业把党委的主要工作归纳为"1234"项，即：突出一个中心——发展；把握两个抓手——后备干部队伍建设和效能监察工作；加强三项建设——领导班子建设、基层党组织建设和企业文化建设；做好四项基础工作——群团工作、调研宣传工作、品牌工作和党建基础管理工作。党群工作若抓不好，就会"虚"。党群工作应具体化、数字化。加强党群工作，工会组织、共青团组织建设，是为了发挥党组织的政治核心作用和战斗堡垒作用，发挥党员的先锋模范作用，动员全体党员以及全体员工为实现企业各项目标而努力工作。

在企业层面，定期召开企业党代会或党员大会，企业主要领导都要在党代会上报告企业的重大事务，听取代表的意见。企业内部各级单位建立相应的党组织、工团组织，健全常态化工作机制，将党团和工会组织活动常态化开展起来，并纳入规范的考核考评体系。党群工作要紧贴企业的中心工作，抓住企业管理中的实际问题，关心职工群众生活，创新工作方法，增强员工队伍的向心力、凝聚力和战斗力。

企业应不断选拔优秀青年干部进入党群组织队伍，把党群组织建设与干部学习培训结合起来，通过培训提高党群组织的干部素质与工作能力。

同时，要根据上级党群组织的要求与企业长远发展的需求，认真解决好工作与学习矛盾，使学有提高，学能解决问题，学有实际意义。

此外,近年来,大部分民营企业在企业党群工作方面也进行了许多有益的探索,取得了很好的效果。

第三节　组织活力机制的构建

《吕氏春秋·尽数》有言:"流水不腐,户枢不蠹,动也。"意思指常流的水不发臭,常转的门轴不遭虫蛀,也就是说流动的水、转动的门轴在不停的运动中抵抗了微生物或其他生物的侵蚀。1945年4月,毛泽东在党的第七次代表大会上作了《论联合政府》报告,也借用"流水不腐,户枢不蠹",形象地说明了自我批评的重要性和应采用的方法。世间一切事物只有在运动的机制中才能保持永久的生机与活力。生命的活力来自于新陈代谢,新陈代谢的快慢,直接影响了组织的活力和生命力。外界环境、生存条件的刺激和压力,也能对生物机体活性产生很大的作用。

一、组织活力机制的原则要求

在市场经济竞争激烈的大环境中,企业的成长与发展,需要建立合理的、完整的、科学的竞争机制。深入挖掘人力资源的潜力、大力激发员工的动力与活力,才能使人才队伍得到充分优化。"人员能进能出、干部能上能下、收入能增能减",从表面上看,是企业员工"进"与"退"的问题,从本质上看,则是一个企业人才队伍的"新陈代谢"过程,完整体现了"以人的需求与追求为中心,以能力、贡献为标尺"的竞争机制与人才队伍优化的精髓所在。

在企业的管理实践中,应始终将"营造积极、健康、向上的人际环境,公开、公平、公正的制度环境"作为企业管理的着力点。建立科学合理高效的人力资源管理机制,从制度上确保"能者上、庸者下、平者让、错者罚",使一大批"想干事、能干事、干成事、好共事"的人及时走上重要的工作岗位，实现"人员能进能出，干部能上能下，收入能增能减"。

2002年是中建五局运行艰难的困难时期，全局有近1.6万人，其中在岗职工4800人、待（下）岗职工5500人、离退休职工5600人，三类人员大体各占三分之一，被称为"三五牌"员工结构。从2003年开始，逐年扩大接收大学生数量，2003—2013年共接收1.6万名大学生入职，到2013年底全局共有1.7万名员工，平均年龄31.2岁。也就是说，在10年时间里，在吸纳1.7万名大学生的同时，有近1.6万名员工有序退出，形成了"人员能进能出"的良好机制，队伍结构得到了极大的优化。

（一）公平公正是关键

企业能够实现"人员能进能出，干部能上能下，收入能增能减"，最为关键的一条是公平公正。

长期以来，国有企业存在人浮于事、冗员众多、裙带关系、效率低下、员工干好干坏一个样的现象。针对此种情况，中建五局在2003年初实行了"全员下岗、竞聘上岗"的"零点"行动，就是将竞技体育的基本规则引入企业管理中，根据"公平竞争、任人唯贤、岗能相适、人尽其才、合理流动、动态管理"的原则，对局总部实行"精兵简政"，在定编定员、定岗定责的基础上实行竞聘上岗。将岗位职责、能力要求、工作标准和目标及薪酬待遇、竞聘时间和程序等情况提前在全局公布，通过资格审核、现场竞聘、评委考评、领导班子集体研究等环节，在全局公开选聘管理人员，使一大批"想干事、能干事"的优秀人才走上了关键岗位，激活了企业活力，极大地调动了广大员工的积极性。局总部完成竞争上岗后，局属各单位也按照局的统一部署和要求，相继进行了公开竞聘上岗，企业活力大大增强。

自2003年，中建五局坚持组织考察选拔任用与公开竞争上岗相结合，在选人用人上始终坚持"看德才、重业绩、听民意、守程序、讲三公"，以实绩论英雄，凭实绩用干部。制定了"以用促清理顺劳动关系十八条""加强领导班子建设，提高领导干部素质的二十二条规定""职代会民主评议领导干部制度"等一系列措施，并通过严格规范的绩效考核，实现末位换岗、奖优罚劣、奖勤罚懒。这些规定强化了企业人力资源管理、员工规范化管理、领导干部刚性激励与约束，使以往那种"人员能进不能出""干部能上不能下""干好干坏一个样""没有功劳有苦劳"的陈旧观念和行为，失去了赖以生存的制度基础。

（二）坚持正确的用人导向

营造"尊重贡献、崇尚简单"的良好氛围，坚持正确的用人导向，做到"四个注重"：一是注重看主流、看本质、看发展。不求全责备，以偏概全。大胆起用虽然个性强但有魄力、锐意进取的干部，大胆起用在工作中有过失但基本素质好、能力强的干部；二是注重突破陈规和框框。讲台阶而不唯台阶，讲学历又不唯学历，看资历但不唯资历，克服论资排辈的思想，对素质好、发展潜力较大的干部大胆破格使用；三是注重面向基层、面向全局、面向社会广纳贤才。坚持"公开、公平、公正"地选人用人，改变由少数人选人、在少数人中选人、选熟悉的人的做法；四是注重人尽其才、各得其所。人尽其才的前提在于知人善任，善任的精髓在于扬长避短、人岗相适。对于"有本事、肯干事"的干部，要让他们施展才干、真正干成事，必须因人而异地充分发挥其优势。

（三）相对稳定的制度机制

一旦正确的用人导向确立后，与之相适应的人力资源管理的政策制度就要保持它的稳定性、连续性、一贯性，才能保持足够的战略定力，不能"朝令夕改""朝秦暮楚"。以往有些企业在管理实践中，会出现"一个将军一个令""一年一个新办法"的现象，使得员工对未来的预期经常处在摇摆不定的朦胧状态，员工的向心力、凝聚力和工作积极性就会大大降低，员工队伍的战斗力和企业持续发展活力就会受到影响。人员可以流动，制度、规范不可随意变更。

另一方面，如果企业人力资源管理制度不配套、不稳定，就表明这个企业的管理缺乏规矩、章法。从根本上来说，是企业的战略目标不清晰，发展思路混乱，管理不成体系。这样，企业的发展就无从谈起。

二、"六能"机制的形成

"人员能进能出,干部能上能下,收入能增能减",这三句话是企业深化改革,尤其是国有企业深化改革所追求的一个重要目标。如何实现这"六能",是机制创新的问题,也是国有企业管理者面临的一大难题。中建五局从2003年起,在企业员工"进退"机制的形成与实践方面进行了成功的探索。

(一)"人员能进能出"

"人员能进能出",体现的是企业人力资源的活力。企业用人不能死水一潭,不能搞岗位终身制,人员要流动起来,要有淘汰机制,把人的积极性、创造性充分调动起来。谁将这一点做得最好,谁就将人的作用发挥得最好。

1. 建立风险薪酬制度

企业把员工,包括领导干部的薪酬,分为固定薪酬和风险薪酬两部分,固定薪酬部分在员工履行基本岗位职责的情况下,可以一次性获取;风险薪酬部分与员工的业绩直接挂钩,并形成一种阶梯系统,业绩与报酬呈正相关关系。如果员工不能履行基本岗位职责,不能完成岗位所要求的劳动业绩,其薪酬待遇就会受到影响,甚至调离换岗。

2. 实行职位降低制度

对于未完成规定业绩、在规定任期内业绩没有进展或者工作失误者,降低其职位职级,在企业内部创造一种"能者安其位、能者上,庸者危其位、庸者下"的良好环境氛围。

3. 落实末位换岗制度

中建五局建立了新的用人机制,规定每半年进行一次评级考核,实行末位换岗。考核共分A、B、C、D四个等级,D级直接淘汰,两次被评为C级也要换岗。实施末位换岗制度给员工带来一定的警示作用,使其产生一定的压力从而树立紧迫感,因此形成一种竞争氛围,提高员工的积极性和主动性,促使员工努力工作,优化员工结构,避免人浮于事,用最少的人力资源创造更大的价值。

对"进""出"的员工，均给予了充分的关心。如所属河南公司引导员工特别是骨干员工开放心态、扩大视野、放大格局，正确对待"进出"现象，积极推行"六个人人"（人人都是营销员、人人都是安全员、人人都是质量员、人人都是材料员、人人都是成本员、人人都是通信员）的育人理念，年平均轮岗、转型超过100人次。

对"青苗人才"领导班子亲自带，配备双导师带新员工，成长导师对新员工进行价值观的塑造和道德品行的培养，专业导师进行专业技能的传帮带。在提升员工业务技能方面，给服务、给政策、给优待、给压力，报名、培训、考试一条龙到位。针对基础设施项目特点，开展有效的基础设施项目培训班，学习考试成为常态化。为了使员工都能成为"三有"之人：即做有用之人，尽职尽责；做有德之人，廉洁奉公；做有志之人，岗位建功。

此外，如果有员工申请调出到其他单位，不论职务大小，公司一律放人，尊重个人意愿。来时欢迎，走时欢送。

（二）"干部能上能下"

企业管理干部的选用十分重要。而现职干部的"上""下"十分敏感，引人关注。要做到"干部能上能下"，除了营造良好的选人用人环境之外，重点是要抓住"考核"这个关键。

1.单位领导班子成员考核

工程建设企业对所属单位领导班子成员的主要考核制度应包括以下几个方面：

（1）日常考核

由人力资源部和党委工作部组织，每年进行一次，考评内容包括政治素质、工作业绩、团结协作、作风形象等，考核办法采用员工测评、中层互评、领导评价的"三位一体"民主测评。

（2）年度经营业绩考核

由企业管理部和人力资源部组织，每年初对二级单位下达预算指标，并根据每年的工作重点有针对地选择考核指标，在此基础上对二级单位的经营成果和管理成果进行评价，评价的结果与班子年薪直接挂钩。

（3）工作述职

每年的年度工作会议，二级单位总经理都要作述职报告，并回答局领导的提问，局领导和部门负责人进行打分，考核结果与年薪进行一定比例的挂钩。

（4）职代会述职

在每两年一次职代会期间，两级领导班子成员向本单位职代会述职，进行民主测评，无记名投票，并且当场公布测评结果。这种方式使领导干部经常保持头脑清醒、保持工作压力和动力，促使领导干部必须全身心地投入工作中，必须做到勤政、廉政、优政。

总部相关部门每年分营销、财务、合约、清欠、质量安全等专业，对二级班子成员的工作进行综合管理考评。各层次、各方面的考核相互补充，相互印证，使每位领导干部的德、能、勤、绩、廉各个方面一览无余。

根据上述综合考评结果，领导班子集体研究最后排出所有二级单位领导班子成员的名次，排在最后8%的，实行末位换岗，使"庸者让、错者罚"落到实处。

2. 总部机关、各部门负责人绩效考核

对总部机关管理人员和各部门及其负责人的绩效考核，采取定量考核与定性考核相结合的办法，量化指标考核占40%，主管上级评价占30%，下级评价占15%，同级评价占15%，综合评定每个部门、每位员工的考核类别，实行ABCD强制分布，末位换岗。A类员工占20%，B类员工占70%，C类员工占10%（D类员工是指犯有严重错误或给企业造成明显损失的）。每半年进行一次绩效考核，人力资源部根据考核结果发放绩效工资。评为B类员工的绩效工资按标准发放，评为A类员工的绩效工资上浮20%，评为C类员工的绩效工资下浮10%。

主要量化指标的确定是在每年年初，企业将上级要求的主要指标、各级政府和市场所要求的主要指标、企业运营管控需要的指标这三个方面的主要指标，根据各部门和各岗位的职责分工，分解到各部门和每位员工，书面印发下去，半年和年终考核时对照实际完成情况进行考核打分。整个考核办法、考核标准、考核过程、考核结果，公开透明，使好的受到鼓励和褒扬，得到正向激励，不好的受到批评和处罚，得到负向激励。这样就形成了"危机永存、激励常在""尊重贡献、崇尚简单"的良好绩效文化。

3. 建立后备项目领导人才库

用人标准是最重要的导向，用人公平是最大的公平。企业后备人才库制度实现了机会公平，"让能干事的有机会，肯干事的有舞台，干成事的有回报，干错事的有处罚"是真实写照。人的能力提升来自实践，人才的成长是关键。

中建五局河南公司通过推荐途径从企业外引进优秀人才担任项目负责人，并对举荐优秀人才的"伯乐"们进行了表彰，兑现了"伯乐奖"。一批年龄不到 30 岁、毕业 5 年内的青年员工是河南公司的主力军，给年轻人一个机会，给企业回报的是奋力拼搏。公司的项目经理中，30 岁以下的占 87%，其中 26 岁以下的占 1/3；项目部副职中，30 岁以下的占 90%，其中 26 岁以下的占 2/3，最小的仅 22 岁。

企业在"干部能上能下"上，始终坚持围绕价值观做文章，公开选拔标准。任用项目经理有两个基本要求：一是没有私心，二是能够有效满足工作需求。优秀的项目经理的评价标准，还要有创新的精神、人格的魅力、完美的业绩。信任是最好的激励，公司大胆放权，使责权利对等。

比如，项目经理对各现场工程师充分授权，各管其区、各负其责，青年员工 2~3 年就能独当一面。有所用有所不用。公司对于"私心较重且占企业便宜的人；影响团结且教育不改的人；牢骚满腹且负能量缠身的人"（简称"三种人"）坚决不用，同时对他们注重思想引领、加强制度监管、提供学习载体，通过知识武装大脑和灵魂，升级个人品位。

（三）"收入能增能减"

社会主义市场经济体制决定了企业实行按劳分配为主、效益优先、兼顾公平的多种分配方式。企业内部实行按劳分配原则，合理拉开利益分配档次，是改革企业薪酬决定机制的体现。国有建筑工程企业员工付出劳动后的经济收入与其岗位业绩、效益直接挂钩，使得其"收入能增能减"成为一种必然。

在深化改革的过程中，企业在思想认识教育、制度体系建设、企业人文环境营造、人才队伍培育、领导干部以身垂范等多个方面同步发力，形成了一种健康向上、竞争有序、争作贡献的企业氛围。体现在干部和员工的利益分配上，公开、公正、透明化的绩效标准与客观、实事求是的考核程序，使得"收入能增能减"得以顺利推行，成为少有争议的常态化现象。

重在贡献大小，关注岗位差异；既强调效率优先，又强调公平。体现社会主义市场经济特点的分配机制的形成彻底打破了"吃大锅饭""平均主义""干好干坏都一样"的现象，管理干部、科技人员和一线员工的思想境界、职业素养与劳动积极性都得到空前提升，企业的市场拓展、工程质量与经济效益大幅度提高，员工的经济收入实现了快速递增。

从2002年至2013年，中建五局连续12年进行工资调整优化，人均收入年均增长21.9%，企业经营规模由原来的20多亿元，增加到1300多亿元，经营效益由原来的连年亏损增加到年创效益25亿多元（图4-4）。一个濒临倒闭的老国企转变成为一个充满生机活力的现代化新企业。

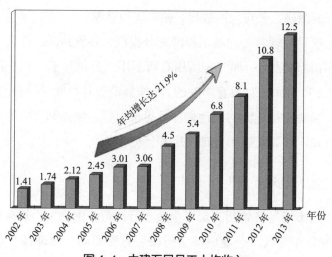

图4-4 中建五局员工人均收入

三、传统老国企焕发新生机

中建五局有效地破解了国有企业"人"的困局，极大地调动了广大职工的积极性，释放了生产力，从而使一个资不抵债、濒临倒闭的老国企焕发了青春，步入了持续、快速、健康发展的轨道。企业在取得显著经济效益的同时，也应积极承担社会责任，回报社会，建成"社会尊敬、员工自豪"的现代化集团。

（一）人才结构显著优化

企业活力机制的建立，有效促进了企业在各方面的均衡发展，在财务指标高速增长的同时，企业的经营结构、组织结构、队伍结构、市场布局、企业文化、社会信誉等非财务因素也发生了重大的良性变化，企业运营品质大幅提升，扁平化组织优势、年轻化队伍优势，企业管理的标准化、精细化、信息化程度日益提升。

企业人才队伍结构大大优化，明显呈现专业化、知识化、年轻化的趋势。2002年时，中建五局是"三五牌"员工结构（在岗职工4800人、离退休职工5600人和待（下）岗职工5500人）。到2008年底，亏损企业清零、职工内债清零、下岗员工清零，国企冗员多、负担重的历史遗留问题彻底解决。到2013年底，共计1.7万名在册员工，平均年龄从原来的37.1岁下降到31.2岁，大专以上学历人员比例从35%提高到86.1%，管理人员比例从54%提高到97.1%，本科以上占比53.7%，员工队伍呈"V"形结构变化（图4-5）。

当企业上下形成了"发现人才、培养人才、大胆使用人才"的浓厚氛围时，员工成就事业的舞台进一步拓宽，一大批高素质人才，特别是青年人才将与企业结成"利益共同体"，并将逐步成长为企业发展的中坚力量。

（二）企业凝聚力明显增强

企业活力机制的形成，扭转了人事分配机制僵化、员工思想观念陈旧的局面，实现了由人事管理向战略导向的现代人力资源管理体系转变，建立起

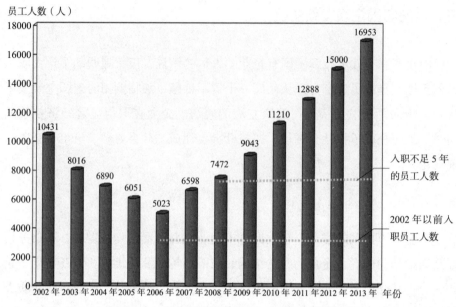

图 4-5 中建五局员工队伍 V 形结构变化图

了科学、公平、公正的考核制度,通过严格绩效考核、竞聘上岗等措施,打破了国企"干好干坏一个样"的大锅饭现象,在企业内部树立鲜明的业绩导向,实现了人员能进能出、干部能上能下、收入能增能减;以信息化建设为抓手,重组了人力资源工作流程,人力资源基础管理工作基本实现了标准化、信息化;构建起和谐高效的工作氛围,"遵守规则,按程序办事"已经成为员工的共识,"业绩至上,快乐工作"成为企业的主流。

团队就是为实现一个共同的目标而走到一起的一群人。企业每一位员工都应当胸怀全局,大处着眼,小处着手,通过按时高质完成职责赋予的岗位目标,确保实现企业的总体目标。要正确处理个人与集体、付出与奉献的关系,在张扬个性、自我实现的同时,自觉服从大局,为实现企业整体利益的最大化做出自己应有的贡献。

(三)企业执行力大幅提升

执行力就是竞争力,团队的竞争力取决于团队的执行力。企业应当大力倡导执行力文化，强调将战略、人员与运营三个流程统筹协调，要求企业各个层面各司其职，"做正确的事""正确地做事""把事做正确"。可以说，中建五局的巨变，执行力的提高是一个关键因素。我们只有进一步加大执行力文化建设，才能确保团队步调一致，快速反应，无往不胜。

中建五局建立起了科学、公平、公正的考核制度，实现了人员能进能出（10年时间引进员工1.7万人，流出员工1.6万余人）、干部能上能下（中层以上干部岗位205个，8年内，提拔、降职、免职、交流913人次）、收入能增能减（岗变薪变、绩效定薪）。营造了和谐高效的工作氛围，"遵守规则，按程序办事"已经成为员工的共识，"尊重贡献，崇尚简单"已经成为企业的新风尚。

（四）企业文化影响力增强

信心、信用、人和三项工程，是中建五局针对当时企业内部存在的"信心流失、信用缺失、人和迷失"三失现象，针对性提出的举措。这三项工程，对团队建设无疑具有直接的促进作用：信心工程提升团队的士气，信用工程增进团队的协作，人和工程融洽团队的氛围。坚持不懈地将三项工程推进下去，企业这个大团队的竞争力和战斗力才有了极大提升。

2003年到2008年，中建五局消化安置原下岗员工再就业近3000人，归还职工内债3.8亿元，员工年均收入由1.4万元增至10.86万元，年均增长21.9%，通过提高薪酬福利使员工享受企业的发展成果；通过建造一个公平、宽广的舞台让人才感到有用武之地；通过有组织、有计划地开展多种文化活动营造良好的团队氛围；通过价值观体系建设，"信和"文化已融入员工的血液里，以"信心、信用、人和"取代了以往的"三失现象"，彻底改变了中建五局的精神风貌、工作作风、价值标准、内部氛围，企业品牌知名度和吸引力大大增强，员工对企业的归属感和忠诚度大大提高，对企业满意度显著提高，使员工的积极性、创造性迸发出来。

第四节 "金条+老虎"考评激励机制

企业人力资源管理的终极目标是激发员工的动力与活力，而实现这种目标需要科学合理的机制与制度作保障，激励机制与制度约束是这种保障力的两翼。激励机制与制度约束可形象地比喻为"金条+老虎"的机制。这不仅仅是一种管理理念，更重要的是一种管理方法，并且还是一种可以实施的管理措施。在具体管理实践中，要做到跑到前边有"金条"，落到后面有"老虎"，"金条"要"诱人"，"老虎"要"吃人"，而且一定要常态化地做到"金条诱人""老虎吃人"。

所谓"金条"，就是正向激励。正向激励是指通过激励机制，对员工的某种行为给予肯定、支持、鼓励和奖励，使这种行为能够更加巩固和加强，持续有效地进行下去，以满足个人需要，实现组织目标。正向激励可以通过满足需求而起到鼓励作用，但同时具有抬高需求的副作用。通常情况下，一味强调鼓励带来的收益，不足以弥补扩张了的需求，且员工需求的不确定性、个体性质的差异和不断高涨性总会使企业不能满足员工需求，实践中也有太多这样的案例。因此，避免正向激励带来的负面作用，还需要引导员工树立正确的世界观、人生观与价值观，正确看待国家、企业与个人的利益关系。

所谓"老虎"，就是"威胁激励"。"威胁激励"是指在一个充满竞争压力的工作环境中，对员工的一切物质和非物质、既得和预期的收益甚至能否在岗位上持续工作下去的利益进行"威胁"，即在制度约束下的契约兑现。也就是通过奖惩制度中的"罚劣""罚懒"约定，使其为了摆脱所谓"威胁"获得生存而努力工作，从而达到激励员工的目的。

威胁激励的实质是负向激励。负向激励是指对员工的某种行为给予否定、制止和惩罚，使之弱化和消失，朝着有利于个体需求满足和组织目标实现的方向发展。美国普林斯顿大学的丹尼尔森·卡尼曼教授凭借其在心理经济学方面的突出成绩问鼎诺贝尔经济学奖。卡尼曼的研究表明，人在不确定条件下的决策，取决于结果与设想的差距而不是结果本身。简单地说，就是丢掉10元钱所带来的不愉快感受，要比捡到10元钱所带来的愉悦感受强烈得多。卡尼曼认为，在可以计算的情况下，人们对损失的东西的价值估计高出得到相同东西的价值的两倍。

心理经济学的研究表明，威胁激励是更为有效的激励方式。威胁激励可以有效弥补正向激励需要不断加大企业成本的弊端。正向激励一般以物质和精神奖励方式来调动员工的积极性，引导其从事与企业目标相一致的行为。然而人的需求是一个无限增长的过程，具有一定的刚性，只能是增长或不变的，而需求长期不变必然导致员工积极性的下降，所以为了进一步调动员工积极性，企业不得不逐级满足其需求。然而对员工需求的满足要花费企业大量的资源，所以需求程度的提高加大了对企业营利的要求，同时也加大了企业的风险。

一、客观、量化、科学的绩效标准

一般认为，绩效的概念与内涵包含业绩和效益两个方面。企业的绩效是指企业生产经营活动的结果和成效；体现在人力资源管理方面，主要是指员工在一定岗位上通过自身努力取得的成绩与效果。

企业通常所指的绩效，是企业主体依据员工岗位目标和绩效标准，采用一定的考核方式，评定员工的工作任务完成情况、员工的工作职责履行程度和员工的发展态势后给出的一定奖励。由于企业的绩效管理在实现生产经营目标中具有举足轻重的作用，对员工的绩效考核是落实效益优先、优绩优酬的关键环节，直接关系到员工的切身利益，因此，必须高度重视绩效管理的引领作用，绩效标准必须科学合理，符合企业实际。

（一）重视绩效管理的导向作用

绩效管理的引领作用主要表现在四个方面：一是体现在绩效指标的导向

作用，绩效指标就是为员工在工作中明确目标，指导工作；二是约束作用，绩效指标有些会明确告诉员工哪些是应该做，自己所做的工作是否与绩效指标相符合，约束员工日常行为和管理规范以及工作重点和目标；三是凝聚作用，一旦绩效指标确定，员工就会利用各种资源，凝聚一切可利用的力量来实现和完成绩效目标，可以把大家凝聚在一个共同的目标和方向；四是竞争作用，绩效指标的设定要求员工要通过努力工作才能完成目标，绩效指标明确员工努力的方向和目标，这样就提供了员工之间、部门之间、企业与外部之间竞争的目标和对比标准，使员工为完成绩效考核指标开展竞争。

（二）清晰岗位职责

人力资源管理的核心是绩效管理，绩效管理中最重要的环节是绩效评价，而绩效评价是通过绩效指标考核完成程度来体现的。绩效考核是对员工工作业绩的价值创造的判断过程，考核指标是以明确的岗位职责目标为基础，包括对员工的品德、工作绩效、能力和态度进行的综合检查和评定，以此确定其工作业绩和工作潜能。因此，要做到绩效标准科学合理，首先必须使职位职责清晰、明确。应按照市场化运作的要求和企业规则，以及精简、高效能的原则，明晰岗位职责，量化岗位标准，细化岗位描述，使之具有考核的可操作性。

（三）科学确定绩效指标体系

企业应按照横向到边、纵向到底的原则，在职位说明书的基础上，根据SMART原则，对顾客与市场、财务、运营管理、学习发展等方面的关键绩效指标层层分解，并通过绩效面谈确定员工绩效合约，建立目标管理书，下达到每个岗位、每位员工，形成"千斤重担人人挑、人人肩上有指标"的局面。

由于大型工程建设企业员工队伍庞大，管理层级复杂，工种众多，绩效管理是一项十分复杂的工作。在实际工作中，很容易出现绩效考核效果不理想的状况，有时甚至需要重新审视整个指标体系。

常见的问题包括：指标过低，不能体现企业的要求；指标过高，不符合客观实际，导致欲速不达，考核目标落空；非核心指标过多，苛求完美，让绩效考核失去了应有的效果。

管理是科学和艺术的结合，绝对量化而又合理的指标体系是不存在的，单纯的量化指标往往难以囊括现实工作中的很多关键内容。事实上，花大量时间和精力设计、衡量量化指标不仅会浪费管理资源，而且收效也甚小。找到核心的、少数的、重要的、可衡量的指标才是关键。管理实践表明，科学合理的指标是具体的、可衡量的、可实现的，具有合理挑战性的，并有时间限制的。绩效的衡量目标需要可衡量，但是可衡量不等于一定要量化。如管理岗位的关键绩效指标可以通过对其考核周期内的工作任务或工作要求的界定来实现，至于其衡量指标，可以通过时间来界定。从实质上讲，被时间所界定的工作任务或工作目标也是定量指标。只要能够对员工的工作任务或工作目标做出明确的说明，同时提出明确的时间要求，这些关键绩效考核指标就具备了可操作性。

（四）注重"三个结合"，确保考核过程合理

为保证考核评价过程的公平公正，在实施考核评价时，企业注意"三个结合"：一是定量考核与定性考核相结合，避免"晕轮效应"；二是效率与公平相结合，效率优先，注重公平，强调以结果为导向；三是领导与基层相结合，以上级评价为主，听取基层意见，形成上下结合、良性互动的局面。例如，职代会期间，总部和分支机构领导班子成员都要进行工作述职，由上级单位组织人员进行评分，评分结果当场统计公布，并与干部任用和年薪挂钩，与经营业绩考核相互补充，相互印证，使每位领导干部的德、能、勤、绩、廉各个方面一览无余。

（五）持续完善绩效考核评价机制

科学合理地确立绩效标准，企业必须根据生产经营实际与企业发展的需要，进行一系列制度创新与改革，建立制度严密、职责明确、考核严格的业

绩考评体系，全面推行立体化、综合化的绩效考核机制。根据企业的发展不断进行修订、完善和创新，并以关键绩效指标、工作目标设定和能力发展计划为载体，通过标准统一化、运作规范化、评定透明化、结果数量化，科学、公正地衡量员工的年度工作绩效，并及时向员工反馈，帮助他们随时把握自身工作情况，及时进行自我调整，保持最佳工作状态。员工的岗位工作能力和实际贡献，与员工的报酬待遇、岗位轮换、职位升降紧密结合起来，激发广大员工的创新精神。工程建设企业坚持推行绩效考核制度，要取得良好的效果，完全在于满足了不同岗位、不同资历、不同能力员工的利益诉求，在考核过程中做到公平、公正与全程透明化。

一个科学的企业评估体系还应该具有对业已执行的绩效标准、考核机制、激励效果测评的功能，使之为完善绩效考核机制及相关制度提供动态性信息和完善修订的依据。企业应建立科学的绩效评估体系和荣誉体系，科学准确地评估员工创造的价值，让员工自身的价值得到充分实现。围绕激活组织、激励员工，在员工绩效考核的基础上，对工作业绩优劣的员工，分别进行精神上或物质上的鼓励或惩罚。每年末召开绩效考核小组会议，对考核体系追踪校验和综合评估，分析绩效管理实施中存在的问题，及时发现组织结构、工作分工与考核制度等缺陷问题，进行检查改进，不断提高绩效管理的科学性。

二、公开、公平、公正的考评机制

"金条+老虎"激励机制即考评制度需要管理流程的科学化，这是人力资源得以顺利运转的基本保障，也是提高管理效率的根本途径。要从制度创新入手，改革原有的管理理念、管理模式，坚持"公开、公平、公正"原则，按制度管人、办事，用事实、数据说话，依靠市场机制的力量，建立适应企业发展的人力资源考评、激励机制。

（一）以竞争机制激发活力，引发创造力

奖惩透明化是企业增强持续增长的原动力的条件。要使员工为企业目标不断努力，一个基本的方法就是利用奖惩手段激励员工。要按照企业生产与发展需要的客观、全面的绩效考核办法，公开、公正、公平，奖优罚劣，通过深化分配制度的改革，由原来的岗位技能工资制向岗位工资制转化，完善员工激励约束机制，激发员工的创新精神，调整内部岗位等级和薪酬标准，向优秀人才和关键岗位倾斜。

在薪资分配上，坚持效率优先，强调公平合理，重点倾斜市场竞争力较强的关键岗位和素质高、能力强、业务精的优秀员工。推进简单劳动社会化，在一些责任界限分明、劳动技能要求不高、市场有提供能力的外延业务领域积极推行外包。在人员和岗位的重组中，使员工找到合适的岗位，岗位找到合适的员工，保持人岗相宜、岗易薪变，切实增强员工的责任感。

（二）创新竞争机制，确保任用渠道畅通

在竞争机制建设方面，企业必须坚持"公开、公平、公正"的选人用人原则，通过科学招聘管理、分类用工管理、竞聘上岗等方式、措施，确保员工进出及任用渠道畅通。

为推进人力资源队伍的新陈代谢，企业必须对招聘工作进行科学管理。在人才引进方面始终坚持抬高新增人员"入口"门槛，积极引入高素质人才，为企业发展补充能量、储备后备力量。在引进人才上，注意把握以下三点：一是严把入口关，企业在招聘新员工时，应采用笔试、结构化面试等现代人力资源测评手段严格甄选，招收高校毕业生更应以重点大学为主，确保招录质量；二是严把考评关，对新进员工规定了试用期考核、见习期考核、合同到期考核，保持5%左右的淘汰率，确保企业活力；三是严把人才结构关，对人才引进结构要根据企业生产经营的实际需要选聘人才。如根据市场拓展、工程项目增多、专业性人才缺口较大的实际情况，人才招聘应以土木工程、基础设施、投资开发等专业人才为重点等。

（三）创新约束机制，确保退出通道畅通

在约束机制建设方面，企业可尝试着力打造"金条+老虎"的绩效管理机制,对做出突出贡献的集体或个人予以奖励,称为"金条",且要保证"金条要诱人",对损害企业利益、业绩差的集体或个人则予以惩罚,称为"老虎"。企业营造以绩效为导向的管理氛围,实现干部能上能下,通过奖惩分明的约束机制,在下属单位和员工中有效传递压力和动力,在整个企业内建立起全面拉网式的、立体交叉式的考核体系,对达不到岗位要求的员工,依据程度不同采取换岗、降职、转岗培训、解除劳动合同等措施,疏通人才退出机制,保持人力资源的吐故纳新。

(四)通过强制分布,确保考核结果落在实处

企业可将评价结果按"A、B、C、D"四级评定,且要进行强制分布,每次评价记录记入员工发展档案。对于考核结果,企业应坚持奖优罚劣的原则,考核排名靠前的在绩效薪酬提档、提拔晋升、培训交流等方面给予重点关注,考核排名靠后的扣发一定比例的绩效薪酬,连续考核排名靠后的将进行末位换岗,末位换岗还不能胜任的,将解除劳动合同。同时,在评价结果确定后,上级与被考核员工要进行绩效面谈,指出员工不足和改进的目标,促进员工素质能力的提升。

三、尊重贡献、奖罚分明的激励机制

企业成功实行奖惩制度的基础是薪酬机制。确定薪酬机制的基本原则应该是干好干坏不一样。在社会主义市场经济条件下,企业员工的薪酬水平是与其劳动付出、劳动效率成正比的。不能干好干坏一个样,更不能干得不好比干得好的收入还高。这也就是通常所讲的尊重贡献,崇尚简单,按劳取酬,多劳多得,效率优先,注重公平的分配原则。实践证明,凡是困难企业,一定是富了一小批人,穷了大部分人。体制的不公平,对员工积极性的伤害是最大的。

企业要坚持在确定薪酬机制的基本原则下,不断探索实施,其中最主要的是在全局范围内统一了薪酬体系,目的就是全面营造公平竞争的氛围。避

免了"谁的胆子大,谁就多发钱",防止了歪门邪道的衍生。

按照薪酬体系来落实薪酬管理的原则,绩效考核是基础。绩效考核做好了,奖优罚劣就不难。可能开始有人觉得按 A、B、C 搞考核太难了。实践证明,一个单位不评 A 可以,不评 C 则不行。在奖励先进的同时,给"后进"一定的压力,也是一种负向激励。负向激励也是一种激励,是另一种方式的促进与鞭策,或是更重要的一种激励。虽然每一个绩效考核办法都不是十全十美的,但可以在实践探索过程中不断完善。

通过人力资源管理中激励机制的不断完善实践、探索,经过多年的运行和完善,使老国企焕发了新活力。"公平竞争、优胜劣汰,以业绩论英雄,凭贡献定奖励,有为才有位,无为则无位"的管理理念和用人导向得以确立,"金条＋老虎"的激励机制已经成为企业持续健康发展的发动机。

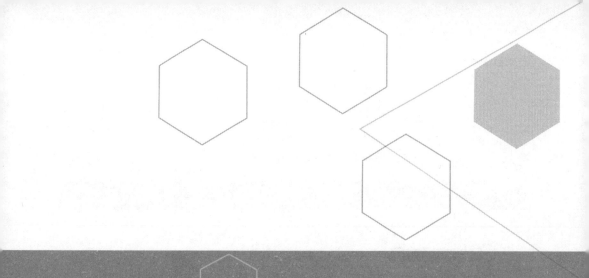

第五章

区域化战略与市场布局

　　区域经营就是根据企业总体发展部署，以市场为导向，以某一地区为经营范围，代表企业从事地盘经营的一种经营方式。尤其对于全国性工程建设企业来说，没有地方保护，没有行业保护，区域经营是其谋求可持续发展的必由之路，这也是符合现代企业管理理论的。企业如果固守一地，将所有鸡蛋放在一个篮子里，抗风险能力就比较弱。反之，如果经营结构合理，市场布局合理，就会形成东方不亮西方亮的良好局面，抗风险能力就会较强。

第一节　企业的区域化经营

一、区域市场布局

如何选择目标市场，是每一个企业在走出去的过程中首先遇到的问题。对工程建设企业而言，鉴于市场环境的复杂多变及其自身资源和能力的局限性，区域选择不是多多益善，而是必须结合企业的实际，有所为有所不为。从整体上说，区域市场布局一般应遵循以下基本原则。

投资导向原则。区域市场布局要坚持以国家投资为导向，一般应选择有较大市场容量的直辖市、省会城市、区域中心城市作为目标市场，务求区域的可持续发展。许多大型建设企业的市场格局经过多年的调整完善，在中国经济最发达、最有活力的珠江三角洲、长江三角洲、环渤海湾三大经济圈都形成了一定的经营规模，市场区位优势比较明显。

质量为本原则。市场区域布局，不宜贪多求全、盲目铺摊子，一定要坚持质量第一，务求建一个成一个。如中建五局除局总部直接经营的区域外，原则上不以局名义到其他地区承揽一般工程项目。同时，对子公司开拓外部市场，也明确提出数量要求，除个别优势公司可以适当多设几个区域公司外，一般公司应控制在三个以内。

持续发展原则。设置区域公司一定要慎重决策，事前必须经过认真的可行性分析和研究。一般应坚持以项目切入市场，依托项目滚动发展。在未承接项目或后续项目跟不上、市场前景不明朗的区域，不宜匆忙注册，而应采取项目经理部的形式，待条件成熟时再考虑设置区域公司。

分类建设原则。开拓外部市场不宜搞一刀切，而应视区域规模与实力的不同，相应配置资源和授予权限。总部与区域实质是一个集权与分权的关系，要规避其中的风险，做到"集权有道，分权有章，授权有序，用权有度"，就必须根据区域发展不平衡的现实，因地制宜，分类建设。

弹性组织原则。区域公司是以技术密集、管理密集为主要特征的灵活、弹性的组织，因此应根据经营状况和市场变化，对资源进行合理配置和动态调节，避免资源的沉淀和固化。同时，要定期对区域进行考核评价，对其中绩效不佳的消耗型区域，一定要果断采取措施，进行撤并整合，宁养人不养企业，坚决堵住效益流失点。

通过坚持以上区域市场布局的原则，中建五局总部直接经营的区域，由最多时的二三十个，逐步减少为 2003 年的 11 个，2004 年又减少为 9 个。随着经营战线的收缩和管理链条的裁短，企业的规模反而成倍扩张。实践证明，善于在区域布局上做"减法"，才能在经营成果上做"加法"和"乘法"。

二、区域性经营机构设置

建设企业的区域组织和子分公司直接服务于企业的生产经营活动，对员工队伍的工作效益、岗位表现、后勤保障、薪酬分配、培养教育等方面负有具体而重要的管理责任。工程建设企业应当按照区域化经营、专业化发展的要求，根据"接活""干活""算账收钱"商业模式的需要，设置区域性分支机构，配置相应的人力资源。与总部管理层相比，企业中层管理组织的功能具有相似性，但管理事务更明确、更具体，针对性与服务性更强。其中，区域性分支机构的管理层结构、功能、职责与总部管理机构有一定差异。区域性分支机构作为一种独立的竞争单元，更加注重所在地区的经济社会发展水平、具体生产经营与市场环境。而专业性公司比区域性公司的管理层结构相对简单一些，但服务性、专业性更强。

从图 5-1 中可以看出，大型建设企业的区域性分公司组织的基本特点。区域性分支机构的应当重点发展以下五种能力：一是以大项目、好项目为重点，提高市场拓展能力；二是以规范化、标准化为重点，提升公司的运营管控能力；三是以工期质量为重点，提高项目的履约能力；四是以成本管控资金运作为重点，提高项目的盈利能力；五是以践行企业文化理念、先进典型引

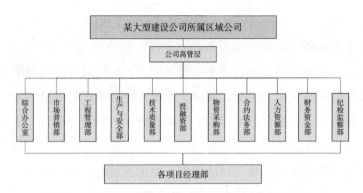

图 5-1 某大型建设公司区域性分公司组织架构图

路为重点,提高团队的综合素质能力。

三、项目管理组织设置

在工程建设企业,承担生产一线任务的项目部是最基础的管理单元。项目经理部直接指挥、管理着工程施工、人员调配、工程质量、工程进度、设备与后勤保障、施工环境等等具体生产流程。项目经理部还必须与甲方单位和施工现场有关地方单位,如街道、乡镇的公安、交通、通信、环保、卫生、水电煤气等管理部门保持密切沟通,才能确保项目施工的正常进行。

一般来讲,一个工程建设企业集团的管理架构应当遵循缩短管理链条、扁平化管理的原则,实行集团、分/子公司、项目经理部三级管理。各层级的管理部门与岗位人员配置,由企划部门与人力资源管理部门依据管理授权、公司规模、项目大小与重要程度、公司专业特点以及发展需要等不同条件,制订一套运行效率良好的部门与岗位设置标准。

工程项目本身的管理组织架构设置,基于现代企业制度的管理理论与中国建筑市场发展的阶段,考虑各项目具有一次性、涉及面广、工作较为复杂的特性,采用"一次性授权式"或"矩阵式"的组织架构模式。

对于具体负责实施工程项目的项目经理部的组织架构设置,可以称为"优化型矩阵式"。这种组织架构模式整体基于两个方面的考量:一是落实法人管项目要求；二是落实管理标准化、信息化、精细化要求。

所谓"优化型矩阵式"，一方面基于建筑工程项目特定的一次性、复杂性以及随项目进展，其机构、岗位设置必须具有一定的灵活性，形成公司对项目岗位设置的组织架构标准，即"矩阵式"——项目经理部对各岗位进行直线管理，同时项目岗位也接受分/子公司不同业务部门的专业指导和管控。特别是项目总工程师、项目商务经理、项目物资设备主管与财会会计等岗位，其工作规则与工作成果必须为分/子公司的业务部门和分管业务领导所管控和认可。这既是"矩阵式"管理组织架构的基本特点，也是工程建设企业落实法人管项目要求在组织形式上的体现。但同时，为有效解决"矩阵式"组织架构中岗位人员因为岗位不稳定造成责任感不强的问题，企业基于项目"三个效益"划分的前提，通过项目管理"两个责任制"的落实，有效地将项目岗位人员的考核与激励主动权有序、有度地放到项目经理部层面。既充分体现法人管项目的要求，又比较成功地解决了传统"矩阵式"组织架构的缺陷。

企业按项目建筑面积、合同额及预计施工月均产值三个指标相结合的识别标准，可将所有项目划分为5类，见表5-1。

项目经理部人员编制数量标准参考表　　　　表5-1

序号	工程类别	建筑面积（万 m²）	合同额（亿元）	预计施工月均产值（万元）	人员编制参考范围（人）
1	一类	≥ 60	≥ 20	≥ 8400	40 ~ 60
2	二类	≥ 25 且 < 60	≥ 8 且 < 20	≥ 3300 且 < 8400	20 ~ 40
3	三类	≥ 15 且 < 25	≥ 5 且 < 8	≥ 2000 且 < 33000	15 ~ 25
4	四类	≥ 10 且 < 15	≥ 3 且 < 5	≥ 1200 且 < 2000	12 ~ 20
5	五类	< 10	< 3	< 1200	8 ~ 15

说明：1. 如三项指标不一致，则以"预计施工月均产值"为主要参照指标定员；

2. 新员工见习期间不占定员编制，但每个项目配备的见习新员工原则上不得超过项目定员数的30%。

对相应项目的项目经理部人员总数、项目班子人员数、项目岗位任职条件、项目岗位职责和项目岗位工作检查考核标准进行全面梳理和统一，包括对项目岗位的名称进行标准化规定。同时还对项目不同阶段基本岗位与机动岗位设置、过程中的岗位调整、岗位兼职、岗位不相容分立等也作出具体要求（图 5-2）。

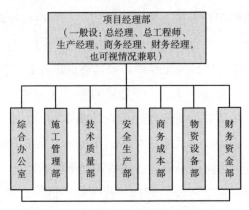

图 5-2 项目经理部组织架构图

需要说明的是，在目前中国建筑市场还不是十分规范的情形下，按照法人管项目的要求进行项目组织架构设置，包括两个方面：一是作为法人层面的工程建设企业必须从项目策划、主要分供方选择、大宗物资与设备采购管理上，体现法人管项目的要求；二是在项目经理部的人员配置管理上，如果是以联合体方式运营项目，工程建设企业应考虑如何进行项目经理部组织架构设置才能高效履约、实现项目生产力最大化。许多优秀施工企业，坚决杜绝"挂靠贴牌"的项目联营合作方式，在业主有特殊专业建造要求而进行联合体招标投标的项目中，则以总承包实施单位地位进行项目运营管控，对工程项目的组织架构设置完全拥有总承包管理实施权，除专业合作单位必要的管理岗位设置外，必须按企业的项目组织架构设置要求，由本企业自有管理人员实施相应管理岗位职责，确保工程项目管理受控、高效履约。

四、区域经营的"四个转变"

根据施工企业产品流动和区域市场相对稳定的行业特点，区域经营既是工程建设企业做大规模的重要支撑，更是工程建设企业发展生产力的合理的组织方式。只有坚定不移地走区域化经营之路，不断整合、优化内部资源配置，才能释放生产力、促进生产力。中建五局从2003年开始实施区域经营战略，提出了区域经营"四个转变"的总体思路，即：变游击战为阵地战，实现本土化经营；变盲目作战为打有准备之战，实行理性化经营；变单兵作战为团队作战，实现集团化经营；变"刮金式"经营为"贴金式"经营，实现品牌化经营。

（一）变游击战为阵地战，实现本土化经营

落实本土化经营，关键是要坚守目标，抵制诱惑，有所不为才能有所为。子公司区域设置，要根据自己的能力，不要贪多。企业的资源和精力都是有限的，握紧拳头集中出击，肯定比撒开五指四面出击更有力量。区域公司要摒弃"流寇"意识，做到扎根当地市场，融入当地市场，努力成为本土化企业。本土化有两个层次：一是有形资源的本土化，如人力资源、分包商、设备、资金等；二是无形资源的本土化，如营销网络、人脉资源的本土化，企业文化的本土化，最终整个企业融入当地，被当地主管部门、当地的市场和业主接纳，甚至能够享受本土企业可以享受的一些政策。这不是一日之功，一定要有长期经营的准备。

（二）变盲目作战为打有准备之战，实现理性化经营

任何市场都有其内在的规律，只有掌握了规律，才能掌握打开市场的钥匙。因此，区域公司一定要下功夫研究市场，钻研市场，做到胸有成竹，力求事半功倍。要克服畏难情绪，强化攻坚意识，做好在中心城市打硬仗、打恶仗的心理准备。

落实理性化经营，重点是要抓好"三个三"：

抓好三大战略，即大市场、大业主、大项目战略，实现项目选择上的理性化。要将工作重点放在提高营销质量和效益上，要坚持有所为有所不为，集中力量开拓大市场，对接大业主，承揽大项目，不可饥不择食，饮鸩止渴。

在开拓大市场的周边地区时,要坚守主战场,千方百计打入中心市场,不能舍本求末、本末倒置。

抓好三制建设,即营销经理责任制、营销项目立项策划制、营销费用核算制,实现营销管理的理性化。企业的营销管理不能停留在放任自流、跟着感觉走的粗放层面,要通过三制建设,对营销从立项到签约的全过程进行控制和管理,使营销的成功不是建立在偶然的碰运气上,而是成为水到渠成的必然结果。

注意三个问题,即经营结构的问题、经营质量的问题和经营方式的问题,实现市场占有的理性化。我们追求市场份额,但我们要追求的是结构合理的、高质量的、有盈利空间的市场份额,而不是低质量甚至无质量地盲目扩张。因此,在经营结构上,要紧跟国家投资导向,扩大国家重点投资领域的市场占有率。在经营质量上,要注意合同质量,规避经营风险。在经营方式上,要解决好联营与自营结合的问题。

(三)变单兵作战为团队作战,实现集团化经营

实施集团化经营,总体来说,就是在体制上实行统一管理,用好一块牌子,形成多个市场对接面。要做到"三统四分":"三统"即经营统一协调,项目统一管理,资金统一监管。"四分"即市场营销分头公关,项目分别核算,资金实行"分资制"管理,分包商分别选择考核。

落实集团化经营,关键是要解决好资源配置的问题:

一是品牌资源的配置。各单位要服从总部的统一调度和协调,区域内应尽量使用一个品牌,避免各自为战,削弱集团的整体实力。总部要加强资源的整合,建立好资源库供各单位共享。

二是专业资源的配置。要利用各种契机,积极引入企业内部的专业力量,发挥集团整体优势,实现区域与子公司共同发展。要充分发挥各个项目的信息"桥头堡"作用,及时反馈并共享获取的信息,使基础、土建、安装、装饰各专业、各过程衔接起来,逐个突破,不断延伸市场。整体强大了,就能发挥辐射作用,形成良性循环。

三是营销资源的配置。营销资源包括有形的资源和无形的资源，在这方面要防止营销的人脉关系垄断在个人手中。所以要倡导团队营销，使企业与业主的关系建立在企业的实力和品牌之上，尽力避免因个人的流失带来企业一方市场流失的严重后果。区域公司一定要有管营销的副经理，一定要有营销经理，总部的相关部门要参与，各个层次都要加强建设，不能只有一个人"跑单帮"，而形成一个人制约企业发展的不良局面。

（四）变"刮金式"经营为"贴金式"经营，实现品牌化经营

所谓"刮金"区域是指索取多于贡献，甚至只索取不贡献的区域。对于这种纯消耗性的区域，要坚决撤并。区域要立足长远发展，通过大力实施品牌战略，由占用资源转向培植新的资源，多做为企业品牌"贴金"的事。区域公司要坚持以追求经济效益为主旋律，抓好一次经营和二次经营，提高企业盈利能力和水平，逐步增加企业积累，壮大企业实力，实现区域的可持续发展。处于亏损的区域公司，要尽快止住流血，由靠总部输血转向增强造血能力，并逐步实现为总部供血。

通过实施"四个转变"，中建五局彻底转变了经营观念，提升了经营品位。并确定了局总部"6+5"的理性经营格局，各子公司的区域经营也逐步实现了本土化和理性化，有效提高了区域经营的整体成效，形成了湖南、广东、浙江、贵州、安徽、四川、江西等多个稳定的产出点。区域经营战略的成功实施，为企业突破经营瓶颈和快速发展提供了有力支撑。

第二节　区域经营的实践与效果

一、中建五局区域化经营的"11 次机构重组"

中建五局致力于构建布局合理的目标区域，围绕规范经营行为、解决同

城竞争、提高区域经营集中度等战略目标，连续10年循序渐进、持续不断地在局层面进行了11次大的区域化整合，中建五局区域化工作取得了历史性、决定性的成效。

（一）规范区域经营行为，锁定目标区域市场

整合之一：2003年，进行"6+5"市场布局。积极落实"四个转变"，锁定目标市场集中发力，建章建制规范经营行为，控制区域公司的设置数量，新设区域必须报局审批，一旦设定，必须相对固定，不得随意改变。撤销了厦门公司、海南公司、直属公司、西藏公司、新疆公司等。形成了局直营区域6个，即广东、苏沪、江浙、京津、皖豫、川渝；委托区域5个，即广西、江西、武汉、陕西、山东。

整合之二：2004年，"6+5"调整为"5+4"。继续按照"四个转变"要求，规范两级区域公司建设，局直接经营的区域5个，即广东公司、上海公司、总承包公司、贵州公司、北京公司；委托经营的区域4个，其中广西、江西、武汉三个区域仍委托五公司经营，云南区域委托机施公司经营；机施公司广东分公司并入局广东公司。

（二）解决同城竞争问题，合理配置有限资源

整合之三：2006年1月，京津、广东地区整合。局天津公司与三公司天津公司合并，成立天津公司，委托三公司经营，三公司撤出北京。三公司广州公司并入局广东公司，三公司撤出广东。五公司撤出安徽进入江西。总承包公司撤出江西、北京，二公司南京分公司并入总承包公司。

整合之四：2006年8月，总承包公司改为安徽公司，其山东区域、河南区域划出，成立由局直营的山东公司和河南公司经营；重组山东公司，将安装公司山东分公司、路桥公司山东项目部和五公司山东分公司整合到新的山东公司。

整合之五：2006年9月，组建上海建设，局安徽公司隶属上海建设，二公司南京分公司和局南京公司划归上海建设。为解决资质问题，二公司房建

资质平移上海建设。

整合之六：2007年，以三公司西北分公司为主体，整合局西北地区营销力量，重组西北公司，委托三公司经营。

整合之七：2007年，一公司上海分公司并入局上海建设，成都分公司划归局西南公司，重庆分公司撤销并入局隧道公司。

（三）提高区域经营集中度，提高规模效益

整合之八：2005年5月，组建湖南事业部。为解决中建五局在湖南本部"灯下黑"现象，做大湖南市场规模，成立了局直管的湖南事业部，2007年12月更名为局总承包公司。

整合之九：2007年8月，重组辽宁公司。成立直属公司，通过直属公司的发展解决一公司的问题。原一公司在职员工成建制划归直属公司，直属公司和一公司实行两块牌子一套人马。直属公司作为局直营公司，在局授权范围内，积极开拓市场，加强内部管理，规避运营风险，提高创效水平；接受局的委托对一公司实施监管，督促处理历史遗留问题，积极化解各种矛盾。2009年9月，对直属公司与辽宁公司进行整合，将直属公司并入辽宁公司，辽宁公司由委托经营改为局直营，撤销直属公司，一公司划归资产管理公司。

整合之十：2010年7月，重组四川公司。原局四川公司与三公司四川分公司进行整合，组建新的四川公司。原局四川公司在四川地区的全部项目的人员连同资产、债权、债务一并划入新的四川公司。原局四川公司在贵州地区的房屋建筑类项目的人员连同资产、债权、债务一并划入三公司重庆分公司。原局四川公司在贵州地区的公路、隧道、市政等基础设施类项目的人员连同资产、债权、债务一并划入局公司。

整合之十一：2012年2月，重组上海建设。局上海建设与三公司浙江分公司整合。原三公司浙江分公司整体并入新的上海建设；经营区域暂定上海、浙江、江苏三省市。

二、中建八局一公司市场布局的"三大战役"

中建八局一公司自 1983 年由部队改编后，至 1995 年底主要经营区域仍只有改编初期的济南、青岛、塘沽"老三片"，新开拓的上海不成气候，青岛分公司的经营形势也十分严峻。而此时中建八局全局的经营区域已由成立初期的 3 省（市）6 市扩展到 20 省（市、自治区）76 市。公司成立之初的"先天优势"演变成"后天不足"，市场空间狭小、区域经营滞后已成为严重影响公司发展的"瓶颈"。

1996 年，中建八局对一公司的领导班子进行了调整。新领导班子上任后，提出要着力解决影响企业长远发展的三大难题，即资金、市场和人才，把市场问题提到战略高度,确定了以"市场为先"为首的经营方针（即"三为方针"：市场为先、质量为本、财务管理为中心），并明确提出用 3~5 年的时间，把"市场布局"的课补上。自此，中建八局一公司打响了市场开拓的"三大战役"，即开拓中部、挺进西部、北上南下。

（一）开拓中部

由于中建八局一公司在区域经营方面起步较晚，经验不足，"开好头，走好步"对实施区域经营战略的总体部署至关重要。1997 年，中建八局一公司提出"巩固鲁津沪，开拓中西部"的营销方针，明确市场开拓以河南、安徽两个区域为重点，选择这两个地区主要基于以下考虑：一是符合国家的投资导向。中央在"九五"计划中提出要加快开发、开放中西部地区，处于中部地区的河南、安徽有承东启西的地理优势，尤其是河南。二是这两个省份都与山东相邻，风俗习惯、处世风格等文化环境与山东相似，容易沟通，能减轻初涉区域经营可能存在的不适。三是通过对河南市场初步调研和细分后，发现邮电行业存在着很大的市场潜力，蕴含着可以充分发挥公司优势的市场机会，而邮电行业又是国家重点投资的基础设施。选择安徽市场主要考虑安徽虽然不是经济发达地区，市场容量也不大，但竞争强手相对较少，当时在合肥已注册了一家法人公司。以上这些因素成为一公司快速成型区域公司的有利条件，因此，一公司把开拓河南、安徽作为公司培育区域经营的第一步棋，并确立了"97年进入，98年布局，99年成型"，即"1年播种，2年开花，3年结果"的阶段性目标。1997年，公司在河南的洛阳、安徽的合肥和江西的景德镇各承接了一项工程，成为市场开拓的"星星之火"。

1. 重点突破，发挥自身优势

在认真分析了河南、安徽两地的优劣势后，基于一公司在河南地区邮电行业拥有比较优势，加之邮电行业的直线管理模式，可以采取"行业切入"的集中性目标市场策略，最终把开拓河南确定为走好第一步的"突破口"。

为理顺、明确、规范公司、分（区域）公司、项目经理部三个层次进市场的营销职能，也为了防止开拓和巩固的"顾此失彼"，1997年公司制定了《经营工作管理办法》，明确规定：开拓新市场的责任在公司总部，由市场部负责区域公司的孵化；分（区域）公司主要负责本区域的营销活动，市场链不能向其他地区延伸；项目经理部的责任主要是搞好工程管理。职责和目标明确后，一公司在河南、安徽两地设立了隶属市场部的市场分部，选派优秀的人员担任营销项目负责人（即营销项目经理），尤其是重点突破的河南，更是派精兵强将上战场，一公司市场部精心策划每一个项目的营销方案，分部的人员全身心投入工作，不遗余力地实施公司的既定方案，一公司的主要领导更是投入了很大的精力，亲临营销工作的第一线，参与营销方案的策划、实施，亲自主持大型项目的运作，付出了大量的心血和汗水。经过不懈的努力，1998年一公司陆续中标了南阳、商丘、漯河、临颍四个邮电项目和河南省人民医院病房楼工程，建筑面积14多万平方米，合同额近3亿元，在河南市场上迈出了重要的第一步。

2. 首战必胜，建立根据地

在培育区域经营的过程中，坚持"杀鸡用牛刀"，高起点进入市场，努力在工程质量、工期、成本、文明施工及服务方面处于当地领先地位，以现场拓市场，以现场促市场，努力达到"干一项工程，树一块牌子，占一方市场"的效果。为巩固开拓的成果，对进入新市场的第一个工程，无论项目大小，公司在人力、物力上都给予充分支持，选派精兵强将，确保首战必胜，建好根据地。

一公司进入河南承接的第一个较大体量的工程是南阳电信大厦，该工程是南阳的标志性建筑，有"豫西南第一楼"之称，为确保这个工程的顺利施工，公司选派了曾任山东银工大厦工程（1999年获得"鲁班奖"）的项目经理担任该工程的项目经理，该工程的速度、质量、现场形象在当地引起强烈反响，地方主管部门多次组织当地施工企业到工地参观，并召开现场会。河南省人民医院病房楼是公司进入河南省会城市——郑州的第一个工程，又是河南省的重点项目，公司选派了曾任山东省图书馆工程（2000年获得"国优奖"）的项目经理担任该工程的项目经理，该工程质量好、速度快、科技含量高、施工文明，获得业主的高度评价，此工程在当地也产生了较大影响，为后来承接河南省委办公楼等工程产生了积极的作用。

3. 创新机制，提供开拓原动力

建立一套既符合企业实际又适应市场发展的营销管理模式，是开拓市场、提高营销质量的重要保证。中建八局一公司将项目法施工的原理向前延伸到工程承揽阶段，制定了《市场营销承包办法》。在待开拓地区设立市场分部，对市场营销工作实行项目法管理，明确营销项目负责人（即营销项目经理）的责权利，确定相应的工期质量、成本目标，严格考核，奖优罚劣，多劳多得，将营销人员推向市场，极大地调动了营销人员的积极性。另外，在职称评定、干部任用上向市场营销人员倾斜，在区域市场发展到一定规模并成立区域公司后，原市场分部人员并入区域公司，担当区域公司的负责人或营销骨干。由于他们熟悉当地市场，不会造成营销工作脱节，使区域经营能够保持持续的发展。应该说，在营销机制上的有效创新是中建八局一公司成功开拓新市场的重要原动力。

（二）挺进西部

1998年，中建八局进行资产重组，将原属公司的塘沽分公司划归局直营，使一公司市场布局不良、区域经营落后的局面更加"雪上加霜"（当时全公司的任务储备 6 亿多元，塘沽 3 亿多元，占近 1/2）。面对新的挑战，一公司提出了"巩固鲁沪，发展中部，开拓两线，延伸西部，完善结构，多元发展"的营销方针，提出用 3 年左右的时间实现"补上、前列、15 名"的二次创业目标，并特别强调尽快使"星星之火"燎原。当年，一公司的市场开拓取得较大突破，在河南市场承接近 3 亿元的工程，安徽市场承接了近 1 亿元的工程，初步实现了一公司对发展河南、安徽两个区域公司提出的既定目标。

为了适应国家西部大开发战略，一公司在总结开拓中部的成功经验的基础上，开始将开拓步伐延伸至西部。一是深入分析西部形势，找准切入点。虽然西部地区短时间内不可能集中大的投资，但随着国家投资导向的逐步西移，将会有许多项目待建，是一个比较大的潜在市场。由于人力等资源的限制，一公司选择了陕西和宁夏两个地区，作为公司改善市场布局、培育区域经营的第二步，即在力争成型中部区域的同时，积极跟踪西部市场。二是选派精兵强将，加大营销力度。三是做好高层对接，为市场开拓打牢基础。经过一年多的不懈努力，一公司在宁夏和陕西市场均取得突破，承接了近 1 亿元的项目，西部市场基本发育成型。

（三）北上南下

基于对北京和西南地区建筑市场重要性的认识，中建八局一公司适时提出了"北上南下"的"第三大战役"。北京是我国的政治、经济、文化中心，市场容量及市场潜力大；广州作为市场经济的前沿阵地，市场运行规范，高手云集。进入广州，是一公司市场开拓战略中"北上南下"很重要的一步棋。创造与高手过招的机会，对于开阔思路、提升企业的经营层次和质量具有深远的意义。

从 2000 年起，一公司坚持"巩固大本营，壮大根据地，开拓新市场，发展多领域"的营销方针，相继开拓了"新市场"——北京、广州，逐步构筑了公司的九个区域市场，即 2 个"大本营"——济南、青岛，5 个"根据地"——河南、安徽、上海、陕西、宁夏，以及 2 个"新市场"——北京、广州。

三、区域化经营的实践效果

通过区域化经营，有效解决了"同城竞争"和"同质竞争"问题。 经过坚持不懈的努力，中建五局除长沙本部以外的其他区域，均只设立保留了一家经营实体，在工程局层面消灭了"同城竞争"现象。同时，中建五局将区域化与专业化有机结合，根据实际情况对区域公司的专业定位及专业公司的区域划分进行合理界定，避免专业之间、区域之间的交叉与重复，在工程局层面消灭了"同质竞争"现象。

通过区域化经营，打造成型了"5+3+1"市场格局。 中建五局经过持续不断地优化市场布局，五大战略市场、三大重要市场、一个海外市场的"5+3+1"的市场格局打造成型，既紧密切合了区域投资热点，更有效地促进了资源集聚，形成了支撑企业快速发展的集中、稳定的产出区域。

通过区域化经营，建立完善了扁平集约化组织架构。 经过11次区域整合，中建五局已经形成局总部—子（分）公司—项目部三级扁平化集约型组织结构，经营规模从20多亿元增长到400多亿元，但总部员工一直保持在100人左右。

通过区域化经营，促进提升了集团调控能力和企业竞争实力。 区域整合的实质是资源的重新组合配置，历经11次整合，中建五局总部的集团调控能力得到显著提升，调控遇到的压力和错综复杂的难题也能从容面对，总部商业化取得了成功，总部直营成效显著，局直营公司与子公司已经形成"各领半壁江山"的喜人局面，各单位都以争当本区域前三名为目标，区域竞争形成了有序的良性竞争局面。

通过区域化经营的"三大战役"，中建八局一公司较好较快地完成市场布局。 多年来在市场布局、区域化经营上的被动局面得到彻底改善，形成了东中西相结合、南北方相呼应的九大区域市场新格局，为公司长期持续发展提供了一个较为广阔的市场空间，为公司高质量发展奠定了一个比较坚实的基础。

第三节 区域市场营销

在当今时代，品牌作为一种无形资产，在市场竞争中的巨大价值不言而喻。企业要想在激烈的市场竞争中拥有一席之地，不仅需要有强烈的创品牌意识，而且也需要有强烈的品牌经营意识。企业品牌经营是通过企业品牌实力的积累，塑造良好的品牌形象，从而建立顾客忠诚度，形成品牌优势，再通过品牌优势的维持与强化，最终实现创立名牌与发展名牌。

一、区域品牌化经营

立足区域实施品牌化经营，应从以下三个维度塑造独具特色的企业品牌。

一是打造工程品牌。工程项目是工程建设企业展示品牌最直观的载体。质量是品牌的本质、基础，也是品牌的生命。为在区域打响企业品牌，要求每个区域都要建立有影响力的地标性工程，都要创建现场标准化的看点、亮点工程，都要争取当地最高质量奖项。针对实践中出现的一些不利于企业品牌建设的"刮金"式经营行为，要求各区域公司立足长远发展，由占用资源转向培植新的资源，多做为企业品牌"贴金"的事。经过多年的努力，企业品牌美誉度日益提高，在一些区域更是获得了免试入围有形市场的待遇。

二是打造服务品牌。在竞争日趋同质化的今天，服务已成为企业制胜市场、赢得业主信赖的核心竞争力。企业为客户提供服务，就是在项目管理全过程中提供与产品的生产和使用相关的服务。首先，企业要牢固树立顾客至上的服务意识。要牢记我们的服务对象不是建筑产品本身，不是钢筋混凝土，而是产品的使用者；其次，要把服务意识贯穿在整个生产经营中，把服务覆盖到业主和最终客户等与产品相关的所有对象；再次，要进行延伸性服务和超值服务。业主或用户的一些需要也许不是合同约定的义务，但只要对大业主大项目业务的拓展有利，就要主动跟上去，帮业主排忧解难。为此，公司要求各区域务必坚持诚信服务，规范经营，力求建一个工程，交一批朋友，扩一方市场。中建五局承接工程中有相当比例都是在老客户手中延伸下来的后续项目，客户对企业品牌的忠诚度不断提高，诚信经营的效益日益显现。

三是打造区域品牌。落实区域求优，并注重在内部树立标杆。中建五局通过开展"子公司学三公司，分公司学广东公司"活动，众多的明星区域开始在全局脱颖而出，形成了你追我赶的良性竞争态势。在根据区域公司经营情况进行分类授权的基础上，2009年出台了分支机构类别和干部职级管理办法，将全局分支机构按经营情况划分为四个类别，全局17家二级分支机构、27家三级分支机构经考核后全部定级就位，营造了"危机永存，不进则退"的发展氛围，特别是27家三级分支机构中，按传统行政级别概念提升职级的达11家，起到了很好的激励作用。

在具体操作上，中建五局主要通过大力实施CI战略，以企业特有的视觉识别系统覆盖企业各个场所，特别是强化项目CI创优工作，展示企业的实力和品牌，有效实现了延伸市场的目标。在实践中，更是率先在全系统提出"经营工地"的全新理念，通过精心的整体策划和精致的细节安排，用经营的思路和手段来展示施工现场，塑造过程精品，演绎项目文化，从而在吸引众人眼球的同时，也赢得了实实在在的订单。

二、市场营销管理

工程建设企业的行业经济是一种"订单经济"，工程合同额是一项重要的经济指标。因此，在建筑施工企业里，"订单"是需要时刻思考的大事。即使有了工程项目，还要想着"订单"。因为企业要持续发展，市场必须是持续的，这关系到企业的发展前景。

有些企业承接的工程项目数量不稳定，时多时少，或者所接项目的商务质量不高，或者风险很大，就会削弱企业持续发展的能力。可以说，市场营销是工程建设企业排在首位的重要工作,市场营销管理也是工程建设企业管理链的重要组成部分。

(一)营销队伍建设

提高营销质量,离不开一支高素质的营销队伍。现代企业的资源配置结构已经由过去的"纺锤型"变为"哑铃型",对工程建设企业而言,营销更是分量最重的一端,必须在人、财、物的配置上给予重点倾斜。不仅资金上优先保证,装备上力求精良,更要舍得将最优秀的人才放到营销岗位,切实加大培养和建设力度,形成一支贴近市场、善于攻坚破垒、能不断拿到订单的王牌营销经理队伍。

营销人员数量要占到企业管理人员总数的10%,以较为充足的数量来扩大企业对接市场的宽度和广度。因为建筑企业主要的三件事:接活、干活、算账收钱。一个单位的营销为什么打不开局面?最根本的原因是营销队伍建设没有跟上。营销不能光靠一个人,人数不够,营销是打不开局面的。营销工作应是经常性的、持续性的工作,所以营销人员数量必须要达到企业管理人员数量的10%。

同时,要加强对营销队伍的培训工作,通过举办专题讲座、组织学习交流等多种形式,提供互相交流、取长补短的机会,提高营销人员的业务素质。

(二)营销机制建设

在营销机制建设上,一要推行营销经理责任制,将项目营销责任落实到个人,按项目核算营销费用、考核业绩、兑现奖罚,增强营销人员的压力。二要搞活分配机制,对专职营销人员,要逐步实行底薪加提成的分配制度,同时,进一步完善营销奖励办法,对少中介、大体量、高质量的项目,要加大奖励力度,进一步发挥激励和示范作用。三要通过承包机制创新、分配机制创新,调动项目经理这一特殊群体的营销主动性和积极性,为开创企业营销新局面提供新鲜血液和有力支撑。

企业在总结实践经验的基础上,按"小项目不奖、联营项目少奖、大项目多奖、好项目重奖"的基本原则，修订出台了营销奖励办法，对规范营销奖励程序、进一步提高营销质量，起到了积极作用。同时，加大了营销考核力度，并着重要求奖罚要及时兑现，营造了公开、公平、公正的制度环境，加大了营销人员干事创业的积极性。

（三）市场营销"三制"建设

市场营销的"三制"是指营销经理责任制、营销项目立项策划制和营销费用核算制。企业通过内部大力加强营销经理责任制、营销项目立项策划制、营销费用核算制，将项目管理原理往前延伸到营销阶段，加强对营销进度、质量、成本的管理，使立项到签约的营销全过程得到有效控制，为提高中标率奠定了基础。

营销经理责任制。每个项目都确定一个营销经理，营销经理相当于"导演"，由他来导这个"剧"，领导都是"演员"，都要由营销经理统筹安排角色，不能"跑单帮"。

营销项目立项策划制。根据项目实际情况,定期拜访业主,定期联系客户,以保持与业主、客户之间的良好关系，进而跟进项目进度，达到策划的作用。例如有的营销经理每月有一个拜访业主的罗盘，每天转到哪了，该拜访了就去拜访。要定期拜访，有时候打个电话，也是拜访，要定期联系，不能有事才联系，这就是策划的作用。另外，策划还可将决策层、操作层和信息层一步一步串联起来。

营销费用核算制。这是管理机制的问题。营销需要成本，经费使用要合情合理，"钱要用在刃上"，该花的钱就花到位，如果该花一元的只花到八毛，结果这八毛钱就等于零了，但花到一块二了，多花的两毛钱就不值了。

控制营销成本如同吃饭点菜，需要用心。如果一桌菜还剩了三分之一的量，这份菜的钱就该由点菜人承担，这就使得点菜人要研究用餐者的习惯，是南方还是北方的口味，饮食习惯是什么。既没有造成浪费，又给人的感觉很好，说明东道主非常用心。所以菜不是点得越多越好，越高档越好。营销成本费用核算不是越少就越好，而是要提升营销水平，达成最小的营销成本获得最大的营销效果。

（四）营销信息"三类"管理

营销信息可分为 A 类信息、B 类信息和 C 类信息。

A 类信息。即半年以内进入投标的重要项目信息，A 类信息中标率不能低于三分之一，至少要有三分之一的中标把握才能算为 A 类信息。这种分析要求公司在介入前对项目进行仔细分析和判断。项目投完标以后，要像围棋一样再复盘，分析为什么中标，为什么没中标，进而总结出经验和教训。

B 类信息。即区域公司或专业公司从 C 类信息中筛选出经立项批准并重点跟踪的项目信息，信息跟踪前要调查业主的资信、资金来源、经营情况、项目情况等。

C 类信息。即营销经理从市场中搜索回来的经分析拟跟踪的项目信息。

总而言之，营销体系要建立起来，就需要对各类信息进行分门别类地管理，以达到最大利用率。

（五）市场营销的"三大"策略

市场营销的"三大"策略，即大市场、大业主、大项目策略，强调项目选择上的理性化。作为中央企业，作为国家队，要着力培育核心竞争力，提升竞争的层次和品位，力求在高端市场上占领一席之地，不能永远混同于一般工程建设企业，在低水平、重复、恶性竞争中勉强维持生存。

当前正处于全球经济一体化的时代，国家正在加快转变经济发展模式，鼓励发展具有国际竞争力的大企业集团。各种经济资源正越来越集中于大型的行业龙头。作为国民经济的支撑产业，我国的建筑业也越来越呈现集约化、规模化的趋势。作为一家国有大型建筑企业，如果要想跻身于龙头企业的行列，其经营规模必须要有大业主、大项目的强力支撑。

大业主有超常的发展速度，对工程建设企业有很大的带动力，而且能在自己的发展中兼顾合作者的利益，给施工单位留有合理的利润空间。大业主的大项目一般有较好的合同条件，特别是资金支付条件。对接大业主、承接大项目可以让我们在适合自己身量的河流中游泳，避开低端市场中没有实力和不遵守市场规则的无良业主。承接大业主的大项目是全面提高企业运营品质和管理水平的需要。发展大业主、大项目业务是打造企业品牌，提升企业社会影响力的捷径。

立足大市场，紧跟大业主，承接大项目，不仅是改善项目体量和结构的问题，而且是事关企业发展规模、发展速度、发展品质的大问题。

（六）市场营销的"三级对接"

三级对接指的是总部、区域、项目经理部（主要指的是营销经理部）这三级之间的对接，这三个层级各有不同的功能和职责，不能一个级别"包打天下"。

当今市场营销在很大程度上属于立体营销，必须是团队协同作战。个体和各个层级该什么时候出场就什么时候出场，没到一定的"火候"出场就会出现浪费资源或者导致负面影响的情况。在建筑市场的营销体系中，总部有总部的职能，区域公司有区域公司的职能，营销经理部有营销经理部的职能。特别是营销经理部每一级都要有。在公司担任营销工作的员工思路要非常清晰。如果一人包打天下，会给客户造成"跑单帮"、个人承包的印象，可能导致公司信誉下降。

企业主要领导要出现在市场一线，但营销体系一定要完善，公司主管市场营销的副总经理是市场一线最主要的责任人。分公司有营销经理，但分公司经理也要参与营销，分管营销的经理主要负责，然后还有市场营销部经理，要建立起完善的营销责任体系。

（七）市场营销的"三层运作"

三层运作，指信息层、操作层、决策层要分层对接、专人对接。信息层由信息层的人对接，操作层由操作层的人对接，决策层由决策层的人对接。当三层对接之后，要对回馈的信息进行汇总分析，并进一步核实信息的准确性。

建设工程市场营销是一种"没有硝烟的战争"，有些信息是竞争对手放的"烟幕弹"，如果没有三层对接，只是单层对接，那么信息就可能被隔离了，导致难以辨别真假，最终导致整个企业的利益受损。所以一定要多层对接，并做好分析与总结，才能不打败仗。

三、市场营销理念

三次经营与"三次互动"主要是指：一次经营抓市场，二次经营抓现场，三次经营抓清场，市场、现场、清场这"三场"相互影响、相互联动。

（一）"三个角度"的理念

所谓三个角度的理念，就是：站在市场的角度把握问题，站在业主的角度思考问题，站在企业的角度处理问题。

一是站在市场的角度把握问题，要根据实际情况对市场进行细分，把握市场需要什么产品和服务，企业有哪些优势，适合进行哪方面的服务，通过对这些问题的思考来把握市场情况，制定营销战略。

二是站在业主的角度思考问题，必须是建立在对业主的把握，甚至对关联方的把握上，每个地方都要建立在对市场、对业主深度把握的基础上。营销人员的谈判，建立在平时的知识积累上，要认真研究业主的真实需求和关键需求，想业主之所想，做业主之所需。这样才能赢得业主的信任和支持。

三是站在企业的角度处理问题。作为大型建筑企业，必须要有大企业的风范和规范。站在企业的角度思考问题，营销工作就要尽量做到认真细致，不能大而化之。企业需设身处地思考自身有无实力条件，有无可打动业主的优势。

三个经营角度对营销人员的要求是非常高的，要求站在市场的角度来把握问题，要求对市场要有冷静的分析，要求对业主要有透彻的了解，要求对企业要有无限的忠诚。站在业主的角度思考问题，比如说业主是房地产开发商和政府，两者考虑问题的角度不同，政府看政绩，工期进度很重要，房地产开发商看造价，成本很重要。所以不同业主要求的重点不同，企业在营销时要有所不同。

（二）"七个营销"的理念

企业营销战略是企业市场营销管理思想的综合体现，也是企业市场营销决策的基础。制定正确的企业战略是研究和制定正确市场营销决策的出发点。企业营销理念是企业战略的重要组成部分，它引导着员工顺利营销、有效营销。企业营销包含以下6个营销理念：

1. 全员营销

企业全体员工一定要树立全员营销的意识，要有一种紧迫感和责任感，要积极行动，认真开展大项目营销工作。工程建设企业的发展要从发展质量和运营质量等方面来衡量。特别是当企业具备了一定的条件，企业员工更要迅速行动，加入全员营销的队列中来。"悠悠万事，市场为大"，因为企业没有市场和合同额，企业的发展就会受到限制，就会走入困境。因此，企业领导层高度重视要求全体员工把市场营销工作放在头等重要的位置上，并且要放在永恒重要的位置上。在市场上取得订单需要长期而艰苦的努力，有的项目可能要三五年甚至七八年。此外，基层人员包括分公司人员和项目部人员，每名员工都要有市场意识。但是，"全员营销"并不是要求每个人都出去跑市场，而是要求我们每个人都要有市场意识，包括从事施工的、从事技术的所有人员都要有市场意识，只有这样，才能提高企业的营销能力，才能提升企业的竞争力。

2. 信心营销

"两军相遇勇者胜"说的就是信心营销。企业要提倡敢于与强者交手、敢于与高手争锋、敢于亮剑，在大项目上一争高下。例如，2002年中建五局给广东分公司确定须达到6亿元合同额的目标时，公司只有2亿元的营业规模，但是企业领导层根据战略目标的要求，改变营销战略，不接小项目，只接大项目，预计3年完成的计划指标，一年就完成了。思路决定出路，盯准了大项目，有营销信心，就会促进企业的发展。因此，企业一定要树立"信心营销"

的理念。

3. 目标营销

目标营销是指企业在市场细分基础上，通过评估分析，选定一个或若干个消费群体作为目标市场，并相应地制定营销策略的过程。大多数企业对自己力图满足的消费者有了更清楚的选择，从分散地使用营销资源，到将资源集中于最有潜力的消费者群体（目标市场），即从对市场不加区分的广泛市场营销转为"有所为、有所不为"的目标营销，即企业识别各个不同的购买者群体的差别，有选择地确认一个或几个消费者群体作为自己的目标市场，发挥自己的资源优势，满足其全部或部分的需要。确认目标后，就要认真分析，与竞争对手进行对比分析，找到我们的长处，并调动一切资源为企业所用。

4. 体系营销

体系营销主要是指建设企业的组织体系、机制体系系统性地进行市场营销，包括信息跟踪、分层对接（信息层、操作层、决策层）、ABC分类法（A类项目信息为重点跟踪对象；B类项目信息为重要关注对象；C类项目信息为长期关注对象）等进行营销。

一个营销项目明确一个主要负责单位后，整个企业要共同努力，积极配合，分级分层攻关，相互促进，企业上下联动开展营销工作。每次大项目营销会后，市场营销线要接着召开专项专题会和分析会，要与二级单位联动，分层级、分项目、分专业地就方案、报价、差异化服务等问题进行深入研究，要将集团营销工作落到实处。另外，召开营销方面的会议，营销人员需统一着装，西装革履，形成习惯和制度。营销人员是企业的形象代言人，营销人员要体现企业的精神风貌，营销人员一定要是企业的优秀人才，不能代表企业形象的人就不能从事企业营销工作。

5. 品牌营销

工程建设企业的每个区域都要争创自己单位的鲁班奖和国优奖，特别是在市场上能为争取大项目加分的荣誉，拿得越多越好，这样企业的市场竞争力才能强。

现场与市场的互动是个永恒的话题。现场与市场的互动具有普遍意义，只有现场干得好，才会有市场。区域与区域之间的互动对企业的营销也产生重大影响。企业的战略业主往往是跨区域投资的，在信息化社会，项目上存在的问题马上就能传递出去，跨区域的业主肯定不会与存在问题的企业合作。因此，企业下属单位凡是因为一个区域的问题，影响到其他区域承接任务的，一定要受到批评和处罚；凡是一个区域为其他区域带来业绩和客户资源的，一定要受到表扬和奖励。同样，专业联动也十分重要。

因此，企业的市场与现场、各区域之间、各专业之间都要相互联动、相互支撑。只有把现场的问题解决好了，才能有市场；只有区域联动了，专业联动了，才能提高全局的竞争力。尤其是要多争取大项目，多拿能创建鲁班奖和国优奖等的项目，为品牌营销奠定基础。

6. 文化营销

企业文化是一个企业的软实力。企业要将自身的文化软实力变成市场竞争的硬实力，共同维护好企业的品牌和形象，进行文化营销。企业要利用自身文化体系与大业主文化体系的共同性，找到与业主的共鸣，进行文化营销，通过这一途径能更快更迅速地为企业争取到大项目。

四、市场营销能力

实践表明，企业能够长期存在并保持稳定、持续发展，需要有深厚的基础作支持，即企业具有核心竞争力。工程建设企业的市场营销是一个实力竞争的过程，做好企业的市场营销需要有很强的市场营销竞争力。因此，市场营销能力是企业核心竞争力中最重要的构成要素。

工程建设企业市场营销能力是由多种能力构成的，主要包括：工程产品创新开发的能力、工程质量管理能力、项目成本管理能力、人力资源管理能力、品牌管理与传播能力、供应链管理能力、营销与传播能力等。构成建筑工程市场营销能力的各种能力要素有不同的工作重心，同时互相关联，互为支撑。工程产品创新开发的能力表现为根据建筑市场需求和企业的市场定位、发展战略驾驭技术创新与应用的方向和速度的能力。

工程质量管理能力不仅体现在工程符合技术要求和建筑规范上，还表现在以业主为中心，满足工程服务的性能，即根据业主的需求与期望来塑造和控制建筑工程产品或服务的性能。这里所说的质量包括了工程导向的质量和市场导向的质量。

项目成本管理能力表现为在质量控制标准下，使用最小的成本产生最大的效益，实现人工、材料、机械等生产要素的最优化配置，同时还表现为在不可预见或不可抗拒的条件下，防范成本风险的能力。

人力资源管理能力主要体现在是否能"以人为本"，是否能做到"知人善用"，从而能够"人尽其才"，实现人力资源价值的最大化。

品牌管理与传播的能力是要把可充分展示企业产品、形象、人才等各种优势集成并向外发布，获得宣传效果的能力。强有力的品牌管理与传播能力可以为企业带来巨大的非价格竞争优势。因为通过品牌及其传播可创造差异化优势，在市场营销竞争中获取战略性、潜在性市场。

供应链管理能力对工程建设企业来说，是实现工程质量控制和项目成本控制的基本能力。供应链管理能力还具有"间接性"特点，表现在为市场营销竞争提供产品力和销售力。

营销能力是使企业产品进入市场消费终端的能力，实际上也是一种传播能力。建筑工程产品的营销传播要实现企业与业主之间连续、有效的双向沟通，逐渐提升品牌的知名度和美誉度。

能力决定绩效，绩效反映能力，市场营销能力与市场营销绩效是相对应的。市场竞争力也可用公式 $W = M \cdot (P + P')$ 表达，这里 P 是将企业的生产能力设定为一个恒定的量；P' 是企业的外部生产要素和生产资源两项之和，乘以营销力 M，就是企业的竞争力 W。如果企业的生产力 P 和外部生产要素 P' 恒定不变，营销能力 M 就决定了企业的竞争力，这充分体现了市场营销的重要性。

（一）市场营销的"八战术"

企业营销策略即战术，是企业以顾客需要为出发点，为实现企业营销目标而有计划地组织各项活动，包括以下 8 个方面：

1. 寻找目标

这是指企业在市场营销过程中首先要分析市场，怎么样去选准你要的目标，接着对市场进行细分，企业最需要的是什么，最好的项目是什么。韦尔奇曾说过一句话："只要我们敢于朝着那些不可能的目标不懈努力，最终往往会如愿以偿。哪怕我们最后没有实现这一目标，我们也会发现，最终的结果远远比我们预想的要好得多。"这说明了目标的重要性，因此，我们要选择性地对目标进行正确分析。

2. 分析谋划

"凡事预则立，不预则废"，在营销之前营销人员要分析、谋划、策划，因为企业的项目立项要策划，投标阶段要策划，投标决策之前要策划。投标之前必须要准备策划书，在准备过程中对比分析自己与竞争对手的优、劣势，做到"知己知彼，百战不殆"。

3. 检讨提高

市场若有变化，营销策划书就应该跟着改变。策划书是营销工作的指导书，要根据实际情况的变化而变化，持续提高营销能力。

4. 展己之长

向外界展示自己的长处。企业推介自身一般分三步走：第一步概述企业及其历史；第二步介绍企业经营结构和市场布局，展示自身的硬件与优势；第三步展现企业文化软实力。推介企业时，还应针对项目展己之长，把自身的优势特点表现出来，让听众感受到企业的真诚，主动表达合作意愿。展己之长时，客户最关心什么，我们就展示什么，不能乱编，不能弄虚作假。

5. 说服他人

营销人员的说服能力非常重要，说服他人的技巧同样非常微妙，包括个人的面部表情与眼神。但是"己所不欲，勿施于人；己所盛欲，勿施于人"。企业营销要学会掌握一个度，如何在"说服"和"勿施于人"之间做出选择。

6. 合纵连横

实际上就是营销人员要多与他人合作，企业要与其他企业合作，互相配合、共同作战。《古今贤文》里面有这样一句："一花独放不是春，百花齐放春满园。"这就是说团队里没有个人英雄，营销是一种团队行为，不是个人行为，虽然营销经理的作用非常重要，但是仅仅靠个人英雄是打不出天下的。企业做不好、出问题，就是因为没有依靠团队，团队的力量是无穷的。

7. 暗度陈仓

营销人员可通过放烟幕弹，或者放假信息，声东击西，这样也是必要的，兵者诡道也，是一种策略。

8. 注重礼仪

营销人员要做到最起码的商务礼仪，不能失礼，有时候一点失礼，也许就错过了营销的最佳时机，造成损失。职业者要了解和掌握基本仪表、电话礼仪、拜访礼仪、接待礼仪、宴请礼仪、赠送礼仪、会议礼仪、签约礼仪等。

（二）营销工作的"十环节"

市场营销工作有广义和狭义之分，广义的市场营销涵盖企业管理的各个方面，狭义的市场营销是指工程建设企业的一次经营，即"接活"。从狭义来说，市场营销工作有以下10项内容或者说包含了10个环节，即信息收集、分析立项、跟踪策划、标前评审、投标组织、标书编制、营销公关、招标定标、合同洽谈和合同交底。

1. 信息收集

信息的来源是否广泛是做好市场营销工作的基础。信息的收集可以从业主、项目上得到，也可以从网上查国家发布的投资信息，还可以从设计院、监理公司，甚至亲朋好友中获得信息，从研究国家的经济发展趋势、国家的政策投资导向等方面捕捉信息。

2. 分析立项

当今社会信息非常多，但很多是没用的、过时的"垃圾"信息，怎么样进行管理呢？可用"ABC"管理法，对信息进行分类，针对不同的信息，实行不同的管理办法。针对 A 类信息，必须要了解业主、工程的基本概况、地理位置、投资规模、结构特点、技术难点、业主的决策程序、决策人员，甚至决策人员的社会关系，亲戚朋友在哪里工作，企业中标的可能性有多大等。

属于 A 类信息的工程投标，就算不能做到百发百中，最低的中标概率也应该达到 1/3，投三次标一定要中一个。因为针对不同的信息类别，企业的投入也不一样，对于 A 类信息一般都要有策划书，即项目管理的策划书，要建立档案，以备查询借鉴。B 类信息就是一般信息，经过筛选，上升级别，最终上升到 A 类信息，再去管理，然后再投标、中标。A 类信息、B 类信息和 C 类信息的比例关系是 A：B=3，B：C=1：3。这样一个比例，10 个信息要中 1 个标，要这样分析，才是理性经营。对信息的管理非常重要，但是往往容易忽视这个问题，对信息缺乏必要的筛选分类，以致劳而无功，陷于被动。只知投标的辛苦，未尝中标的乐趣。

3. 跟踪策划

对信息、客户的调查与了解只是承接工程的初步工作，分好类的信息怎么去跟踪是十分关键的。信息跟踪一定要采用相关联法，也就是通过掌握的信息去了解更多对工程承接有利的方面。就像有句话："绕过小鬼拜真佛"，还有一句话："菩萨好求，小鬼难缠。"有时候我们在外围耗费了很多的精力，但没找到"真佛"。找到"真佛"好好拜一下，是很灵的。找不到"真佛"，见了"小鬼"就去拜，那就完了，信息跟踪和关系对接一定要有重点。为什么有的市场开拓老是打不开局面，就是找不到"真佛"，这说明信息的跟踪策划非常重要。

4. 标前评审

领到招标文件以后，投不投标，甚至领不领招标文件，企业都需要认真决策，也要经过一定的决策程序，不能由一个市场营销人员就决定，所以要做标前评审。

5. 投标组织

投标组织包括从领取招标文件、组织编制标书、标书密封盖章、标书投递送达到开标答疑等全过程工作的组织。领回招标文件以后，对招标文件要详细分析、详细答疑，对于招标文件，有些语言表述千万不能想当然，不能囫囵吞枣，一定要认真分析，投标的主要负责人要认真组织安排答疑。企业可设立领导小组，下面设有投标小组、协调沟通小组，投标小组下面又分技术标、商务标等，最后汇总。不管是中标还是没中标都应该就项目投标进行工作总结。

6. 标书编制

现在的标书是越制作越精美，但万变不离其宗，标书编制应围绕中标才是硬道理。每个项目招标投标办法是不一样的，每个地区也不一样，一般分为商务标、技术标、业绩综合标三个部分。既要仔细分析项目招标投标办法，确保编制标书不漏项、不扣分，又要充分体现企业的投标针对性优势，确保编制的标书有亮点、能加分，既应尽可能争取中标，还应为中标后的二次经营创造有利条件。

7. 营销公关

一是要做好营销策划。有的营销书上讲的是拜访客户计划，也就是客户回访计划。中国台湾有一个陈安之，是一位营销大王，写过一本书，叫作《超级成功学》，谈到拜访客户有当面拜访、打电话、逢年过节发短信等方式。当时他培训营销人员，主要是强调事业心、责任心的问题。要求：第一步，一天要发出去100张名片，要回来100张名片。第二步，每天打这100个名片上的电话，推销你的东西，打电话的时候要西装革履打好领带，就如同是当面拜访一样。他训练营销人员就是这样训练的。名片发出去容易，收回来就有难度了，收回来以后还要打电话，这个要求就更高了。说有个人打电话，打到第77个电话仍然是一事无成，打到第78个电话时，他的声音都变了，那种渴望成功的心情已经上升到一定高度了。这种变化是有原因的。因为一个人在开始阶段，他说话可能还是轻飘飘的，到最后，他说话的恳切程度就完全不一样了，因为心情完全不一样了。陈安之有一次约定晚上10点给一个客户回电话，本来已经躺下了，忽然想起来，就赶紧爬起来，穿好西装打好领带后才开始打电话。电话打完了以后，他老婆看着他这个样子就说，人家又看不到，你打电话就打呗，还穿成这样干什么。他说这不一样，这是对别人的尊重。虽然你穿西装打领带别人看不到，但是对方肯定能感受得到。有的人讲电话时懒洋洋的，心不在焉，人家肯定会感觉到不舒服。所以，拜访客户一定要有个计划，还得有个效果评估，现在很多营销工作没有成功，就是缺乏营销策划。

二是要做好分层运作。一个项目能不能运作成功，关键有三个层次：决策层、操作层、信息层。现在市场竞争越来越规范，越来越激烈，即使所有的信息层和操作层都替我们说好话，但是决策人一直没说话，也不可能取得成功。营销工作是一种高智商的劳动，十分辛苦。几个层次不一样，对每一个层次的对接策略也应该不一样，每一层次运作的方式也是不同的，需要仔细研究。市场营销工作如果仅仅是花钱，那就太容易了，花钱买就是了，还要那么多营销人员做什么呢？信息层运作很重要，信息层还有外围的。一般来讲，业主有主要领导，一般分管基建的领导，基建办的处长、科长、办公室主任，还有一般工作人员。怎样挖掘真实的信息至关重要，必须去伪存真。三个层次既是分开运作，又是相互关联的。

三是关注客户需求，即对客户细分的策略。就客户中的每一个人来讲，我们也可以把客户分为业绩型、实惠型、交际型、儒雅型、庸俗型，这是从个体上分的。有的人比较讲业绩；有的人需要实惠；有的人需要吃喝玩乐，是交际型；有的人比较儒雅；有的人比较庸俗。要取得业主的信任，你就要投其所好。有的放矢，不能千篇一律，以不变应万变。

四是做好关注竞争对手工作。《孙子兵法》讲：知己知彼，百战不殆；不知彼而知己，一胜一负；不知彼不知己，每战必殆。所以关注竞争对手很重要，但竞争对手有时候也会声东击西，敌中有我，我中有敌。所以定标的过程，决策的时候一定要注意保密。因为知道的人多了，不一定是你本人会特意去告诉竞争对手，有可能无意中说出来，被第三者听到了，再传到对手那里。投标过程是一项智慧竞争的活动，不关注对手，盲目投标，是不行的。要掌握方式。现在关注竞争对手还有一个远交近攻、战略联盟的问题，一家包打天下的时代已经一去不复返了，一个企业，如果树敌太多，是不行的。

8. 招标定标

投标决策是非常重要的，现在有的单位盲目决策，一味地降价，价格越降越低，降到线下面去了，同样是中不了标的。缺乏组织程序，保密意识不强，也会使投标失败。投标决策报价要给以后的二次经营留有空间，这样的决策，既能低价中标，又能争取到好的效益，比如说我们常常采用的不均衡报价法等。一定要根据不同情况，认真研究评标办法。决策不能由一个营销经理就决定，要经过一定程序来决策。这个程序，不见得非要根据职位高低来决定，而是希望经过"走"这个程序以后，会使我们的想法更加全面、更加完善，这样也就更容易中标。

9. 合同洽谈

工程建设企业处于被动地位，往往业主说什么就是什么。谈判的时候，就算是处于被动地位，我们也可以争取主动。谈判时要抓住别人的心理，取得别人的信任。要避开锋芒，绕开困难，采取迂回战术。比如有一个工程，业主是家上市公司，有一家公司去谈合同结果没谈成，原因是业主当时要600万元的保证金，他们拿不出，就反复在这个问题上讨价还价。他越这样，业主越对他不信任，认为他们没实力。谈合同阶段，这些问题肯定是不能谈的。后来改由我们去谈。尽管业主很自负，无论是企业管理方面还是企业实力方面他都认为自己是很不错的，当时我们就抓住对方这一点，一开始就表明，你这个条件我们是反对的，如果仅按这个条件来签约的话，我们不会替你干这个项目。我对他说一般这样的业主我们认为有两种情况：一是业主没实力，虚张声势，靠施工单位的钱来运作；二是业主不讲理，管理不行。实际上，我是故意激他才这么说的。果然，他马上就说，你这个就说错了，我们先不谈了，我带你去我们公司看看，变成我考察他了。回来接着谈，我就说既然你们确实有实力，又很讲理，600万元没问题，因为这个叫履约保证金，必须先签完约我们才付600万元保证金。他说那你们有没有钱、什么时候能付啊？我说签完约3天之内钱就到你的账上。他看我答应得痛快，那肯定是有钱了，之后几个条件就谈完了。其实这个业主的关注点就在这里，其他的并不是很关注。后来我说这个我们让步了，其他的条款你们要让一点，他说没问题，预付款也马上就给了，那600万元保证金一个星期以后就退给我们了。所以谈判技巧很重要，要有进有退，不能只盯着一个地方，要从大局出发，大的方面不能让步，小的事情要显得大度，让就让一步，松懈对方的警惕性。大的方向要把握住，不能太小气，如果失去对方的信任，这个损失就大了，权衡利弊时要放在全盘里面去考虑。就像下围棋，如果老是盯着去吃对方的棋子，你将必输无疑。凡事都要有进有退，打仗是这样，下棋是这样，做生意是这样，我们接项目也是一样的，要注意谈判技巧。此外，谈判的礼貌问题也很重要，谈判时坐的位置也很重要，最好是在会议室或者是中间地带，坐也要坐到比较合适的位置，不要坐在角落里，不要畏畏缩缩，谈吐要得体。

谈判的时候需要一个团队，也要有一个主谈人。我们往往谈判的时候分工不明确，去了几个人，你说我也说，我嫌你没说全，他嫌我没说对，大家争着说，乱七八糟，很容易被对手攻破。一定要有个主谈人，让人一看就比较有序，给对手一些威慑，不让他胡言乱语。对手给你出些难题，你要沉着应对。有时候突然出现一个问题，你感觉没有把握的时候，先看同行的有没有高招，不要盲目出击。实在几个人都没作准备，也没关系，可以委婉地表示这个问题还需要再斟酌一下，另定时间再答复。

谈判的时候搁置争议问题，也很重要。谈判时可以把有争议的问题分离出来，先达成没有争议的，再解决有争议的。你要时刻想着我是代表企业来谈的，不是代表某一个人来的，这样力量会更强大，你就会理直气壮，把你的意思更好地表达出来。注意语言表达上不要着急，想好了再说，谈吐要得体，表达要清楚。

10. 合同交底

合同谈妥不表示"万事大吉"，还要组织两级合同交底：一是要求企业对项目经理进行全面的主合同交底，包括投标报价、合同主要条款谈判情况、项目承接营销情况及企业层面的降本增效预计等，制定出切实可行的施工、现场、商务、资金等四项策划，力求实现预期目标；二是要求项目经理在上级交底的前提下组织对全体项目管理人员的二级交底，让项目各岗位员工清楚项目承接的整体合同状况及各岗位的履约目标，制定出项目各岗位的责任目标和落实要求。

市场营销工作的 10 个环节，每个都不能漏，每个都要做好，才能促进企业一次经营效益最大化。

第六章

专业化战略与转型升级

　　专业化是建筑行业发展的一大趋势。目前市场进入存量化时代，一味地贪大布局、跨界经营，未必是实现可持续发展的良策。放弃是一种智慧，有所不为才能有所为。专业化战略是指企业在自己擅长的专业领域做深做精，集中所有的资源与能力带动企业的成长。专业化发展需要企业不断提升专业技术实力、管理能力，不断积累专业技术人才，形成差异化的特色技术优势，从而获得市场竞争胜势。

第一节　企业转型升级

工程建设企业的"订单式"特性决定了建筑业是一个投资依赖性高的行业。改革开放以来,伴随着国民经济持续快速增长、固定资产投资规模高位运行的步伐,走过了快速发展期,实至名归地成为国民经济支柱产业之一。

然而,当前建筑业的发展面临重重挑战。全球经济正处于振荡复苏阶段,经济格局正发生深度调整和深刻变化。中国经济在矛盾中前进、在调整中发展,在相当长一段时间内,基于宏观经济层面的不确定因素增多,国家宏观调控将处于常态化,中国经济发展大势将呈波浪式前进,支撑中国经济发展的"三驾马车"之一的投资将出现周期性变化,给投资依存度大的工程建设企业带来相当的压力。同时,普遍存在的人工成本和原材料上涨、劳动力资源短缺等因素进一步加剧行业风险,行业的可持续发展问题日益凸显,加快推进企业"转型升级"成为建筑业发展的共同课题。

我国建筑业产能过剩严重、行业集中度高、劳动力人口老龄化等问题仍比较突出,高投入、高消耗、高排放、低效益的粗放生产方式,与"创新、协调、绿色、开放、共享"新发展理念要求不符。面对我国城市化革命高速扩张期结束,新一轮科技化革命加速融合,工程建设企业必须要走出一条内涵集约化的高质量发展之路,企业的"转型升级"依然在路上。

一、企业转型升级的必要性

企业的转型升级实质上是一种战略的选择,主要体现在三个面:一是经营结构,二是发展方式,三是商业模式。

企业是以盈利为目的的经济组织,通俗地讲,经营结构的转型是解决"干什么"的问题,即进入行业与提供产品(服务)的选择,包括专业化与多元化的产业选择、单一化与多元化的产品（服务）选择。发展方式的转型是解决"怎么干"的问题，即企业生产经营采取的方法与形式，也就是选择什么样的生产关系打造核心竞争力（速度、规模、质量、效益、品牌等），才能赢得市场、做强做大。商业模式的转型是解决"怎么赚"的问题，即选择什么样的企业盈利模式，选择什么样的价值创造逻辑。

简要分析中国施工企业的盈利模式，其阶梯式演进大致可分为五种：施工承包商模式（企业按图施工）、工程总承包商模式（EPC、BOT、BT等）、工程建设服务商模式（建设管理CM、项目管理服务PMC）、产业发展商模式（房地产开发商，要求具有资本运营能力）和城市运营商模式（城市综合体运营商，要求具有规划设计、投融资、城市开发、城市建设、资产运营等集成能力）。这五种模式一定程度上也反映了企业在价值链环节的转型升级。

可以说，进行城市经营、拓展城市综合体和城镇综合社区建设项目开发业务，既是大型施工企业实现企业转型升级的有效途径，又是新时期、新形势下开展工程建设联合体的创新方式。所谓城市综合体，就是将城市中的商业、办公、居住、旅店、展览、餐饮、会议、文娱和交通等城市生活空间的三项以上进行组合，并在各部分间建立一种相互依存、相互助益的能动关系，从而形成一个多功能、高效率的综合体。城市综合体被称为"城中之城"，囊括了诸多产业和产业链，其蕴含的价值与收益具有巨大想象空间。而城镇综合社区就是一个完全具备居民工作、生活条件和城镇正常运行的多功能、全天候的城市片区。进行城市综合体和城镇综合社区的开发不仅可以实现产业链的延伸，占据产业链高端，获取较高利润，还能有效促使企业由单一建筑施工业务转向相关多元化经营，由竞争残酷、利润微薄的"红海"（建筑施工承包的同质化竞争）转向产业高端、利润相对丰厚的"蓝海"（投资开发的多重能力比拼），进而有效地发展壮大自身，实现真正的脱胎换骨。业内实力雄厚的施工企业竞相抢滩该业务，把城市综合体建设定位为经过规模、质量型发展模式后的另一种可持续发展的新模式。

企业面临着如何在竞争日益激烈的建筑市场中谋求发展的难题，必须加快转型升级步伐，迅速全面提升现代化企业管理能力，才能真正奠定有利的市场竞争地位。

二、企业转型的方向选择

对于国有企业的转型升级，国家早就有要求，地方政府也在促进"发展方式转变"。作为大型建筑工程施工企业，重点应当是价值链环节的转型升级。特别是"国企""央企"，更应该明确方向。一般而言，谁占据了产业链的高端，谁就能在行业竞争中抢占先机，掌控话语权，赢得超额利润。如果沿着"施工承包商—工程总承包商—工程建设服务商—城市运营商"的思路渐进，可能是一个比较理性的选择。从管理上看虽然有一定的跨度，但是从价值链的环节来说，向工程与产业的上游方向前行，工程建设企业的主动性就更大。

转型升级不能跟风赶时髦，搞形式主义，也不能上下一般粗，搞生搬硬套。中建五局从2003年开始推动的转型升级，是结合建筑行业的特点和自身的实际情况，为解决生存危机与发展瓶颈而采取的一种战略性举措。其中，区域化经营着力解决市场布局从到处撒网、遍地开花到区域经营、阵地攻坚，在集团层面消灭"同城竞争"，提高区域产出能力，支撑总体规模发展；专业化发展，着力解决经营结构从不相关多元化到相关多元化，在集团层面消灭"同质竞争"，发展成房屋建筑施工、基础设施建设、房地产与投资三大业务板块；精细化管理，着力解决发展方式从粗放经营、广种薄收到精细管理、精耕细作。这样一种转型升级，顺应企业发展的内在规律，取得了良好的发展成果。

（一）企业转型升级应是坚持不懈地"转"

转型升级不是一蹴而就的事情，不能指望"毕其功于一役"。中建五局转型升级业已进行了21次大的资源整合，其中区域化整合11次、专业化整合10次，在前后10年的时间里，成熟一个推进一个。一方面是各级思想认识的统一、总部管控能力的提升需要一个过程，转型升级中的组织整合有赖于总部商业化的成功带动；另一方面是上下同欲，坚定不移，强力推进，执行到位。10年整合，总体而言是一场持久战，单个来说，每一次整合都是一场攻坚战，惊心动魄。正是得益于持续不断、持之以恒，转型升级才能顺利推进，终成正果。

（二）企业转型升级应是循序渐进地"转"

转型升级是循序渐进提高的过程，不是改旗易帜的战略大转向。中建五局的转型升级坚持三年一轮小循环。第一轮是2005年的结构调整年，着力进行经营结构、组织结构、队伍结构、产权结构的调整，是一个基本的、粗略的调整，确定了三大业务板块的发展方向；第二轮是2008年的战略转型，着力进行经营、管理、文化等三个层面的转型，经营结构进一步优化，基础设施业务占比达到30%，房地产开发的土地储备占到中国建筑八大工程局、六大设计院总和的一半；第三轮是2011年的转型升级，是在已有基础上，往更好、更高的方向"转"，不是从左到右、非此即彼的"转"，致力于实现经营结构由单一建筑施工向三大业务板块并举的转型，发展方式由速度数量型向质量效益型转型，商业模式由施工总承包向施工投资联动转型，在此基础上实现企业产业升级、管理升级、素质升级、文化升级的四个升级。到"十二五"末，三大业务板块的收入占比逐步调整至5∶4∶1，利润占比为两个50%，即房地产与投资占50%，另外的50%中房屋建筑施工和基础设施建设板块各占50%。

（三）企业转型升级应是风险可控地"转"

中建五局以房屋建筑施工、基础设施建设和房地产与投资为主营业务，具备了由施工总承包向施工投资联动转型的初步实力，为拓展城市综合体建设业务创造了有利条件。

山有弯，路有坎，转型之路注定面临各种挑战。城市综合体项目投资规模庞大（动辄数十亿元，甚至几百亿元），投资时间较长，在看到高收益的同时绝不能忽视高风险的共存。一方面是来自企业外部环境风险，包括国家宏观政治经济环境、国家和地方财政货币政策、项目所在城市发展规划以及拆迁风险等；另一方面是来自企业内部自身条件能力的风险，包括项目决策、实施团队、财务资金管理等。所以，城市综合体项目开发是对企业能力全方位的考验，企业必须具备四个方面的能力：一是有雄厚的项目研发能力，包括对项目所在的城市商业、消费者的研究，项目的整体规划设计等；二是有丰富的房地产开发与施工管理经验，包括房地产开发各个环节与施工项目管理各个环节；三是有强大的资本运作与资金管理能力，包括企业自身资金实力、投融资能力、项目回款能力等；四是有强大的资源整合能力，包括政府、合作伙伴、客户关系、人力资源等。"谁拥有城市综合体，谁就拥有城市未来"，这句极富激情与诱惑力的口号，一度刺激着业内同行对城市综合体的疯狂追逐。客观地分析，这句话可改为"谁拥有城市综合体建设之能力，谁就拥有企业未来"。

三、企业转型升级的路径

具体来说，中建五局的转型升级，是按照工程建设企业的特点，根据自身实际情况提出来的，称为"三个转型，四个升级"。这可能跟国家转变发展方式等说法不完全一样，但这是将国家的政策企业化的实践结果。"三个转型"是指：经营结构上由单一的建筑施工转向三大业务板块并举，发展方式上由速度数量型转向质量效益型，商业模式上由施工总承包转向施工投资联动。通过这"三个转型"，实现"四个升级"，即"产业升级、管理升级、素质升级、文化升级"。这是中建五局对转型升级工作的本质要求。

（一）产业升级

中建五局积极推进"大市场、大业主、大项目"的三大策略，承接了一大批"高、大、特、外"的优质工程，坚持不懈地调整优化经营结构，构建"房屋建筑施工、基础设施建设、房地产与投资"三大业务板块，基本实现了三大业务板块的利润各占三分之一。2012年实现合同额过千亿元，营业额近600亿元，利润20多亿元，产值利润率的水平在全国建筑工程行业更是处于领先位置。

（二）管理升级

在管理上坚持"七化"策略，即"区域化""专业化""精细化""标准化""信息化""国际化"与"科技产业化"。按"七化"的管理要求，10年里中建五局进行了11次区域性整合，10次专业化整合，把资源集中起来参与市场竞争，解决了"同城竞争"和"同质竞争"的问题，管理层级也由五级减少到三级，形成扁平化的组织体系；企业制定了500多万字的"中建五局运营管控标准化系列丛书"，作为全局标准化工作指引；全局的管理信息化集成系统、信息化虚拟社区已经建成；在"国际化"上，从2003年开始实施"走出去"战略，经历了探索磨合期、规范管理期、快速提升期等三个国际化阶段，到2012年，进入了海外建筑市场经营的持续发展期，以承接阿尔及利亚48公里快速公路和刚果（布）国家1号公路为转折点，进军海外基础设施业务市场取得重大突破；在"科技产业化"上，坚持发展"四有科技"，即有用科技、有效科技、有根科技、有保障的科技，在绿色建筑、绿色施工技术以及隧道施工技术方面取得了突破。

（三）素质升级

中建五局通过培训不断提高员工队伍的素质。成立了培训机构"信和学堂"。该机构包括6个学部，18个分部，其中研究生学部是针对中高层管理人员的；专业技术学部与岗位相关联，是针对专业技术人员的；项目经理学部是针对项目经理这个群体的；职业技能学部是专门针对技师、操作工人的；在网络教育学部，可以通过在线学习的"学分"，直接与员工的考核挂钩，达到激励员工学习的效果；学历教育学部是面向社会招收大专生。而下属各单位均设置了信和学堂分部，分部下设有"员工夜校"和"进城务工人员夜校"，分别培训、分类施教。研究生学部制定了"千人研究生计划"，与清华大学、湖南大学、中南大学、西南交通大学等重点高校建立了合作关系。这一套素质升级的"组合拳"，有效地促进了高质量人力资源的聚集与提升。

（四）文化升级

文化的力量是巨大的，但文化的力量又是"隐形的"。一个企业，一年两年绩效好靠运气，三年五年绩效好靠制度，长期绩效好则要靠企业文化。中建五局历经10年锻造的"信和"主流文化，本质是强调"信用"与"和谐"，内涵是"信心、信用、人和"。其中，"信心"对应个体，"信用"指人与人的相互关系，"人和"是体现最终结果，三者之间的逻辑关系是：用源于个人内心的信念的力量，营造人与人之间的诚信氛围，从而达到企业、员工、社会和谐共生的目的。

从2003年开始"信心、信用、人和"三项工程建设，到2006年形成"信和"主流文化，并提出"立德、立人、立业"的"三立"使命，到2009年，再次提出了正确处理"公与私""是与非""苦与乐""言与行"等"四组关系"。每一组关系分为四种境界，比如"公与私"的关系可分为"大公无私""先公后私""公私不分""损公肥私"四种境界，其中"大公无私"要提倡，"先公后私"要做到，"公私不分"要批评，"损公肥私"要惩处。在不同的发展阶段把不同的企业文化内容加进"信和"主流文化建设中，不断升级企业文化的内涵。

第二节 专业化发展

一、企业经营的"二十字方针"

在转型升级上，中建五局提出了企业经营的"二十字方针"，即：房建求好、基建求强、地产求富、区域求优、专业求精。

"房建求好"。房屋建筑施工业务是中建五局的传统优势业务，是打造企业品牌和提升美誉度的重要平台，是企业持续发展的"稳定器"。一是要优化业务结构，坚决放弃低端市场，大力承接"高、大、特、外"等标志性建筑，不断提高工业项目、公建项目的比重，不断提升企业的市场影响力；二是不断优化客户关系管理，实行"大项目、大业主、大市场"策略，对大项目的内涵与标准进行优化升级。通过承接大项目，做好大项目，建立长期稳定的优质客户群，对战略性大业主要明确专门的管理机构，由市场营销部牵头，生产与安全部、合约法务部配合，拉通营销、工程、合约各业务线条，形成联动机制，及时处理客户投诉，有效维护友好关系，确保市场延伸；三是优化资质资源，根据市场导向和经营结果定位，有针对性地积累业绩，实现资质结构的完善。

"基建求强"。基础设施建设是中建五局抢抓机遇、着力发展、适应环境变化的基础性业务，是构筑综合竞争优势的主要支撑，是中建五局"弯道超车"的"助推器"。一是推进商业模式创新，以"全国一流基础设施专业营造商"为目标，大力发展BT、BOT业务，通过融资带动总承包、小资金撬动大项目，迅速扩大市场份额，做大业务规模。总部对投融资项目要加强核算，讲求投入产出比，及时回收投资，避免走入垫资施工的误区。二是大力提高项目履约能力，以推进项目标准化管理为主要手段，抓紧已有重点项目的建设，提高施工过程中的业主满意度，促进市场拓展，同时要加大宣传力度，使社会"口碑"变为市场竞争力。三是做好技术总结集成工作，对科技含量高的高速铁路、高速公路、长大隧道、城市污水处理、市政公用工程多出成果和工法，培育企业在基础设施业务方面的技术优势。

"地产求富"。房地产开发是中建五局的新兴业务，是企业利润的重要来源，更是推进战略转型、凸显差异化优势、实现后发赶超的"加速器"。一是产品要不断升级，加强不同层次项目的整体提升，在不同档次上要有代表性的精品楼盘，保证开发进度推动企业进入集中产出期。二是工作品质要不断升级，始终以市场销售为中心，抓好工期、品质、成本和回款四个"节点"。坚持从产品定位、规划设计、进度、品质、成本、合约采购、资金管理、售后服务、物业管理、客服管理等十个环节，全面推进精细化管理。三是专业化队伍要不断升级，强化员工队伍建设，将最优秀的人才投入地产业务，提升专业化、职业化程度。四是角色定位要不断升级，积极尝试"城市综合体"和"城镇综合社区"开发建设，实现由"建房"向"造城"的转型升级。促进地产企业尽快实现从量变到质变的飞跃，同时加强土地储备，增强地产业务的可持续发展能力。

"**专业求精**"。机电设备安装、装饰幕墙混凝土等专业业务是总承包管理的重要支持，是中建五局主业的重要辅助，也是企业利润的重要来源。要坚持专业化发展的方针，切实做精、做深、做透本专业，形成差异化的技术优势，提升盈利能力，并不断扩大规模效益，培育新的经济增长点。

"**区域求优**"。区域化经营是中建五局规模持续发展的重要保障，是实现市场科学布局、资源合理聚集的最佳途径。要按照区域化经营的要求，提高区域建设的成效，形成争当"明星区域"的良性竞争氛围，各区域要有具影响力地标性工程，创建现场标准化的亮点工程。围绕区域经营的考核机制，对标先进、补齐短板，确保在当地形成比较优势，达标考核实行动态管理。

对海外区域的经营，坚持发展海外业务决心不动摇，坚持发展重点区域的策略不动摇；坚持发展房屋建筑施工与基础设施建设两大业务的方针不动摇，坚持规模与效益并重，加强海外工程项目的成本控制，不断完善、优化海外业务管理的体制机制，走精细化管理的路子不动摇；坚持"信和"主流文化落地生根、开花结果，提高队伍综合素质的要求不动摇；坚持推动海外区域经营，使企业在国内外建筑市场的激烈竞争中走稳走好不动摇。

二、中建五局10次专业化重组

中建五局根据工程建设企业自身发展定位和参与市场竞争需求，认为立足专业发展，开展相关多元化经营，既是施工企业促进科学发展的需要，更是施工企业通过差异化赢得竞争的需要。

长期以来，中建五局的专业结构是"大而全""小而全"，资源分散、重复配置，只能在低水平上同业竞争、重复竞争。2003年起，中建五局开始以市场运作为手段，将分散的、不成气候的专业要素予以整合，形成整体的、能产生规模效益的新的专业资源，连续进行了 10 次大的专业化整合，以 2011 年 4 月成立投资管理公司为标志，专业化工作取得了历史性、决定性的成效，彻底扭转了企业"弱、小、散、差"的专业布局，有效提高了全局的专业集中度，逐步培育和形成了集团的竞争优势。

一是整合全局地产、路桥资源。 2003 年 5 月，为盘活存量土地，整合全局房地产开发资源，做强做大房地产事业，加快产业升级，组建房地产事业部。成立湖南中建地产有限责任公司，与房地产事业部合署办公。2007 年 10 月更名为中建信和地产有限公司。并使该房地产公司成为当时工程局系统注册资本最大、资质等级最高、土地储备最多、专业队伍最优的房地产公司。2003 年 5 月，整合全局路桥资源，成立中建五局路桥事业部，与中建五局路桥公司合署办公，基础设施业务已由"弱、小、散、差"发展为收入占比 30%，利润占比 50%，在工程局系统已凸显比较优势。

二是重组装饰公司。三是打造土木公司。 2005 年 8 月，以五公司和路桥公司为主体，吸收机施公司云南分公司，组建中建五局土木公司。五公司山东、安徽地区，路桥公司山东地区划归总承包公司。土木公司历经 6 次整合，涉及局属二级单位 5 家，涉及资产几千万元、人员两千余人。连续三年位列局二级单位综合实力第一。2010 年利润总额位列中建总公司十大号码公司第一。

四是新组建隧道公司。五是新组建中建路桥公司。六是实行全局物业大整合。 2008 年 12 月，全局 9 个物业管理机构整合为 1 个，从业人员 254 人精简为 146 人。在中建系统工程局层面率先完成物业整合。

七是新组建中建五局混凝土公司。八是组建中建五局装饰幕墙公司。 2010 年 9 月，组建中建五局装饰幕墙公司，作为局开展装饰幕墙业务的统一运营管理平台，以幕墙施工、装饰装修、幕墙及玻璃加工等为三大主营业务。下设外装、内装、节能三个专业事业部。

九是新组建投资管理公司。 2011 年 4 月，成立中建投资管理公司，为非法人公司，是局开展综合类投资业务专业运营的管控平台，为项目投资业务实施的管理责任主体。

十是在局层面组建了房地产、基础设施、装饰、海外等四个专业事业部。

三、三大业务板块优势形成

通过上述专业化整合，中建五局在中建系统率先解决了内部单位"同质竞争"的问题，从事房屋建筑施工业务的只有局总部直营公司和三公司、上海建设（区域性公司），从事基础设施建设业务的有土木公司和路桥公司，从事房地产与投资业务的有中建信和地产有限公司，此外还有安装、装饰、混凝土三个专业公司，组织结构扁平合理。

中建五局形成了以大型公共建筑和超高层建筑为主的"房屋建筑施工"，以高速铁路、公路、隧道和桥梁为主的"基础设施建设"和以商业住宅、城市化综合体建设为主的"房地产开发与投资"三大业务板块，实现了企业"主业"的清晰定位。2011年度，三大业务板块的利润占比各为1/3左右。经营结构由单一建筑施工向"三大板块"并举转型，发展方式由速度数量型向质量效益型转型，商业模式由施工总承包向施工投资联动转型，实现了产业升级、管理升级、素质升级、文化升级，为建设"社会尊敬、员工自豪"的现代化建筑地产集团筑牢了根基。

第三节 投资业务能力建设

从2003年起，中建五局从战略的层面调整产业结构，推动相关业务多元化发展。根据行业特点和企业优势，中建五局将主业界定为房屋建筑施工、基础设施建设、房地产与投资三大业务板块。其中，房地产与投资业务作为对原有产业链的延伸拓展，是企业实现转型升级和跨越发展的强劲引擎。中建五局的持续发展、后发赶超，主要得益于新兴房地产与投资业务的厚积薄发。2011年，中建五局房地产与投资业务贡献的利润，占到全局近1/3的比重，初步形成了利润总额中三大板块"三分天下"的格局。企业已从原来单纯的施工总承包企业，逐步过渡到投资施工联动的建筑地产综合类企业。

从成立中建信和地产有限公司，在自有存量土地开发房地产起步，中建五局在实践中不断总结、不断完善，投资业务能力不断提升。一是建立了比较完整的投资管理体系，形成了在"四有原则"（有钱赚、有钱投、有人做、有管控）指导下的"二五五六"工作机制（即：中建信和地产有限公司和投资管理公司"两个平台"；主张、评审、决策、运营、监控"五分开"；主张单位、局投融资部、局投资评审委员会、局战略与资金委员会、局董事会"五联动"；立项、可研、评估、决策、实施、后评估"六步骤"）。二是在总结实践经验的基础上，初步形成了投资业务运作的"六种模式"（BT"建造+移交"模式、FBT"融资建造+移交"模式、BTR"融资建造+房地产开发"模式、CCBP"城市综合体建造+专业联动"模式、CDB+RC"城市综合体设计建造+房地产合作开发"模式、CPD+BIP"城市综合体规划设计+建造+产业专业联动"模式），在探索投资业务规律上做了积极尝试。到2013年，以"三湖六地十八盘"为重点的在手投资项目，投资额总计达600亿元，其中房地产类投资300亿元，综合类投资300亿元。

一、专业的人做专业的事

专业化发展需要专业化的团队。新型投资业务相对传统的房屋建筑施工业务来讲，有其独特的人才、管理要求，不能机械地照搬房屋建筑施工业务的经营模式，必须在实践中潜心钻研、及时总结、善于提升。

人是核心的生产力，人才是发展的第一要素。对新型业务来说，投入更多专业、优质的人力资源，打造专业化人才队伍，实现人力资源与专业化建设相匹配尤为重要。

从2003年起，中建五局围绕实现既定的战略目标，注重从人才引进和培养、领导力量分配等方面，重点向新兴投资业务板块倾斜，从组织上、资源配置上给予保证。坚持自主培养、社会招聘和高校招聘相结合的原则，通过实施转岗一批单位内部人才、引进一批社会成熟人才、招聘一批高校学生的办法，基本满足了企业投资业务快速发展对人力资源的需求。

中建信和地产有限公司是中建五局地产投资的运营平台，经过10年的起步与发展，形成了千人专业管理团队，具备地产开发、物业管理"双一级"资质。在中建信和地产有限公司成立之初，便把全局最好的人力资源集中到了地产投资板块，并从局属其他先进单位抽调了一些正职过来，可谓"投入重兵"。将发展房地产投资上升到战略层面，把优势资源整合起来，专业化发展不能只靠几个人，一定要依靠集体智慧、借助专业的团队力量去做。

投资管理公司是基础设施和城市综合体等综合类投资项目的日常运营管控平台，凝聚了一支集投资、融资、财务税务、规划设计、土地征转及一级开发、拆迁、工程、合约、市场等各类专业背景员工的专业化队伍。公司实行董事会领导下的总经理负责制，设立业务拓展部、项目管理部、合约法务部、财务资金部和综合办公室等四部一室，解决了原来综合类投资业务管理和运营职责分工不清晰、资源配置不当等问题，使综合类投资业务的运营，也像房地产投资业务一样，用固定专业的人去做固定专业的事，提高了运营效果，积累了管理综合类投资的经验。

二、房地产投资能力打造

企业将房地产与投资板块作为"主业、产业、事业"来经营。在2003年企业"吃饭"都成问题的困难时期，中建五局靠借用二级单位200万元的贷款指标艰难起步，重新启动地产业务，实现了"从无到有、从有到优"的跨越式发展，将一个资产为负、员工几十人、无任何土地储备、局限于自有基地开发的小机构，发展成为一个百亿元资产、千人团队，具备完整产业链优势和多业态经营的专业地产公司。

在选择商业模式上，公司首选自主开发，100%控股项目开发权。并选择合作开发，要求占据绝对大股东的地位，享有开发经营决定权。为寻求土地二级开发的机会，在一定条件下也选择参与土地一级开发。中建五局地产业务的盈利模式，主要以房地产产品销售为主要收益，运营部分商业产品获取租金收益；通过产业链上伸下延，获取部分土地一级开发收益和物业管理收入。

地产公司与政府关系主要体现在投资拿地。在中建信和地产有限公司成立以来，土地储备量多年稳居中建各局地产业务之首，主要得益于"以降本为方向的多元化拿地模式"。通过一二级联动、协议转让、股权收购、BT项目回购、存量土地处置等多渠道拿地，千方百计获取低价优质地块，有效节省了土地成本。

地产公司与消费者关系，主要体现在营销、客服维护与物业管理。公司奉行"坚持以营销为中心"的经营理念，销售团队始终坚持"以客户为中心"的工作思路。从"跟随市场需求打造追随型产品"到"打造功能提升产品来引领市场需求"，都是以客户为中心调整的营销策略。公司特别注重客户体验，从氛围、情景和生活配套等方面升级产品品质，使房子展现出一种可见的、生动的、美好的生活方式。在客户维护上，首先是从客户关注的问题进行产品的不断升级；其次是成立并维护好"信和家园"这一业主沟通平台，维护好客户关系，形成良好的口碑。在物业管理上，"信和贴心管家物业服务模式"在所有项目中推广。做到只要业主一个电话，"信和贴心管家"便以最快捷的方式为业主处理好相关的物业问题，让业主轻松感受到贴心的服务。

地产公司特别重视资金流管理，坚持"以现金为王，提升资金运作能力"的工作思路，坚持以回款为基本点，狠抓资金计划的落实。通过狠抓回款、严控支付、召开季度资金成本分析会和开展财务检查等工作严格控制项目资金流动，以尽快实现资金正流为目标加强对各项目的管理。

中建信和地产有限公司的经营理念为"一个中心、四个基本点"，即坚持"以销售为中心，以进度、品质、回款、成本为工作基本点"的理念把市场竞争的压力传递至企业的每一个角落、每一位员工，使内部运行机制永远处于激活状态。在房地产与投资能力打造方面，"紧抓三点"，即：地点、时点、卖点，以此三点的有效把控做好定位、进度、品质、资金等方面的精细管理。

（一）产品定位及地点要素

紧抓地点要素需要重点把握以下三个方面。

1. 以市场调查为基础

市场调查是房地产项目可行性研究的基础,也是房地产项目定位的前提,是预测项目价格和销售收入的依据,当然也就成了选择"地点"的基础。房地产项目市场调查包括房地产投资环境的调查和房地产市场状况的调查,包含了意向"地点"的政治、经济、法律、人文、风俗、自然条件、城市规划、基础设施以及房地产市场的供求状况、销售价格、租金收入、开发和经营成本、费用、税金等。通常采用四种方法即普查法、抽样调查法、直接调查法、间接调查法对"地点"进行市场调查,其中普查法的工作量太大,而间接调查法的可信度不高,所以直接调查法和抽样调查法较为常用。在充分的市场调查基础上对意向"地点"进行可行性研究。

2. 以可研分析为前提

房地产投资项目坚持"四化"基本准则,即"投资权限集中化,投资评估程序化,投资决策科学化,投资行为规范化"。决定意向"地点"的去与留,《房地产投资项目可行性研究报告》是投资评估与决策的前提与依据。可行性研究重点须对意向"地点"的投资环境、市场状况与潜在客户、SWOT 分析、项目初步定位、开发成本、财务评价、风险评估等方面进行全面、深入、细致、科学地研究和分析。

(1) 研究分析投资环境

研究意向地点所在区域的政策环境,如金融政策、土地政策和地方财税政策等。

研究意向地点所在区域的经济与文化环境,如城市的主要经济指标、城市产业产值指标、城市经济发展历程、市内重大经济项目及城市的历史文化与人口情况等。

研究意向地点的宗地现状,如分析宗地的完整性,是否有市政代征地、市政绿化带、市政道路、名胜古迹等因素分制土地;分析宗地的周边环境,是否有空气污染、噪声,是否有高压线、放射性易燃易爆物品生产或仓储地等危险源,是否有垃圾填埋场、坟墓、军事设施、文物、历史人文等不利因素;分析所在区域治安状况、区域内企事业单位构成、周边市政配套设施(购物场所、文化教育、医疗卫生、金融服务、娱乐、餐饮、运动)。

研究意向地块是否为建设用地,是否符合土地规划、城市规划;研究周边的交通状况及远景规划;研究永久水电、临水临电、燃气、供暖、排污管接入等问题;研究分析地块是否为净地,是否存在拆迁难的问题。

(2)研究分析市场状况与潜在客户

研究意向地点市场容量及城市发展:城区人口有多少,消费能力如何,市场的年供货量及成交量如何,市场存量及往年销售情况如何,土地供给情况如何等。

研究意向地点市场价格:意向地块所在区域销售价格如何,不同产品价格差异如何;应选择最好的、有一定规模的精品进行调研。除意向地块所在区域外,还应增加如中心城区等多个不同区域的价格研究,不同产品、不同景观、不同户型或面积的价格差异,了解背后的真实价格。若精装修销售,要了解精品的真实装修成本,客户接受程度如何。

研究意向地点产品类型:如研究竞争对手的产品类型,各类产品比例如何,去化情况如何;研究当地客户对产品的需求是什么,有什么偏好,包括面积段、户型、使用功能、外立面风格等,存在哪些忌讳,当地有什么特别的地方规定等。

研究意向地块的潜在客户群:在投资环境与市场分析的基础上,聚焦市场需求分析,即聚焦意向地块区域潜在客户群进行分析,研究分析客户群的购买动机、购买能力、年龄结构、职业及受教育情况,客户群购买时考虑的因素(如价格因素、环境因素、产品类型等)。

(3)SWOT分析

SWOT分析即对取得意向地块进行房地产开发的优势、劣势、机会、威胁四个方面的研究分析。优势分析主要分析意向地块的地段、交通、环境、周边配套、设计、景观、规模、品质等方面的优势;劣势分析主要分析项目的相关不利因素;机会分析主要从政府的税收优惠政策、土地的审批政策以及市场机会等方面进行分析;威胁分析主要从市场竞争的激烈程度、客户购买力水平的高低和土地获取难度的高低等方面进行分析。SWOT分析旨在对意向地块有一个直接的分析判断，若有触动红线的劣势与威胁，可直接选择放弃；若选择继续跟踪，则部分优势将被精心打造成楼盘的卖点，对存在的机会应提出相应办法去把握住，对关键的劣势与威胁应提出化解的举措与方法。

（4）研究项目初步定位

房地产项目的定位包括三个方面的内容：一是客户定位，二是产品定位，三是价格定位。这三个方面的初步定位均基于充分的市场调查和深入的投资环境分析、市场分析及SWOT分析来确定。

客户定位即对目标客户的一些特征进行分析，如客户的职业、年龄、受教育水平、收入等，对客户的消费意向、影响其消费的因素、需求动机等方面综合起来进行分析，对客户的需求进行定位，确定客户的需求特征，从而细分客户，划分出本意向地块开发项目的核心客户群、重要客户群及游离客户群。

产品定位包括项目开发主题定位、项目产品档次定位、项目产品类型定位，开发主题定位要分析确定将意向地块开发成什么样的楼盘，产品档次定位要分析确定将意向地块开发成什么档次的楼盘，产品类型定位要分析确定将意向地块开发成什么类型的楼盘。

价格定位在可行性研究阶段只是对价格进行一定的分析与探索。由于房地产项目开发周期长，待开盘销售时还应进行详细科学的定价。作为可行性研究阶段的价格定位，可采用两种方法：一种是成本加利润定价法；另一种是市场比较定价法。但一般优先考虑采取市场比较定价法，综合考虑一定的成本因素确定。

（5）研究开发成本

房地产可行性研究是基于前述市场分析、客户群分析、项目初步定位等，对意向地块拟开发项目提出的一个大致的规划设计方案。可研阶段的规划设计方案主要包括：总平面规划、建筑立面规划、业态组合与户型设计、景观设计、消防与人防设计等以及项目主要经济技术指标。同时，初拟项目开发周期，从而在此基础上研究投资规模与开发成本，进行多方案比对。开发成本构成由五大费用组成,即土地费用、前期费用、建安费用、开发费用(含管理费、营销费、财务费)、税费。可研阶段开发成本的估算比较粗略,一般来说,此阶段重点关注建安成本、开发费用两项成本的预估。建安成本根据初步规划方案及相关经济技术指标按类似工程经验法进行估算;开发费用与开发周期息息相关,根据开发周期进行预估;而前期费用一般占建安费用的3.5%~6%,可按占比进行预估;税费依据意向地块所在区域税费征收标准进行估算;土地费用一般可参照政府出让的类似地块的出让金数额进行适当的调整修正而得出。同时,为方便决策,还应根据可研预算收入及除土地费用以外的其他四项开发成本反推算出拿地的极限地价。

(6)进行财务评价

房地产项目财务评价是在房地产市场调查与分析、初步规划设计、开发成本预估等基本资料和数据的基础上,通过计算财务评价指标,编制基本财务报表,对房地产项目的财务盈利能力、清偿能力和资金平衡情况进行分析。其内容包括:项目销售收入测算、项目各项税金测算、项目成本利润分析、项目资金来源与运用分析、项目资金回收与贷款偿还分析、项目现金流量分析与效益预测及综合财务评价结论。核心评价指标一般为:成本净利润率、财务内部收益率、动态投资回收期、资金峰值比例等。

(7)进行风险评估

房地产项目风险评估是在市场调查与分析、初步规划设计、开发成本估算、财务评价之后,进一步分析识别拟开发项目在运营过程中潜在的主要风险因素,揭示风险来源、判别风险程度、提出规避风险的对策、降低风险损失。风险分析包括了定量分析与定性分析,定量分析主要是通过数学方法来计量风险的情况,主要包括敏感性分析与盈亏平衡点分析;定性分析则是用文字阐述说明项目的各种风险影响因素,如法律政策风险、市场风险、金融财务风险、经营管理风险等。针对辨识出的风险,分析风险发生的概率大小,提出应对措施进行风险防范。

3. 以准确定位为根本

"地点"潜力的充分挖掘依赖于充分的市场调查,依赖于深入的可研分析,更依赖于精准的项目定位。定位又是根据"地点"所在区域的经济、政治、人文和风俗习惯等，结合项目本身自有的特点和对市场未来发展趋势的判断，找到适合于项目的客户群体，在客户群体消费特征的基础上，进一步进行产品定位、功能定位、形象定位、价格定位等，成功的定位是建立在项目所在地域的基础之上的，因此，"地点"与"定位"是相互影响，又相互依存的。为尽可能地准确定位，定位时应遵循三个原则：一是效益最大化原则，根据项目当地情况进行不同产品组合，通过不同组合下各产品建造成本、销售价格、销售周期、去货速度、净利润、内部收益率等指标进行综合分析，采用项目能获得最佳效益的方案；二是产品差异化原则，开发与众不同的当地标杆产品，打造完美展示区；三是性价比最高原则，避免盲目追求高品质，尽可能采用标准化产品，借鉴周边区域或相邻市场畅销产品，力争所在区域性价比最高。

（二）开发进度及时点要素

在房地产项目开发过程中，经常受到外部条件（如政策、政府职能部门、市场等）的影响，当开发工作难以按计划推进时，往往会在外部找借口，其实，项目的推进大多受到内部管理权责和业务分工的制约，这就需要各岗位在开发过程中紧抓"时点"，严格执行"四个有"。

1.进度管理有方针

进度管理的目标，是确保项目在责任开发周期内如期实现责任销售目标。中建五局地产公司推行"开得快、建得快、卖得快"的"三快"进度管理方针，准确地阐述了进度管理的核心工作。"开得快"要求策划、设计、报建工作快速而且准确，"开得快"是针对策划设计阶段而言的；"建得快"要求工程进度快速而且质量好，此快重点在项目开盘前快，"建得快"是对施工建造阶段而言的；"卖得快"要求销售与回款速度快，"卖得快"是对销售回款阶段而言的。"三快"实际还隐含一个意思，就是"速度第一、完美第二"。同时，"三快"方针的应用还要与市场行情接轨，准确把握"时点"的要求，有保有压。

2. 纵向管理有授权

项目进度管理是一个计划、实施、协调、监督、控制的过程，对于决策者而言需要的是聚焦经营，实现过程可控；对于项目管理层而言需要的是聚焦管理，实现协调一致；而对于项目执行团队和公司相关支援部门更关心的是执行指导，正因为各级的诉求不同，故必须分级进行计划管理与授权。公司开发进度管理按两级计划体系进行分级授权管理，即项目一级开发计划和项目二级开发计划。

项目一级开发计划由公司投资运营部负责编制、修订、检查、预警及考核。项目一级开发计划即总体进度计划，包括土地获取、项目策划、建设用地规划许可证、总图审批、建设工程规划许可证、施工图审查、施工许可证、项目开工、展示区完成、营销中心及展示区开放、工程进度达到开盘条件、取得预售许可证、首次开盘、销售去化70%、资金±0、销售去化95%、竣工备案、入伙或开业（商业、酒店类）18个开发进度节点，其中以土地获取、总图审批通过、取得施工许可证、项目开工、营销中心及展区开放、首次开盘、销售去化70%、资金±0、销售去化95%、入伙或开业10个为里程碑节点，公司决策层重点监控，列入项目开发的进度专项考核目标。同时，项目一级开发计划作为项目投资测算、项目策划的依据。

项目二级开发计划由项目公司负责编制，上报公司投资运营部审核后执行。项目二级开发计划是指项目开发的具体执行计划，其内容包括自土地获取后至项目入伙和开业整体运营过程中的主要工作。编制深度应满足指导、协调、考核各参与单位、部门月度工作的要求。

3. 横向管理有分工

项目开发全过程涉及"拿地测算、策划、设计、报建、采购、工程、销售、回款"等多个业务部门，各部门之间往往存在工作的交叉、搭接，关系错综复杂，各部门的工作稍微没有配合好就将导致开发进度延误。因此，必须做到横向管理有细致的分工。开发进度除系统的开发总进度计划外，还须进行横向的专项策划，实现部门之间的有效衔接，如设计策划、报建策划、工程策划、资源进场策划、营销策划、财务策划、人力资源策划等。同时，公司各相关部门,如设计研发中心、工程部、成本中心、招标采购部、营销部、人力资源部、财务部等参与项目一级开发计划和项目二级开发计划的评审,以部门的专项计划支撑并参与项目一级开发计划和项目二级开发计划分管职责部分的执行,从而确保开发过程各时点的有效把控。

4. 过程监控有考核

开发计划一经公司审批挂网后,项目公司必须严格执行。在开发建设计划执行过程中,项目公司应于当月 25 日之前将本月计划进度执行情况、偏差分析、拟采取措施、下月工作计划、需公司协调解决问题报公司投资运营部备案,公司投资运营部对项目的执行情况进行挂网预警与通报。如发生突发事件或关键工作严重滞后,引起开发计划重大变动时,项目公司应第一时间通知投资运营部并立即采取必要措施确保计划执行。

公司将项目开发的里程碑节点列入过程考核:将土地获取列为对公司投资运营部的专项考核;将总图审批通过、取得施工许可证、项目开工、营销中心及展示区开放、首次开盘、入伙或开业列为公司对项目的进度专项考核指标;将销售去化 70%、资金 ±0、销售去化 95% 列为公司对项目的效益节点考核指标,对其执行奖惩制度和问责制。

通过严格执行"四有",即进度管理有方针、纵向管理有授权、横向管理有分工、过程监控有考核,从而确保开发节奏踩准"时点",将项目运营的时间成本降到最低。

(三)产品品质及卖点要素

为了保障楼盘品质,须重点关注四个方面:即设计品质、实体品质、观感品质、服务品质,通过品质的提升凸显产品的"卖点",为客户提供放心的产品。

1. 关注设计品质

针对设计品质,确定四个方面的设计原则确保设计品质,即规划设计原则、户型设计原则、外立面设计原则、部品设计原则,立足客户敏感的角度重点关注"一型三观"(即户型、内观、外观和景观)的打造,降低楼盘公摊率、加大面积赠送、挖掘景观价值、增加产品附加值。立足产品性价比的角度重点关注"两率两比两量",即可售率、容积率、窗积比、软硬件比、钢含量、混凝土含量。在设计管理过程中,采取"一归口、二交底、三内审、四标准"的管理措施进行全过程管理。"一归口"即施工图设计统一归口至设计研发中心的综合组管理,由综合组对设计问题进行统一协调解决,避免各专业各自为政;"二交底"即设计前对设计院交底、施工前对施工单位交底;"三内审"即初步设计图纸内审、过程图内审及施工图内审,层层严把审图关,关注功能性缺陷,如卫生间门宽过小、洗衣机位尺寸不足、空调机位空间不够等影响业主使用功能的设计缺陷;进行经济性复核,复核设计图纸的钢含量、混凝土含量、窗地比等指标是否超出设计成本限额;检查错漏碰缺,主要检查施工图纸是否存在错漏碰缺现象,如建筑图与结构图是否一致等;检查交付标准,重点关注销售对外承诺的交楼标准、建筑说明、工程施工做法三者是否一致,尤其要注意顶楼、底楼等非标准层,严控产品设计缺陷;"四标准"即产品标准化、部品标准化、设计任务书标准化、审查要点标准化,从设计源头提升楼盘品质。

2. 关注实体品质

针对实体品质,应重点"把好三道关、坚持四项制度"。

(1)"把好三道关",一是把好材料关,把好材料关对提升实体品质至关重要,尤其对防水材料、油漆及涂料、石材及面砖、开关及面板、铺装材料、门窗材料、栏杆材料、入户门、灯具及洁具、园林苗木等10种影响观感品质的材料要进行重点验收;二是要把好验收关,要推行重点工序专项验收制度,建立施工质量跟踪档案及质量追溯制度,对外墙孔洞封堵、穿楼板洞口封堵、土方回填、结构及砌筑预留洞口、挑板及阳台负弯矩筋、外墙预留空调洞及排气孔、楼板厚度控制等重点工序实行项目工程师、监理、施工单位三方联合专项验收,专项验收资料需相关人员签字后存档;三是把好成品保护关,须落实两项制度,即:①现场成品保护巡检制度,本着"谁家的孩子谁抱"的原则,对现场成品保护的工程进行巡视检查,发现有损坏现象的必须追查到底,责任到人;②室内看护制度,已经竣工验收(具备交房)的楼层,设专职人员对楼层进行看护，对楼层钥匙专人保管，以防室内成品人为破坏或丢失。

（2）"坚持四项制度"。一是坚持样板引路制度，对混凝土楼（屋）面收浆、抹灰工程、防水工程、门窗及栏杆工程、室内及公共部位精装修、砌筑工程、保温工程、外墙面砖及石材、外墙油漆（涂料）、室外铺装10项工程，在大面积施工前必须先做样板，施工样板经确认后方可大面积施工。样板未验收或验收不合格的，不得大范围推广。二是坚持"六查、五防与红线管理"制度，"六查"即查管控体系落实、查规范标准执行、查技术方案实施、查工程实体质量、查计量检测试验、查质量事故处理；"五防"即防渗水漏水、防偷工减料、防空鼓开裂、防蜂窝麻面、防尺寸偏差；对红线管理规定的内容不能随意逾越。三是坚持工序交接检制度，上道工序不合格不得转入下道工序施工。四是坚持联合验收制度，由工程部和成本中心对土方、桩基、防水等隐蔽工程进行联合验收，由工程部、成本中心、设计研发中心对门窗及栏杆、外墙、精装修、室外园林等工程进行联合验收；在集中交付前60日，由公司营销部牵头组织设计研发中心、工程部、项目公司、物业公司开展交付前承接查验，从客户视角对设计、质量缺陷检查和跟进整改，为完美交楼创造条件。对存在的质量问题进行"三照"，即"缺陷要拍照、过程整改要拍照、整改完成要拍照"，通过不断地跟踪、复查、督促整改，真正做到有问题坚决不放过，全面提升实体质量。对已入伙楼盘存在的问题，要落实好整改措施，确保一次整改到位，让业主在问题整改中体验到公司负责的态度、专业的水平与优质的服务，提高客户的满意度和忠诚度。

3. 关注观感品质

对客户高度敏感的"一型三观"高度重视：一是建立户型库，依据客户的需求着力打造经典户型，在户型设计阶段，着重于研究户型功能的合理性（即布局的合理性；房间尺度的合理性，增强房间的舒适度；交通流线的合理性，增加房间的使用面积；建筑风水的符合性；当地政策的符合性，用足溢价空间，在保证产品满足客户基本需求外，产品附加值最大化，千方百计提高得房率等），不造成户型的夸张与浪费；二是打造"景观"品质，针对客户敏感的园林景观、营销中心等,适当放宽成本限额标准,保证合理的资金投入,精心打造与楼盘档次相匹配的园林空间,通过营销体验区的打造,充分展现项目形象,提高潜在客户的购买欲;三是打造"外观"品质,楼盘风格和建筑立面的选择,尽量符合大多数目标客户的审美心理;四是打造"内观"品质,从细部设计、材料材质、施工工艺、管控模式等多方面着手,量化施工标准与工艺要求,把质量缺陷和质量通病消除在萌芽状态,以保证观感品质。

4. 关注服务品质

无论是前期服务还是售后服务均是产品面对客户的直接窗口,因此,关注服务品质显得尤为重要。针对服务品质,一是需要打造服务形象,以行业标杆为参照,以客户需求为核心,以细化服务为手段,以延伸服务为突破口,打造独具特色的"中建物业"服务形象;二是需要打造服务品牌,公司形成"五星级酒店式"和"东方贴心管家"两种类型的物业服务模式,物业公司发布了"五星级酒店式物业服务标准"和"东方贴心管家物业服务模式"来保证服务品质。

(四)资金运行

项目开发对"三点"即"地点、时点、卖点"的准确把握,均离不开资金的支持。不少房地产公司出现"生死劫",一个直接原因就是资金链断裂,资金链关系着开发商的生死存亡。资金是开发项目的血液,开发项目如何让血液循环流动,需要谱好资金管理三部曲,即"融资、用资、回资",做到"五个心中有数",即有多少钱、花多少钱要有数;哪里来钱,哪里花钱要有数;怎么来钱,怎么花钱要有数;什么时候来钱,什么时候花钱要有数。遵循"现金为王",提升资金的运作能力。

1. "融资"需要广开门路,拓宽融资渠道

一需认真研究比较各种融资模式的利弊,选择合适的融资模式;二需加强与银行等金融机构的合作,与有实力的金融机构建立战略合作关系;三需强化公司的信用管理,信用是房地产开发企业兴衰的标识,信用好的开发企业,将能获得条件更优厚的长期低息贷款,同时,信用好的开发企业能吸引

更多优秀的供方参与合作，供方实力和履约能力的提升，有利于公司融资压力的缓解和改善；四需充分利用好集团公司平台，提升各类融资的议价能力。通过广开门路确保开发项目低息并"有钱投"。同时，资金的筹措要严格纳入预算，带息借款要有计划，以适度为宜。从事房地产开发不是资金越多越好，应是资金占用适度为好，短缺资金或资金占用很大，都是不可取的，都有可能造成企业开发效益不佳。

2. "用资"需要以收定支，落实好"分资制"

"分资制"是指以"方圆图"为指导，在"法人管项目"的要求下，体现"责权利相统一"的管理原则，是确保企业生存发展的"血液"良性循环的管理制度。把握好"分资制"的实践应用，主要应当从以下几个方面做好管理实施工作。

第一，将企业资金分为企业运营资金和项目运营资金，通过"分资制"将资金和费用挂起钩来。由企业开支的企业运营费用，包括上缴投资收益、本级管理费用开支、税金、对外投资等，这部分企业费用从项目创造的利润产生的现金流中来统筹；项目运营资金由项目公司使用，主要包括五类费用，即：土地费、前期费、建安费、开发费和税金（如拿地时项目公司尚未成立，则暂由企业支出，纳入项目核算）。

第二，有效建立资金在企业内部"存"与"支"的责权利关系，做好资金精细化管理。在企业层面以企业发展战略为出发点，打好资金"盘子"，审慎理性地预测资金流入，充分估计现金流出，做好资金筹措计划，确保现金流不掉链。在项目公司层面以"以收定支"和"动态平衡"为原则，做好项目的资金策划工作。一是做好项目可研资金策划，预估项目现金流量运行状况；二是根据定位、方案及成本策划，做好项目的资金实施策划，尽早实现资金正流。

第三，坚持"先收后支，以收定支"，确保项目资金正常循环。通过建立资金管理信息化平台，将收支两条线的内部管理理念嵌入资金信息化系统中，确保收支两线有效实施和运行。同时，在支出上还须精打细算，加强预算编制和执行，把握好资金支付节奏，如对土地费须争取分期支付；对报建费用争取减免，尽量少交项目资本金、预售保证金等，并提前和加快办理解控手续；对建安费要把握好中期计量关，不得提前计量，不得超合同付款，付款比率和付款方式不得超出市场平均水平；对管理费执行专用账户制度，对招待费实行事先申报制度等。

3. "收资"需要责任落地，抓好四个前置

项目正流管控必须与项目公司总经理、领导班子绩效及员工绩效挂钩。公司建立 AB 角回款机制，分别在总部和项目公司层面设立。总部领导以总会计师为 A 角，营销总监为 B 角；部门以财务部为 A 角，营销部为 B 角。项目公司以项目公司总经理为第一负责人，项目营销部经理为 A 角，直接领导回款业务，项目财务部经理为 B 角。抓回款坚持"四个前置"，即将征信查询前置、资料准备前置、当面签约前置、回款沟通前置，加大按揭管理力度，缩短回款周期。同时，针对回款的相关方，一方面严格要求销售代理方，在销售代理合同中明确，将代理费用与回款速度相结合，对超期签约、回款的给予处罚或从缓支付；另一方面优化回款外部环境，加强与房管部门、公积金中心和银行沟通，形成有保障的稳固合作关系。

通过房地产投资能力的不断打造和提升，中建信和地产有限公司荣获"房地产开发企业综合实力 100 强""中国物业服务百强企业""中国生态园林百强企业"三个全国百强。业务布局已遍布北上广等国内一二线重点城市，成功开发了长沙中建江山壹号、长沙梅溪湖中心、济南长清湖"一湖十园"、济南中建瀛园、北京中建长安麓府项目等中高端产品。

三、基础设施专业投资能力建设

基础设施是为社会生产和居民生活提供公共服务的物质工程设施，包括交通、邮电、供水供电、商业服务、科研与技术服务、园林绿化、环境保护、文化教育、卫生事业等市政公用工程设施和公共生活服务设施等。建立完善的基础设施往往需较长时间和大量投资。在现代社会中，经济越发展，对基础设施的要求越高，对项目的投资者来说，如何在激烈的竞争中凸显自身优

势，不断提升企业的综合实力，系统梳理基础设施项目的管理目标、核心管理要素、关键管理环节和以往存在的管理机制缺陷与系统管理的不足，持续总结经验，提升项目管理水平和专业投资能力，成为当务之急。

(一) 项目商业模式及管控要点

基础设施投资项目在拓展阶段对"模式"的设计是项目承接、后期实施及最终实现盈利的关键性因素，而商业模式的设计首先依托于项目的定位，因此"明确项目定位，创新模式设计"显得尤为重要。

1. 明确项目定位

主要是在前期拓展阶段对拟承接项目进行深入调研分析，对市场环境、项目价值、业主实力、政府资信等进行深入调研分析，主要从以下两点展开。

一是要以市场调查为基础。基础设施投资项目市场调查是项目可行性研究的基础，也是项目定位的基础，是预测项目实施与否的依据。基础设施投资项目市场调查包括投资环境调查、基础设施市场状况调查和业主尽职调查，包含了意向项目的政治、经济、法律、城市规划、基础设施投资成本、费用、税金等。在充分的市场调查基础上对意向项目进行可行性研究。

二是要以可研分析为前提。《基础设施投资项目可行性研究报告》是投资评估与决策的前提与依据。可行性研究重点须对意向项目的投资环境、市场状况与竞争对手、业主情况、项目初步定位、投资估算、财务评价、风险评估等方面进行全面、深入、细致、科学的研究和分析。

第一，研究分析投资环境。一是研究意向项目所在区域的政策环境，如金融政策、经济政策、产业政策、土地政策和地方财税政策等。二是研究意向项目所在区域的经济环境，如城市的主要经济指标、城市产业产值指标、城市经济发展历程、市内重大经济项目及城市的人口与消费情况等。三是研究意向项目的建设用地现状，如分析建设用地土地性质、征拆情况及难度、用地的周边环境等。

第二，研究分析市场状况与竞争对手。一是研究意向项目基础设施市场容量、交通现状、预期市场规模等。二是研究意向项目城市经济发展状况：

城区人口、城市 GDP、财政收入、财政一般预算、人均消费水平等。三是研究意向项目的潜在竞争对手：包括竞争对手的实力、资信、对接情况等。

第三，研究项目业主情况。通过业主尽职调查，研究业主单位的资信情况、财务状况、经营收入等，以评估业主还款能力及担保能力，并对业主信誉进行调查，做好合作前提工作。

第四，评估项目总投资估算。基础设施投资项目可行性研究是基于市场投资环境及项目合作条件对项目进行的初步投资估算，项目总投资估算包括建安费用、征拆费用、建设期融资利息、建设期管理费用。鉴于项目拓展阶段的前置性，可研阶段投资估算比较粗略，此阶段建安费用主要以业主初步设计概算为准；征拆费用主要以业主调研征拆数据进行评估；建设期融资利率一般参照当期银行同期贷款基准利率上浮 10%~20%，引入金融机构情况下利率按照 8%~12% 考虑；建设期管理费用总额按照建安费用的 1%~3% 计取，分摊至项目整个周期。

第五，进行财务评价。基础设施投资项目财务评价是在市场调查与分析、投资规模预估等基本资料和数据的基础上，通过计算财务评价指标，编制基本财务报表，对项目的财务盈利能力、清偿能力和资金平衡情况进行分析。分为项目公司层面及总包与股东层面，其内容包括：总投资估算、进度投资计划、资金筹措与运用测算、还本付息测算、施工利润率测算、项目公司资金来源与运用测算、总包与股东资金来源与运用测算、项目公司现金流量测算、总包与股东现金流量测算、项目公司损益表、总包与股东损益表、项目敏感性分析。

第六，进行风险评估与防范。合理的风险评估与规避措施的设计是投资项目实施的重要前提，通过揭示风险来源、判别风险程度、提出规避风险的对策来降低风险、减少损失。风险评估主要有法律政策风险、市场风险、财务风险、经营管理风险、回款风险等。针对辨识出的风险，分析风险发生的概率大小，提出应对措施进行风险防范。

2. 创新模式设计

良好的商业模式设计可以有效规避项目政策法规、承接、运作及后期投资成本及收益回收风险，项目创新模式设计主要是在拓展阶段通过与业主前期接洽、谈判，双方基于合作共赢对拟承接项目进行模式设计及建立，模式设计要点主要从以下几点展开：

一是要符合政策法规。基础设施投资项目模式可以是 BT、BOT、PPP、EPC、FCP 或是其他多种模式，其模式设计首先要符合国家、地方政府有关法律法规，符合国家经济金融相关政策，确保项目获取程序、实施途径顺畅。

二是要符合企业相关要求。项目拓展期间应将企业对于基础设施投资项目的相关要求体现在项目模式设计中，包括但不限于项目获取程序、项目公司组建、商务条件、合同签署、还款担保、融资方案、还款资金来源及安排等。

三是要符合企业发展方向及需求。基础设施投资项目模式设计同样要符合企业发展战略、专业化发展策略与产业结构调整方向。基础设施是建筑行业未来几年最为优先发展的方向。而且，在当前国家实施"一带一路"倡议、"京津冀一体化""长江经济带"发展战略的背景下，基础设施业务的发展面临千载难逢的机遇。通过与政府建立合作关系，优化模式设计，实施专业联动，扩大高速铁路、高速公路、城市轨道交通建设市场份额。

（二）资金管理

投资项目从前期招标编制融资方案，过程中融资、工程款支付，到竣工结算后项目收回采购款，从开始到结束，项目整体运营各个阶段均离不开资金的支持。资金是基础设施投资与建设、项目推进的起点和源头。没有好的资金筹措方案，公司在项目阶段就可能拿不下项目；没有资金的落实，公司将无法适时启动项目；没有资金注入，项目将无法持续投资运营。稳健的资金流入是投资项目的血液，关系到公司能否顺利履约。整体资金管理需要走好"三步路"，即"筹钱、付钱、收钱"，紧紧围绕"四个中心"，即企业管理要以财务管理为中心，财务管理要以资金管理为中心，资金管理要以现金流量管理为中心，现金流量管理要以经营活动为中心，遵循"现金为王"的管理理念，提升资金的运作能力。具体来说，"筹钱"需要广开门路，拓宽资金来源；"付钱"需要以收定支，落实好"分资制"；"收钱"需要责任落地，及时催收清欠。

（三）投资进度管理

进度是投资项目履约、回款和效益的基础性支撑。基础设施投资项目进度管理是指在满足可研和合同时间约束条件的前提下，通过合理组织调配资源，对项目投资节奏、建设进度进行管理，实现项目投资开发总体目标。进度管理从项目合同签订开始，至项目投资全部回收结束，是涵盖了项目资金筹措与使用、合法性手续办理、规划设计、场地移交、工程施工、竣工验收、运维移交、回购回款等全生命周期开发进度的动态管理。基础设施投资项目具有开发周期长、涉及领域广、投资金额大、影响因素多等特点，进一步凸显了进度管理的重要性，同时也增加了其复杂性和难度系数。

为更好地对基础设施投资项目进度进行管理，在管控思路上，应当坚持"双五"管控法则：在管控层面，狠抓五个管控机制，即"抓策划、抓督导、抓通报、抓约谈、抓奖罚"；在建设层面，紧盯五个建设环节，即"盯总包构架、盯施工资源、盯建设手续、盯规划设计、盯征地拆迁"。以"重点抓、抓重点""抓两头、促中间"的工作思路科学指导项目进度管理。

在具体操作上，要遵循 PDCA 循环原则，坚持"策划先行，过程督导，严格考核，目标导向"的工作思路，以项目实施策划为抓手，不断强化项目过程督导和考核，努力提升进度管理的科学性和有效性。

1. P（Plan，计划）：科学策划

进度计划是进度管理的依据，在项目合同签订后就要立即编制项目实施策划并作为项目进度管理依据。项目实施策划以项目可研和合同为编制依据，涵盖了从项目公司注册成立到项目回款全部回收的项目全过程，分为项目总体实施策划和年度实施策划。项目总体实施策划是对项目全生命周期的总体策划安排，旨在初步确定项目投资、融资、回款节奏及总体效益指标等，一般要求精确到年度、季度；年度实施策划是在总体实施策划的基础上，对当年（或下年度）项目投资、资金及实施的详细计划，进度安排精确到月度。

区别于一般施工项目的策划，投资项目策划以资金为核心主线，通过资金的合理安排、经济使用和安全回收，实现投资项目的总体进度目标和效益目标。资金的合理安排要以科学的投资计划和建设计划为依据，资金的经济使用依赖于投融资的合理统筹，资金的安全回收则需由商务条件、合法性手续落实来保障。

因此，项目实施策划主要包括投资策划、资金策划和项目实施三大内容。其中，投资策划主要是根据项目开发实际对项目投资计划、建设计划进行科学安排，并对利润效益进行预测；资金策划主要是依据投资和建设计划，明确融资需求、拟订资金计划，包括注册资本金、内部借款、银行借款的筹措、使用和归还，以及回购款的回收等；项目实施部分主要是对项目公司成立、合法性手续落实、规划设计、场地移交、重点工程建设等重要进度的谋划。

项目实施策划由公司层面项目运营、合约法务和财务资金三个线条共同明确编制要求，并指导项目进行细化和具体编制，经公司审批后下发执行。

2. D（Do，实施）：强化执行

"三分计划，七分执行"。项目实施策划的落地执行是进度管理的根本保障。再好的实施策划，如果不能得到有效落实和执行，都无法实现预期的效果和价值。

必须建立项目实施策划责任体系，各项目成立实施策划工作领导小组，由项目负责人任组长、项目运营分管领导任副组长，牵头负责项目实施策划的编制、执行及月进度情况审核等工作。

必须坚持实施策划的刚性和严肃性，项目实施策划经审批下发后，不允许轻易调整，项目必须以实施策划为依据和目标，并对实施策划进行细化，制订周、日进度计划，科学组织、有序推进项目投资建设工作。

必须加强对项目的过程督导，建立项目周例会、月度推进会、季度专题分析会、（半）年度工作会等会议制度，同时辅以领导项目联点、现场督导等方式，加大对投资项目过程督导力度。

3. C（Check，检查）：严格考核

通过建立项目实施策划执行情况月报、项目实施进度月报等月进度报表制度，对项目进展情况进行动态跟踪和分析，有利于管理人员方便地检查进度计划的实际执行情况，并及时发现问题，以便采取有效的措施。

每季度通报各项目实施策划执行情况，并进行综合打分排名，作为项目绩效考核的依据，与项目领导班子和员工收入挂钩，层层传递压力、分解目标责任，全力以赴完成进度目标。

加强对投资项目全生命周期的考核，制定《项目建设目标考核办法》，充分调动各方的积极性，促进投资与施工双方目标一致、步调一致，保进度、保效益。

4. A（Act，处理）：及时修正

针对进度执行情况偏差较大的项目，要认真分析原因、制定补救措施，及时进行调整修正，加强督导落实，确保进度计划的有效执行。同时，对于开发环境发生重大变化的项目，在获得公司的同意后，及时对实施策划进行纠偏调整，使策划能够符合环境条件、项目自身客观规律和各参与方的实际情况。

遵循PDCA循环原则，通过对项目进度进行科学策划、强化执行、严格考核、及时修正调整的循环管理，从而确保基础设施投资项目开发节奏踩准时点。

（四）投资风险管控

投资项目法律风险防控至关重要，主要包括前期拓展风险预防、合同谈判风险控制、实施过程风险化解。其中，前期拓展和合同谈判阶段的风险防控工作是重点。

1. 前期拓展风险预防

首先，要重心前移，保证商业模式可行。

熟悉新型投资模式的政策法规，进行投资机会分析与风险识别，识别新模式下的潜在投资风险，梳理风险关键点与预防控制。风险防控重心前移至项目立项、可研阶段，提前介入新拓展项目商业模式设计，理顺法律关系和合同关系，为项目扫除法律政策障碍，使立项、可研更真实及可供执行。

同时，要认真研究法律法规，提出法律意见，为投资决策提供依据。

在项目立项、可研阶段出具法律意见书，提出风险防控建议，为投资项目决策提供了重要依据。法律意见书主要对项目主体、项目标的物以及拟采用的投资操作模式及路径的合法性进行法律分析和论证，说明其中可能存在的法律风险及该风险对拟从事的商业活动存在的影响。需重点防控的潜在风险主要包括：

第一，采购合法性风险：项目是否采取招标等合法形式进行采购，是否具有政府授权文件、政府会议纪要、人大或人大常委会出具的将采购款纳入跨年度财政预算的决议性文件等。

第二，项目合法性风险：项目的立项批复、环评批复、用地批复等相关审批文件是否合法完备，标的物的现有法律状况是否符合项目实施的需要，是否存在抵押质押等权利瑕疵。

第三，融资风险：项目能否融资，融资方式是否可行、多样，融资金额是否满足项目建设实际需要，贷款是否如期发放等。

第四，建设成本超概算风险：项目建设周期较长可能导致材料价格上涨，实际投资可能超出政府概算、预算。

第五，政府支付风险：政府换届、政府信用、政府财政能力以及政策法规变动等是否对政府支付产生重大影响，是否具有覆盖投资额的足额有效回购担保。

2. 合同谈判风险控制

首先要策划先行，明确谈判目标。

新拓展项目合同洽谈、谈判前先编制谈判策划，形成合法性手续、工作面移交、商务计价、回购担保、违约责任等核心谈判内容。

标前谈判策划。策划前移，标前落实谈判重点，策划前移，标前落实谈判重点，通过前期洽商力争取得满意条件。

标后谈判策划。中标后做好谈判策划，明确谈判的底线及策略目标，及时成立合同谈判小组开展谈判，对无法落实部分做好提示。

其次，认真进行合同评审，排除合同风险。

合同评审按照风险分级控制的要求，逐一排除红色风险，并提示黄色风险和蓝色风险，为投资项目健康运营提供重大支撑。

3. 实施过程风险化解

首先，实行动态分级管控，持续化解风险。

建立投资项目全周期的风险防控体系，实现对各项目风险识别、风险分级、风险控制责任分解、风险动态追踪、风险化解的动态系统管理。

针对宏观政策变化、业主履约不力而导致项目出现工作面未按计划交接、回购担保不能落地、回购款支付不及时、项目合法性手续存在重大缺陷、项目投资预算或利润可能发生重大变化等一级风险时，及时发出风险预警，落实化解措施，并明确责任领导牵头落实。对于多次提示但仍未化解的风险，应及时逐级上报，分层解决，做到风险不留存。

其次，注意合同优化，有效降低风险。

不放过政策变化和业主履约缺陷机会，注意利用国家政策调整及业主在工作面移交不及时、投资开发节奏调整及回购支付不及时等所带来的契机，做好合同优化工作，争取在支付担保、合法性手续、甩项验收和提前回款等方面再次取得突破，从而降低投资风险。

做好创造合同优化的策划，从"等机会"到"抓机会"，为实现合同优化创造更多机会，着力确保及时，甚至提前回购。

通过基础设施专业投资能力建设，中建五局开始涉猎越来越多的综合类投资业务，将企业由"建房"带到了"造城"的新境界，也带来了全局各业务板块间联动发展的新局面。如总投资60亿元的株洲"五路一中心"项目，通过投资管理公司运作，项目回购的土地湘水湾、黄河北路地块由地产公司进行开发建设，神农城商圈、长江西路六七八街区、神农塔亮化美化工程、神农大剧院、艺术中心等工程由三公司、土木公司、装饰幕墙公司承建，"一份订单，五单生意"，实现了房屋建筑、基础设施、房地产开发三大板块间的良性互动，推动了企业商业模式转型和产业升级。而且，投资项目通过签订补充协议，将回购方式由原合同的"竣工验收合格后开始回购"变为"施工期每年度完成投资额分三年完成回购"，使整个项目的回购期提前一年以上，实现了约 5 亿元投资的提前回购。

中建五局投资重大民生工程，其中国内首个深坑冰雪世界项目湘江欢乐城、中国首个 4.0 版海绵城市试点项目长沙圭塘河溪悦荟、中国最美家居小镇江西赣州市南康区特色家居小镇、重庆龙洲湾隧道及二横线等项目具有典型代表意义。

第七章

品牌化战略与管理创新

在企业竞争资源日益趋同的背景下，品牌是提升企业竞争力的关键，是彰显个性和品位、体现特色和差异的重要载体。实现企业高质量发展，必须从实施精品名牌战略入手，走精细化管理之路，不断进行管理创新，打造独具特色的企业品牌，依托科学管理和技术进步，有效提升企业的核心竞争力。

第一节　项目管理与标准化

一、项目过程管理

从某种意义来说，项目管理水平直接决定了工程质量和项目品质。我们可以通过强化项目管理，对施工和服务的"项目策划、施工组织、保修服务"三大过程实行目标管理、全过程控制，打造精品优质工程，树立良好的品牌形象。

（一）项目策划：增强前瞻性，体现诚信理念

凡事预则立，不预则废。企业要坚持项目策划"两书一报"制度，即在项目开工前就编制和审批《项目实施策划书》，提前做好施工组织策划、商务合约策划、签证索赔策划、成本管控策划、资金运行策划、质量创优策划、安全环保策划和CI策划等工作，增强工作的计划性和前瞻性，项目策划制度逐步覆盖到全局所有项目。

在实施运行中，每个项目的策划活动，主要分析施工合同的目标要求，考虑"数量、质量、时间与成本"四个因素，通过《项目管理目标责任书》明确管理目标，通过《项目实施策划书》规定生产组织设计，从"人、机、料、法、环、测"六个方面落实责任，并在实施过程中根据顾客对设计和服务等方面的新要求，以及合作伙伴的变化及时优化设计和再策划。企业要在项目开工前就把顾客要求作为首要考虑因素，坚持以顾客价值为导向，贯彻"顾客至上""诚信经营"的理念。

（二）施工组织：推行标准化，打造"精品名牌"

对项目科学地组织施工，是打造精品工程的有力保障。为实现质量好、

工期短、成本低的目标，企业实施技术和管理创新，建设了覆盖全局的综合项目管理信息化系统，包含进度、资金、成本等模块，开发了从现场到总部的"零距离"监管技术，对项目质量、成本、进度等运行绩效实时评估，确保全面受控。2008年以来，推行独具特色的"项目施工全面标准化管理"，现场施工围绕四个标准化管理子系统展开：

一是进度控制。《项目管理目标责任书》把工期履约作为重要考核指标，制定了一系列过程管理要求和基本方法。过程管理要求包括目标管理、科学工具、准确测量和实时监控等，基本方法包括建立进度管理考核体系、制订网络计划或横道图计划，引进、开发专业管理软件，建立进度管理网络平台等。

二是质量控制。建立和运行 ISO 19000 质量管理体系，制定《质量管理条例》《质量创优管理办法》等系统管理文件，明确质量目标和质量控制过程的要求与方法。同时，依托技术开发引领质量水平，通过不断的技术总结开发，形成系统工法，广泛开展 QC 活动，以及采用高于国家标准的企业标准、推行标准化管理、实行三检制和样板先行制，采用先进的检测设备和工艺，建立质量管理网络信息系统实现及时监控等，使企业的工程质量水平一直居于同行业前列。可靠、上乘的产品质量已成为企业的核心竞争力。

三是安全环境控制。首先，在《经营管理目标责任书》和《项目管理目标责任书》中，将安全作为一票否决指标，从公司领导层、项目管理层到劳务作业层都签订安全责任状或协议书。同时，运行环境和职业健康安全管理体系，建立环境管理绩效机制和节能减排工作统计体系，定期统计环境管理绩效和能源资源消耗情况，将其纳入各级领导班子的年度考核。除在项目实施策划书和施工组织设计中进行整体部署外，还制订详细的项目安全专项方案和环境管理计划，对安全与环境管理进行规划，安全与环境管理策划全面覆盖企业所有施工项目和作业过程。其次，全面实行安全生产和文明施工费用台账管理，各项目均建立安全生产和文明施工费用使用台账，专款专用，及时拨付，确保劳保用品及防护设施配备到位。再次，强化教育培训，在行业中率先实施独有的进城务工人员安全监督员机制，通过开展群众性安全教育达标竞赛活动和"我安全、我快乐"的主题安全生产月活动等，营造良好的安全工作氛围。通过建设进城务工人员学校等手段使入场教育和安全知识培训常态化，推广安全培训讲座、制作动画片等系列电子读物等实现安全培训电子化、模块化。最后，建立督办机制，公司和项目经理部分级实施安全检查和验收，建立自下而上的事故隐患报告和自上而下的事故隐患整改督办机制。企业每半年一次的重点工程检查将安全生产作为检查的重点，组织定期和不定期的专项安全检查活动，确保每个项目每月被覆盖一次以上。

四是成本控制。在理念上，树立"三次经营、全过程控制"的"全成本控制""大商务管理"概念，从一次经营阶段的工程项目前期成本预测，二次经营阶段的中标后成本策划、责任成本指标、成本过程控制分析与检查考核到三次经营阶段完工后的成本清算与奖罚兑现，形成一个循环。

在制度安排和机制运行上，制定《经营活动授权管理办法》《项目计划成本管理办法》《项目成本管理手册》等文件，建立三级成本管理体系，即项目成本监管体系、项目成本检查考核体系和项目成本控制体系，使成本管理体系运行的核心落在项目部。施工过程中实行项目风险抵押、目标责任承包，通过项目成本策划与责任分解，对责任承包指标进行细化，保证施工质量，降低整体成本，减少返工与浪费，降低消耗量成本和维修成本。企业推行项目月成本分析会制度，通过月成本分析找出盈亏原因，及时制定措施，规避风险；通过日常检查、阶段考核以及兑现奖罚监督项目运行，建立商务季报制度，并实施季度检查统计；每年开展两次经济活动综合考评。

在施工过程中，企业坚持"以点带面、样板引路"，按照"建标准、定指标、抓培训、严考核、促提高、做总结"的要求，推进施工现场标准化管理，明确提出所有在建项目要力争实现：区域项目管理先进水平达到本地项目最高水平；区域项目管理一般水平达到本地项目先进水平。

这些施工现场标准化管理的要求和措施，紧紧围绕顾客需求，把"以信为本、以和为贵"的核心价值观落实到项目的工期、质量、安全、环境和成本控制上，通过打造"精品名牌"项目、创建"精品名牌"工程，让企业通过现场带动市场,很好地推进高端市场战略、优势再造战略和精品名牌战略,实现顾客与企业的共赢。

（三）保修服务:增强主动性,提升顾客满意度

企业要坚持对新老项目实施回访、保修,不断提升顾客满意水平。

一是通过制定《施工过程控制程序》,明确服务与维修要求。对大跨度、特种结构等建筑物,不论是否在保修期,企业都应主动联系用户,提醒顾客注意事项。

二是从承接工程开始,全面跟踪产品质量,并将服务延伸至建筑全寿命周期。为确保产品服务质量的全程跟进管理,制定《工程回访维修管理办法》,并每年依据顾客的需求变化进行相应调整。工程管理部门组织施工过程中的各项检查、顾客满意度测量以及保修期内回访,建立保修和投诉台账,定期对工程质量、施工服务和回访保修进行分析、预警。

三是每年进行顾客满意度测评,提升顾客满意水平。企业制定《顾客满意度测评程序》,根据"由顾客来确定测评指标体系"的原则选择顾客认为最关键的测评指标,以期最大限度实现向顾客让渡价值。在实施过程中,坚持从与顾客主要接触点的价值提供分析开始,围绕业务运行的三个阶段,年度经营计划期内自行定性、定量走访调查,并对比分析数据。此外,依托管理信息化平台和正式会议,与业主、合作伙伴真诚交换意见,并将顾客满意数据和意见及时应用于项目管理的改进。

二、创建精品工程

工程项目是工程建设企业的窗口,是工程建设企业形象的体现,也是工程建设企业经营管理中最基层、最基本的管理单元。实施精品名牌战略、塑造品牌形象,都要求我们必须以项目为载体,全力创建精品工程,以精品工程支撑企业品牌形象。

在经济全球化和互联网时代背景下,品牌已经成为企业核心竞争力的重

要标志。实施精品名牌战略，首先需要具有强烈的创名品意识。通过将企业打造的精品转化为名品，打造顾客信任度、行业美誉度，再通过名品的辐射作用，扩大企业的知名度和品牌影响力，从强化名品意识出发打造精品工程，支撑和塑造独具特色的企业品牌。

一是确立名品的基本定位。质量是企业的生存之本，品牌是企业的效益之源。提高质量管理水平，保证产品质量是企业发展的重中之重。质量是品牌创立和发展的根本，是品牌的生命。因此，施工企业的品牌建设，必须依靠一系列高质量精品工程，逐步塑造企业的综合品牌。工程建设企业的名品的基本定位就是通过强化质量管理，创出一批鲁班奖、国优奖和省部优奖项目，从而打造企业的高端水准品牌。

二是加大名品的创建力度。依据企业对于名品的定位，大力实施名品创建战略。在精品工程创建上，不仅坚持高标准，严要求，精心施工，精益求精，而且注重树立申报意识，切实将创优工作落到实处。企业各层级要制定创优滚动计划，并以签责任状形式明确目标，实行重奖重罚，力争确保实现创鲁班奖或国优奖的既定创建目标，持续提升企业社会影响力和品牌美誉度。

三是强化名品的示范作用。在获得全国和地方授予的各种荣誉后，需要进一步根据不同单位的发展实际和特点，在不同阶段推行不同的名品标准和获奖范例。充分利用各种传播媒介，加大对名品的宣传力度，营造良好的创优氛围。组织获奖单位开展交流会、经验分享会等活动，不断提升品牌在企业内外的影响力，善于借势和造势，打造企业的知名度和美誉度，不断提升企业的市场竞争力。同时，注重总结创建名品、宣传名品工作中的好经验、好做法，挖掘培育名品创建的成功案例，充分发挥典型的示范带动作用，引领更多的单位和组织迈入名品创建的先进行列，从而源源不断地为企业输送精品项目、鲁班奖和国优工程。

三、管理标准化

"法人管项目"理念指导下的项目管理标准化与精细化，其中标准化主要体现在以《企业标准化手册》为重点的规范化、科学化管理制度体系的建立、完善和执行。

建筑施工领域的标准化可以分为两类：一是建筑产品的标准化；二是企业管理和项目管理的标准化。我们在这里重点讲"管理标准化"。

中国建筑行业的管理标准化历程大致可分为四个阶段：

一是以规范化管理为主要特征的管理标准化，如工作文件汇编、管理手册等（也可以称为管理标准化的1.0版）。

二是ISO 9000认证机制条件下的管理标准化，可以称为建筑企业管理标准化的2.0版。这一阶段，绝大多数建筑施工企业都引进ISO 9000标准以及健康安全和环保认证标准。通过三证合一认证，推进企业管理标准化工作，提升了企业管理水平。但后来由于各种原因，"认证"工作流于形式，管理效果日渐下降。

三是卓越绩效模式下的管理标准化，可以称为建筑企业管理标准化的3.0版。这一阶段，部分先进企业在2.0版的基础上全面导入卓越绩效模式，整合企业管理标准，涵盖了企业战略管理、资源管理、绩效管理等各个方面，使企业精细化管理水平大大提高。但由于我们在推广卓越绩效模式时，中国化、企业化、时代化、通俗化不够，影响了推广效果。

四是可数字化的管理标准化，可以称为工程建设企业管理标准化的4.0版。目前，整个建筑行业，一些管理优秀的企业，结合市场环境和企业管理实际，将管理标准化3.0版的成果进行全面系统地升级，通过管理标准化、标准表单化、表单信息化、信息集约化，形成了企业运营管理的标准化体系，在这个企业运营管理标准化体系中，项目管理标准是极重要的组成部分。由于企业管理标准实现了数字化，这就为标准化和信息化的无缝融合奠定了良好基础。

中建五局从2007年开始导入卓越绩效模式，全面梳理整合了全局现有管理制度，结合本企业各专业线条的运营管控现状，总结本企业内部分/子公司的成功做法，借鉴行业内和系统内先进单位经验，系统地提升和优化企业管理和项目管理制度体系，按纵向3个层次（局、分/子公司、项目经理部）、横向10个系列（公司治理类、市场营销类、生产技术类、财商经济类、投资融资类、人力资源类、风险管理类、党群工作类、企业文化类、海外经营类），统一规划编制了"中建五局运营管控标准化系列丛书"，建立健全了一个覆盖全局工程项目管理各个方面的制度体系，这套丛书合计500万字，共70册，其中属于管理标准的有42册。这套丛书，强调以"运营管控"为定语，涵盖两个方面的意思：一是讲管理制度、流程本身的设计，规定的刚性标准要求；二是强调员工在执行、落实过程中的管理行为的标准化。一方面，"中建五局运营管控标准化系列丛书"既是全局内部进行管理培训的"教材"，又是相应层级、专业线条管理人员的日常"工具书"。另一方面，全局每年两次的生产技术线、商务经济线、党群文化线等"三线检查"侧重考核分/子公司和项目经理部贯彻落实标准的情况和效果，并从公司集团层面进行年度管理标准化示范项目的打造，极大地提升了企业管理和项目管理的标准化水平。

这套"纵向到底、横向到边、全面覆盖"的标准制度体系的建立，使项目管理各层级、各专业线条的运营流程和办事规则清晰、规范，各岗位的管理行为有章可循。这套标准为企业提升工程项目管理复制能力，不断规范、科学发展，推动管理升级提供了有效保障。

项目管理标准化的目的是提高项目管理的精细化水平。精细化管理的核心是对项目管理过程实施精准、细致、科学的管理与控制，最大限度降低成本、提高质量和效率。

作为传统行业中一直以劳动密集型为基本特征的工程建设企业，管理的粗放化也是人们心目中的长期印象。而与此同时，建筑行业低成本竞争已是一个世界性趋势，低成本竞争能力已经成为建筑施工企业的核心竞争力。在低成本竞争的情形下还要实现企业的规模快速扩张，更要"目光向内，精耕细作"，走高品质精细化管理之路，才能减少成长期的烦恼，保障企业运营风险的有效管控，实现企业的转型升级目标。

第二节　管理机制创新

工程项目要实现既定的、最优的项目管理目标，就必须建立健全与外部市场环境、企业管理现状和具体工程项目特性相适应的企业项目管理体系与机制。主要是以"三次效益划分""三项责任制""三个集中管理"等为代表的多项被实践证明适用的、有效的精细化管理机制。

一、三次效益划分

所谓"三种效益划分"，是指工程建设企业应该基于工程项目管理"接活、干活、算账收钱"的三个阶段，以工程项目一、二、三次经营管理目标为对象，将工程项目的经济效益来源定性并定量地划分为三类，即"经营效益""管理效益"和"结算效益"。

"经营效益"是以企业品牌为平台，主要由营销人员和投标人员完成，项目承接与否的决策权归属于企业法人，因此承接项目形成的经营效益归属企业层面，奖罚责任对应需落实到企业的项目营销团队。

"管理效益"是以工程项目为管理对象的各管理层通过加强管理，在既定的项目责任成本基础上节约实际成本费用支出得到的效益，是以项目现场为平台，主要由项目管理团队完成，相应责、权、利的奖罚需对应落实到项目管理团队。

"结算效益"则大体包括三部分，一些是并不需要发生的额外建造成本，在现场由技术与商务管理结合，通过结算签证得来的效益；也有一些费用是现场实际并没有发生，但按照市场规则或合同约定应计取的；还有一些费用按市场平均管理水平应该发生的，但由于采用了新技术或新方法没有发生或少发生，但是能从业主那里算回来的效益。如果把"结算效益"再按管理实践进一步细分，大体可划分为这样三类："签证索赔"主要包括变更签证、认质认价、原合同条件优化（如计量、计价与支付约定向利于承包方调整，违约处罚降低或被免除，履约奖励提高等）；"技术进步"主要包括中标后的设计优化、项目实施前的方案优化（主要立足于开源性的，包括收入增加但成本支出不变或降低，收入不变但成本支出降低，收入与成本支出同时降低但成本支出降低更多等几种情形）；"市场机会"包括依据各类规则的超量、超价结算，不发生对应成本支出但依各类规定或惯例可计取得到的收入。这部分效益是由具体的技术和商务人员完成，相应责权利的奖罚就应落实到对应的功、过人员。

一直以来，绝大多数工程建设企业对项目的"经营效益""管理效益"和"结算效益"是没有进行划分的，至少是没有明确划分的。即使项目管理水平较高的企业，在确定项目预期经营效益和项目责任成本时，也还需要经过大量的讨论，常会因为效益划分不清晰而使项目创效责任、奖罚激励难以落实。一般认为"结算效益"的划分比较困难，因为它涉及来源比较多、过程原因比较杂、额度大小也参差繁复，加上工程项目周期比较长的特性以及建筑工程企业"两个中心"的特点，造成企业要精细核算"结算效益"有一定的技术难度。实际上，我们只要把握好效益划分的根本目的是清晰责任激励、力求内部公平这个原则，其划分也不是很难的一件事。

一些企业在管理实践中的做法是：首先明确企业层面对于"结算效益"的划分一定不要纠结于"结算效益"形成的细枝末节，而要采取"抓大放小、避轻就重"的原则。其次要求各子公司以总经济师为分管责任领导，成立以本单位商务合约、财务资金、审计等专业线条 3~5 名资深专业人员组成的"项目结算效益审核小组"，以确保"结算效益"划分的专业权威性。在具体划分方法上，对于工程项目实施过程中的开源创新，重点以项目策划（包括修订）中的"开源点"为依据进行单项划分；对于竣工结算阶段的开源创效，在确定"项目结算责任书"时进行分析划分。这就相对科学合理地完成了"结算效益"划分。

对于结算开源创效的工作，由于工程项目特点各异，开源创效应当各有方法，要强调在分析好项目自身特点条件下因地制宜、因时而做、因人而异，各尽所能，以"随心所欲但不逾矩"为原则，以创效论英雄。强调项目现场的所有管理必须以技术管理为基础，用商务方法来实现。强调低成本、高品质，在做好"别人的事"的前提下做好"自己的事"，确保相关方履约目标的最好实现效果是项目对外开源的前提。强调项目签证索赔的过程有效性、证据性保障，要求项目必须认真以企业层面规定的"经济档案资料"标准进行有效的签认、分类和保管。

在工程项目精细化管理中要以管理实践为基础，认真总结，对项目效益进行划分，使得法人管项目的要求、项目经理责任制的实施从企业与项目经理部的内部经济关系找到了可依之据，也因此而真正理清了企业管什么、项目管什么，两级的权责怎样才能科学划分、管理有效。各级、各岗位管理者可以各得其所，各自分别去努力，最终才有可能形成项目生产力的最大化，进而全面实现项目既定管理目标。

二、三项责任制

所谓责任制，即管理学中目标管理的俗称。责任制的核心内容在于责任目标的科学性和对企业与项目之间权责利划分的清晰、合理，执行高效。

以"方圆图"理论所阐述的"工程项目管理必须划分三种效益"为基础，一般以单个工程项目为对象，建立三项责任制管控体系。包括项目承接阶段的"项目营销经理责任制"、项目实施阶段的"项目经理责任制"和项目收尾阶段的"项目结算收款责任制"。

"项目营销经理责任制"主要是确定项目承接营销阶段的责任人和整个营销责任团队，在营销策划的基础上明确各项营销目标及对应的责权利，以"经营效益"实现效果为中心的奖罚措施。直接表现形式为《项目营销经理责任书》。

"项目经理责任制"是用目标管理的方法论，立足于《项目管理目标责任书》约定企业与项目之间责权利的明确划分，要求以项目经理为首的项目管理团队在权责范围内代表企业完成责任目标，获得既定的、"管理效益"范围的奖励或接受约定的处罚。企业在所属工程项目上的《项目管理目标责任书》涵盖了《建设工程项目管理规范》GB/T 50326所要求的全部内容，其中仅就项目责任目标的设定就充分体现了"法人管项目""系统管理"的特点。《项目管理目标责任书》中的工程项目管理目标表述为"一控、二定、三保、十实现"。"一控"是指企业层面控制项目整体总目标成本；"二定"是指企业层面确定项目管理目标与指标，确定项目利润上缴比例或金额；"三保"是指项目确保利润上缴、确保单项成本费用指标控制和确保单项大耗量指标控制；"十实现"是指项目在完成既定成本管理目标的同时，必须实现工程质量、进度、安全、环保、标准化管理、技术进步、文明施工与CI创优、证据资料管理、工程结算与收款、对相关方服务等目标。

在工程建设企业管理实务中，三项责任制是大家讨论最多的，或者说最能直接体现工程项目管理效果的责任制就是"项目经理责任制"的执行落实。对项目经理责任制的落实主要从以下方面着手：

一是企业层面在投标成本测算与价本分离上，要保证其合理性与准确性。即保证项目承接质量和企业所属项目的"管理起跑线"基本一致，这是各个公司层面的责任。

二是《项目管理目标责任书》对于项目管理过程中的责权利划分要科学，既要在各项目之间体现相对公平性，又要对项目管理目标的实现有"牵引力"。同时也要确保《项目管理目标责任书》签订及时、过程对照责任目标进行改进。

三是企业层面要坚持不懈地抓好项目过程成本考核与项目兑现奖罚的及时履行，同时项目层面也要定期分析，对照责任目标实施具体岗位管理。

四是企业对责任制管理务必有始有终，要做好对已竣工结算项目的《项目管理目标责任书》最终考核评价，与项目层面一起完成整体管理效果总结，完成总的奖罚兑现。

五是应当将项目经理责任制的评价结果运用到项目经理的管理中去，将项目经理个人绩效与其日后选拔任用挂钩。

"项目结算收款责任制"主要是针对有效完成第三次经营目标，对项目结算收款承担具体责任的项目经理及相关专业人员确定相关责任,并依据《项目结算收款责任书》的责权利约定进行奖罚的机制。它实际上是企业站在"做好自己的事情"的角度,强化实施的一种对项目经理责任制一个不可或缺的补充机制。

"三项责任制"的核心内容都直接体现了"法人管项目"和"责权利相统一"的管理要求。其有效实施还辅之以项目组织策划制、项目过程管控及项目结果考评制等一整套系统性管理机制的落实。因此,对"三项责任制"的有效建立和扎实执行,必能有效地为项目生产力创建合适的生产关系,成功改变建筑工程企业以往总是纠结于"收则死,放则乱"的项目管理困境。

三、三个集中管理

所谓"三个集中管理",就是工程建设企业将"物资、分包、资金"三类资源要素纳入企业法人层面的集中管理。物资与分包的集中管理主要体现企业法人层面在工程项目的分供方招议标选择和最终分供方评价结论上的主导管理权行使,资金的集中管理主要体现在工程项目资金必须遵循"资金上存、以收定支、有偿使用"的管理要求。

"三个集中管理"既是对"法人管项目"理念的落实,又是合理划分企业与项目经理部之间权责的科学授权管理体现。对于资金集中管理而言,既要充分体现企业法人基于履约责任主体而必须拥有的资源管控权威,确保所属各工程项目的资金集中到公司、企业集团层面,对工程项目的资金使用坚持以收定支,项目与企业之间都形成明确的资金价值观,对相互占用的资金都要遵守有偿使用的原则。对于物资与分包采购的集中管理而言,主要是发挥集团的资金集中优势、财务支付手段优势和采购总量上的优势,在保证采购质量的前提下有效降低成本。

企业要按照"集权有道、分权有章、授权有序、用权有度"的原则建立合理的授权管控机制。集中管理一方面是方向,要坚定不移地加大推进力度;另一方面要客观评价企业的管理状态和相关物资与分包的客观特点,有序有度地进行授权集中管理,有步骤地提升集中管理质量,不能搞"一刀切"。如在物资集中管理上,就必须根据物资属性、地域特点逐步分层级集中管理,可以分为集团集中管控的物资采购、分/子公司层面集中管控的物资采购、地区集中管控的物资采购等多种形式。同时,集中采购还要根据本企业的资金支付与财务支付手段综合运用能力状况的不同,处理好先集中哪些、后集中哪些,协调好先集中到哪个层面、后集中到哪个层面。这也就是体现了生产关系必须与生产力相适应的要求。即企业建立的机制既不能落后,也不宜盲目超前,否则,可能好的理论方法却形成了不理想的结果。

第三节 技术进步与创新

科技进步是一个国家经济发展的决定性因素,创新是一个民族进步的灵魂。科技与创新,对一个企业而言同样不可或缺,它们是企业在日趋白热化、同质化的市场竞争中赖以胜出的核心能力。科技为企业提供了从困境到新生的动力源泉。

一、科技进步强化企业核心竞争力

所谓核心竞争力,是指企业独有的支撑企业较竞争对手具有持续竞争优势的核心能力。核心竞争力的特点是:以企业独有的核心技术或产品为主要特征,也包括管理、操作工艺诀窍等方面的因素;是对手在一定时期内难以模仿、破解或者模仿、破解起来成本太大的优势;形成稳定的垄断或独占性的利润。

(一)确定科技发展战略目标

科技发展战略目标是指以持续提升企业核心竞争力为目标,以"支撑项目、支撑经营"和"创造效益、创造品牌"为己任,坚持市场导向,坚持科技创新,坚持管理创新,坚持机制创新,坚持商业模式创新,坚持以人为本,大力开展技术基础管理工程、科研专项工程、人才工程、"金点子"工程、信息化工程"五项工程"建设,为企业持续发展提供科技支撑和技术引领。

要提升企业自主创新能力,强化技术对生产经营的支撑作用,加大科技研发投入,普及信息技术应用,完善创新体系和信息体系,要在绿色建筑设计建造及住宅产业化领域、隧道与桥梁施工领域、节能幕墙(门窗)及既有建筑节能改造领域和机电系统设计安装领域实现从技术跟随到技术引领的跨越,取得一批达到国际国内领先水平的技术成果,形成具有核心知识产权的产业化技术成果。

(二)建立健全科技管理体系

企业设立科学技术委员会,加强对重大科技工作规划、科技投入决策工作;建立专家顾问委员会,加强对重大科技研发和项目重大技术攻关工作的咨询和指导。此外,以提升科技创新能力为目的,企业成立技术中心并取得省级技术中心认定,在此基础上逐步完善优化以技术中心、信息中心、检测中心和设计管理为核心的科技设计部,为进一步强化科技管理组织机构和队伍建设奠定基础。

(三)创新项目技术基础管理机制

项目技术基础管理是工程管理的关键。坚持以"两优一审一复核"为重点,强调施工组织设计和专项施工方案的策划、优化、审批和复核程序的严谨性,对重大方案要求根据工程实际进行复核和优化,以保证其科学性、有效性和经济性。通过重点工程检查、专家会审、网上审核等机制,企业有效地提升了方案的策划水平和实施效果,有力地促进了技术管理基础能力的提升。

(四)形成科技创新工作机制

企业应以技术中心建设为核心,以重大工程建设为依托,以科研课题、科技示范工程和项目新技术开发与应用为工作重点，以科学技术奖、工法、专利等为主要成果形式，重点加强科技鉴定与科技成果申报工作，建立以自主创新为主、产学研合作平台为支撑的科技创新工作机制，着力提升企业的核心创新能力。企业还可开展"技术创效金点子"总结工作，以实现缩短工期、提升质量、保障安全和降低成本的目标。同时，围绕铁路、隧道和超高层施工技术集成，企业加强与各高等院校的研发合作，完成一批高层次的科技成果鉴定。

二、"四有科技"驱动工程提质增效

"科学技术是第一生产力"不容置疑，然而对一个工程建设企业来说，什么样的知识、技术才适用，并能真正使企业强身健体、提质增效？这需要企业决策者认真思考、积极探索。对建筑工程而言，科技的生命力在于应用，科技的动力在于创效，科技的基础在于项目，科技的发展在于机制。

（一）"有用科技"

科技是第一生产力，但科技只有应用到生产实践当中才是第一生产力。作为企业，科技工作的一切出发点和立足点都在于"用"。好看但不中用的科技，在企业中没有生命力。特别是对于一线的建筑施工企业。因为企业不是理论研究机构，如果不把应用作为出发点，仅仅从理论到理论，科技发展的生命周期就不会持久。

从事科技工作的员工，如果仅仅强调技术的重要性，不从应用的角度去思考，科技应用的推动工作就会更加困难。企业科技的作用就是加强技术与经济的互动，让技术方案真正能用于指导施工，有效地降低成本，发挥技术应有的效用。

发展"有用科技"，需要提升企业在自身业务领域的专业技术自主创新能力，建设完善科技创新平台，以企业技术中心为主要平台、以工程项目为主要纽带、以专业技术人才为依托，联合高校与科研机构，产学研相结合，开展专项科研课题，推进研发成果应用。结合建筑施工特点，促进项目施工全过程的资源、能源节约和综合循环利用。立足于节能减排、绿色建筑及建筑工业化，做好技术研发、技术积累，增强企业的科技竞争力。

（二）"有效科技"

企业是一个经济组织而不是一个学术机构，是一个实践者而不是一个理论家。企业科技创新的目的在于创效，包括经济效益、社会效益和人才效益。无效的科技，在企业中走不长远。要依托科技创新，努力推动企业的产品与产业升级，由低端市场走向高端市场，从低价竞争"血拼"的"红海"转向相对宽松的"蓝海"。围绕"大项目、大业主、大市场"，致力于打造高端项目，重点为"高、大、特、外"项目提供坚强的科技支撑，提高高端市场的占有率，促进高端产业的突破。保证企业在巩固传统承建业务的基础上，向上游和高增值环节延伸价值链，提高产品科技含量和竞争实力，促进企业由量变到质变的跨越。

（三）"有根科技"

项目是科技工作的载体和平台，企业的科技工作必须坚持市场导向，必须根植于每一个具体的施工项目，夯实科技基础管理工作，有效地服务于项目的投标和履约，确保项目建设的工期、质量、安全、成本等基本目标。应加强项目前期策划，明确项目技术研发与科技创新的切入点；要加强项目技术成果的总结与集成，为项目创造效益、创造品牌提供有力支撑。只有这样，企业的科技工作才能根深本固，而不是随波逐流、迷失方向。

（四）"有保障的科技"

要实现有保障的科技，要从下面几个方面入手：

第一是思想有保障。企业的员工要对科技有正确认识，没有科技作支撑，企业发展可能会寸步难行。

第二是组织领导的保障。要把科技创新工作摆在企业科学发展的突出位置,企业的领导班子要从战略的高度认识科技与创新工作,从持续发展的角度落实科技与创新工作。

第三是人才队伍的保障。要加强科技队伍建设,运行好企业的技术中心。企业的技术中心要成为企业的专家库,配备深基础、模架、钢结构、混凝土、隧道、桥梁、节能、幕墙、机电、信息技术等方面的专家,服务于全局。建立人才资源的共享机制。技术中心要以大项目为载体,着重应用技术的研究,着重项目的专项技术方案策划和解决项目的重大技术难题。课题研发是高新技术企业的一项重要工作,企业技术中心要做好课题研发及其管理工作,企业重点课题由企业技术中心负责,企业一般课题由二级单位负责。企业技术中心要以转变生产方式和产业结构调整战略为指导,注重前瞻性技术的研究,做好前沿的或国家产业导向性专业的技术储备,如地铁轨道工程、既有建筑改造工程、绿色节能建筑技术、光电光热建筑一体化技术等。

第四是财务资源要有保障,主要是指为企业的科技创新提供有力的财力、物力保障。

第五是考核机制也要有保障。科技工作上产生的成果,创造的不论是经济效益还是社会效益,企业都应该给予奖励。企业通过健全考核机制,对科技人员取得的突出成绩,以奖励这样一种载体、形式给予肯定,使科技人才得到尊重。

三、科技要素助力工程管理升级

企业是技术创新的主体,工程建设企业需要通过科技要素来推进工程管理升级。

(一)增加科技投入,激发创新动能

科学技术能促进经济的发展,但企业发展科学技术需要经济投入。在发展社会主义市场经济过程中,企业是技术创新投入的主体。目前,我国大中型建筑工程企业研发费用支出占企业营业额的比例不足2%,而世界500强

企业一般在 5%~10%，医药、电信、IT 等行业甚至达到 20% 以上。经费投入不足，严重制约了建筑行业的科技创新。

将科技投入纳入全面预算管理，建立科技发展专项资金制度。企业可以积极通过向国家、总公司及各省、市科技主管部门申请重点科研项目的立项，来补充科研经费来源。课题研发是解决项目关键技术和重点难点技术问题的平台，是核心技术开发和关键技术集成的平台，企业应加大科研课题的投入，鼓励科技人员开展科研活动，企业科技部门对专项资金进行专项预算管理，资金专项用于课题的研发。

加大科技投入，既是对当前项目质量、安全、进度的投入，又是着眼企业长远发展的一项投入。企业要建立专项研发资金，支持重点科研课题的开发。

企业应加大对技术改造的投入和重大装备的投入，鼓励以大项目为载体，购置代表行业先进水平的工程机械装备，提升市场竞争力。适应"世界是平的"这个大趋势，推进企业管理的信息化和工程信息技术应用，是一种前瞻性眼光。企业要继续加大投入，投入信息化设备、投入信息化应用软件、投入热情和追求，让信息技术成为企业持续发展的强大驱动力。

（二）着力科技资源管理，提升项目履约能力

首先要做好技术标准化工作，实现工作流程标准化、通用技术标准化和技术标准图表化。同时加强行业科技情报工作，重点收集企业科技工作简报、重大技术问题解决方案、行业重大工程建设动态、重点领域技术进步情况、重要材料设备发展现状五个方面的内容，加强员工队伍的培训与交流，充分发挥技术创效功能。

（三）着力信息技术建设，推动常态化应用

信息化、数字化是一项全员参与、全员学习、共同提高的创新活动，要坚定不移地把信息系统的应用作为一项日常工作来做。企业要全面建设和运行管理信息化集成系统，包括集团门户、协同平台、档案管理、人力资源、财务资金、电子商务、市场营销、生产技术、商务合约、数控中心十大子系

统,综合项目管理与投资项目管理两大支撑系统,实现总线集成、单点登录,有效提高企业管理效率,支撑企业管理升级、资质升级。

(四)着力完善科技评价和奖励制度

要做好有关的技术基础工作,如科研课题管理、工法管理、专利管理及其他高新技术的引进推广应用工作。完善科技考核指标体系,将人员培训、科技投入、科技成果和成果应用纳入企业负责人的业绩考核。设立科技奖励资金,表彰作出突出贡献的先进集体和个人。企业可将科学技术奖、工法、专利、论文、优秀施工组织设计、项目科技创效、群众性创新活动等纳入科技奖励范围,形成制度,每年表彰一次。

(五)着力低碳技术研发,助推高质量发展

企业要立足于国家节能减排、绿色建筑及住宅产业化政策,围绕核心技术开发、关键技术集成和重大成果产业化,逐渐形成自身产业能力优势,建立起企业绿色建筑、绿色施工工作体系。同时,企业要建立和强化在大型公共建筑、超深地下工程施工、高速铁路、城市与跨江隧道、大跨度桥梁建造、节能幕墙与可再生能源利用、城市综合体营造等方面的核心技术优势,培育企业的核心专业技术能力。为顺应建筑业未来的发展方向,要将住宅产业化作为一项战略来重视和规划,积极与相关方面接洽,有序展开合作与实践,尽快在建筑工业化上迈出实质步伐,达到发展绿色施工、降低建造成本、提高建造质量和精度、解决劳务队伍匮乏难题等多重效果。

(六)着力优化营销策略,提升高端市场影响力

着力"大项目、大业主、大市场"的三大营销策略,开展以大项目为载体的科技研发工作,从核心技术开发、关键技术集成和重大成果产业化三个方面入手,以技术中心为主组织重大项目开展专项课题研究,紧密联系高校与科研机构,产学研相结合,全面提升课题研发技术含量,从而提高企业在高端市场的影响力。

四、绿色低碳建造

低成本、少能耗、多产出、优品质、高效益是我们追求的目标，如何才能做到呢？近年来，建筑行业开展的"绿色行动"具有很重要的积极意义。所谓"绿色行动"，应该包括"绿色建造""绿色施工""绿色建筑""绿色城区"等四个层次。

（一）绿色建造

"绿色建造"是指一个项目从投资者角度在规划设计阶段就要考虑节能减排，在源头上落实生态文明建设要求，要大力推行工程项目总承包制，实行设计施工一体化，改革设计、施工分离的管理体制，使投资、规划、设计、施工等全过程都践行生态文明理念，消除"肥梁胖柱"，减少过度奢华建筑，提高资源利用效率，减少资源消耗。与此同时，要大力推广工厂化预制、现场装配化施工的工业化建造方式，依靠科技进步，实现节能降耗，减少污染，降低工程项目的建造成本。

在建筑业中提倡节地、节能、节水、节材、保护环境，对中国的可持续发展起着重要的作用。绿色施工技术是具有可持续发展思想的施工方法或技术，能够显著减少对场地环境的干扰、填埋废弃物的数量以及在建造过程中使用的自然资源，同时，还可将建筑物建成后对室内空气质量的不利影响降到最低限度。企业应当积极践行绿色施工理念，建立科学、有效的环境保护和节能减排机制，规范环境保护和节能减排行为，提高施工现场的环境管理水平，降低能源和资源的消耗。

（二）绿色施工

"绿色施工"是指在工程项目施工阶段，注意节能减排，在项目建造施工的全过程落实生态文明建设要求。要大力推广绿色施工新技术、新工艺，做好节能、节地、节材和环境保护工作。推广可重复利用的生产工具与周转材料，促进施工过程中资源与能源的节约和综合循环利用。要大力发展建筑垃圾处理产业，推行建筑垃圾分类归集，专业回收处理，鼓励修旧利废，推广垃圾处理、垃圾发电、垃圾再生等建筑废弃物处理资源化利用，实现变废为宝，化腐朽为神奇，发展循环经济。

开展创建节约型工地活动。以节能、节地、节水、节材和环境保护为重点，开展创建节约型工地工作，明确项目节能目标，通过加强项目施工策划，优化节能措施，加强现场管理，健全节约制度，依靠科技进步，深挖节能潜力，促进施工全过程的资源、能源节约和综合循环利用。如在施工过程中严格进行污水控制、噪声控制、扬尘控制、有毒有害气体排放控制和有毒有害废弃物排放控制；对办公活动中产生的废电池、硒鼓、墨盒、荧光灯管等有毒有害废弃物按规定分类回收；厉行能源节约和施工材料节约，施工前对项目进行"价本分离"，做好能源消耗预算，完善水、电、油料节约和降耗策划；完善钢材、木材、水泥、商品混凝土等主要材料的节约和降耗策划，确保控制目标、指标和措施完善有效；鼓励应用"四新"技术和科技攻关节约材料等。

（三）绿色建筑

"绿色建筑"是指建筑物本身要具有节能、产能功能，在建筑物的使用运维阶段降低能耗，落实生态文明建设要求。要以建筑物全生命周期来考量能源消耗，降低建筑物运维成本，综合考虑建筑物节能、环保、低碳、生态等诸多因素，大力发展光伏、光热技术、外墙保温技术，建造更多的"低耗能建筑""零耗能建筑"乃至"产能建筑"。要加强绿色材料的推广应用，加快淘汰高能耗、高污染的材料，减少对木材、黏土等自然资源的耗费，大力发展绿色建材。绿色建筑是在建筑的全寿命周期内，最大限度地节约资源、保护环境、减少污染，为人们提供健康、适用和高效的使用空间，与自然和谐共生的建筑，具有选址规划绿色合理、资源利用高效循环、综合措施有效节能、建筑环境健康舒适、废物排放减量无害、建筑功能灵活适宜等六大特点。

可再生能源在建筑中的应用，是创建资源节约型和环境友好型社会的重点领域和关键环节。太阳能光伏发电与建筑一体化技术，就是通过建筑物与光伏发电的集成化，在建筑物的外围护结构表面布设光伏阵列产生电力，既实现传统建筑围护结构的隔声、隔热、安全、装饰等功能，又可以通过光电转化产生电能应用于建筑本身或并入城市电网，充分体现了建筑的智能化与人性化特点。

（四）绿色城区

"绿色城区"是指综合考虑区域的人口、资源、经济、社会、文化和生态环境等重要因素，将城镇社区建设置于整个经济、社会、人文和生态系统中，在新型城镇化建设中落实生态文明要求。要统筹规划布局，坚持敬畏山水、环境优先，敬畏历史、文化优先，敬畏人性、民生优先的基本原则，大力发展绿色、节能、环保的新社区。推广新技术、新材料、新能源、新工艺，建设绿色、健康、零碳社区，打造科技创新、以人为本、生态宜居、可持续发展的活力新城。

建立环境管理体系。明确单位主要领导是节能减排工作的第一责任人，建立各级环境管理机构，充实人员，明确职责。利用科学的管理工具，识别、评估各类环境因素，进行节能整体策划和施工工艺策划，明确节能降耗的专项措施，并对全员进行相关知识和技能的培训，加强施工过程监控，定期对节能降耗的效果进行总结评估，着力实现环境管理的系统化、规范化、标准化管理。

开展"绿色低碳建造行动"，既是国家"碳达峰""碳中和"发展目标和生态文明建设的战略要求，也是社会市场的客观需要，同时，又是工程建设行业持续发展的必然选择，更是工程项目精细管理的题中之意。许多具有战略眼光的工程建设企业在实施"绿色低碳建造行动"，优化生产要素配置，强化成本管控，提升精细化管理水平，降低能耗，提高效益等方面做出了不懈努力，取得了可喜的成效。

第四节　商业模式创新

一、我国建筑业的发展历程

从中华人民共和国诞生至今，建筑行业历经了一系列变革，不断调整发展方式，推陈出新、与时俱进，实现了飞跃发展。梳理回顾中华人民共和国建筑业的发展历程和发展轨迹，从中找出发展变化的规律性和必然性，对当今的建设行业和建设企业都是大有益处的。我认为，我国建筑业的发展历程大致可分为六个阶段：

（一）国家计划经济体制阶段（1949—1960 年）

1949 年 10 月 1 日，中华人民共和国中央人民政府宣告成立，中华民族进入了社会主义建设新时代。中华人民共和国成立之初，一穷二白，又面临着西方势力的围追堵截，我们采取了"一边倒"的国家政策，通过学习苏联"老大哥"经验，在计划经济体制下，完成了中华人民共和国国民经济的总体布局。此一时期国民经济大发展，大规模建设在全国展开，建筑业在完成总体布局的基础上快速扩张，建筑产业的基本家底和管理体制也在这一时期基本形成，这为今后中华人民共和国建筑业的长期发展奠定了基础。

1952 年 2 月，毛泽东主席签署命令，批准中国人民解放军一部分部队转为工程部队，投身于国家建设。同年 4 月，毛泽东主席和周恩来总理签署《中央人民政府军事委员会、政务院集体转业部队的决定》，将原属西北、西南、华东、中南 4 个军区和二十三兵团的 8 个师转业为建筑工程师，确定番号为第一至第八工程师。8 万军工集体转入建筑业，为建筑业的发展增加了一支生力军，并成为组建建筑工程部直属工程局的基础。

1953 年 6 月，毛泽东主席批发《中共中央关于力争三年建设长春汽车厂的指示》，同年 7 月，第一汽车制造厂破土动工。经过三年的土建施工、设备安装和生产准备，1956 年 7 月，长春第一汽车制造厂如期建成投产，并成为该时期典型建筑。

当时，苏联援助中国 156 项工程，随后在 1956 年，苏联部长会议副主席米高扬率团访华时又决定再援助中国兴建 55 个新的工业企业作为对 156 项工程的补充，包括军事、冶金、化工、机械、能源等多个项目领域。在苏联的援助之下，中国工业制造能力显著增强，中国建筑业逐渐成长。

这一时期的重大影响事件主要有：中华人民共和国诞生、抗美援朝、学习"老大哥"、国民经济基础布局、北京"十大建筑"等。

（二）准军事化管理体制阶段（1960—1978 年）

1960 年 7 月 16 日，苏联单方面终止合同。此时苏联援建中国的项目达到了 304 个，到 1960 年底建成 103 个，201 个正在建设中，全部撤走在华专家，而且带走全部设计图纸和有关资料，使一些重大设计项目和科研项目被迫中断，正在建设的 200 多项工程有一大批被迫停工"下马"。

随着苏联"老大哥"变脸，中苏关系交恶，中国建筑行业开始走上独立自主、准军事化管理的发展阶段。国家一方面要搞经济建设，另一方面还要准备打仗，党中央决定组建基建工程兵、扩充铁道兵。"深挖洞、广积粮""大三线建设"等成为中国建筑业的主战场。

1961 年，国家基本建设投资由 1960 年的 388.7 亿元锐减到 127.4 亿元，1962 年又减到 71.3 亿元。由于投资额大幅度压缩，全国建筑行业进行大规模精简，全民所有制职工人数由 557.2 万人减少到 193.3 万人，其中，建筑工程部系统由 146 万人减少为 56.8 万人，减少了 89.2 万人，将近 2/3。一些省市撤销了建筑工程局，并动员大批职工回乡务农。这一时期，我国建筑行业经历了一段压缩、精简的低迷期，给中国的社会主义建设事业造成了巨大的困难和损失。

1962 年初，中央工作会议（七千人大会）召开，建筑业开始广泛总结"大跃进"的经验教训，并重新制定措施、组织力量，开始停止集体企业盲目升级为国有企业的做法，恢复集体所有制形式，使生产关系进一步适应生产力。与此同时，将1958年下放企业收回8万多人，重新组建了8个工程局。在远离沿海地区的四川、贵州、云南、西藏、新疆、山西、内蒙古、黑龙江等18个省、自治区进行了大规模的建设。1966年，组建基本建设工程兵，扩充原有的铁道兵，使从事建筑业的现役军人达百万以上，加上建设兵团等准军事化建设力量，中国建筑行业准军事化管理为主体的体制基本形成。

1965年12月东风号万吨巨轮建成，1969年12月南京长江大桥建成通车等，是这一时期中国经济建设的重要成就。1973年，毛泽东主席、周恩来总理批准引进一批进口项目，如辽阳化纤厂工程等，提出了加强港口建设，对发展国民经济起了重大作用。

这一时期的重大影响事件主要有：苏联专家全部撤走、原子弹爆炸、组建基建工程兵、扩充铁道兵、"大三线"建设、中华人民共和国加入联合国、尼克松访华、粉碎"四人帮"等。

（三）企业承包经营管理体制阶段（1978—1987年）

1978年，十一届三中全会决定把党和国家的工作重心转移到社会主义经济建设上来，实行改革开放，拉开了我国施工企业管理体制改革的序幕。这一时期，中国建筑业在国家发展规划中被列为支柱性产业，建筑业改革大纲发布实施，企业承包经营制全面推行。体制机制的改革，极大地解放了生产力，建筑业发展迅猛。

1979年8月，国务院批准了《关于基本建设投资试行贷款办法的报告》，在基本建设领域开始试行"拨改贷"，改变了以往政府财政无偿拨款的计划经济模式。1980年4月，国家正式提出赋予国营施工企业经营管理自主权，实行利润留成制度，给施工企业留有合理利润，经营责任制开始在国营施工企业中陆续推行。1983年，建筑企业开始实行"利改税"。同年2月，建设部发布《建筑业改革大纲》，提出十个方面的改革举措，推行企业承包经营制。同年3月，国家计委等部门联合发布了《基本建设项目投资包干经济责任制试行办法》，按建设规模、投资总额、建设工期、工程质量、材料消耗包干，实行"责、权、利"相结合的经营管理责任制。1984年9月，颁发了《国务院关于改革建筑业和基本建设管理体制若干问题的暂行规定》，提出了16项重要改革举措，包括全面推进基本建设项目投资包干责任制、大力推行工程招标承包制、全面推行技术经济承包责任制等。随后，国家计委等单位又相继颁发了一系列的规定和办法，标志着我国建筑业改革的全面启动和基本建设管理体制的重大转变。

从1978年至1983年，我国建成投产的大、中型项目达595个，如上海宝山钢铁总厂、葛洲坝水电站、京秦铁路复线电气工程等一大批大型的具有现代化技术的建设项目。陡河电厂、秦岭电厂、北京石化总厂、上海石化总厂等骨干项目，也都在此期间建成投产。同时期，在电力建设、油田建设、铁路的复线电气化建设以及港口建设等方面均有重大进展。1984年，中国建筑集团以"三天一层楼"的速度建设当时中国第一高楼——深圳国贸大厦，由此产生了传颂至今的里程碑式口号——"深圳速度"。

这一时期的重大影响事件主要有：十一届三中全会、八二宪法、建筑业改革大纲、厂长经理负责制、百元产值含量包干、利改税、青藏铁路、"深圳速度"等。

（四）"项目法施工"模式阶段（1987—1997年）

1987年8月6日《人民日报》头版发表长篇文章——"鲁布革冲击"。相关领导作出批示，要求全国推广"鲁布革"工程管理经验，开启了我国建筑业生产方式和建设工程管理体制的深层次改革。

鲁布革水电工程建设中引进世界银行贷款，面向国际公开招标，全面引入竞争机制。日本大成公司以最低价中标后，实行项目法施工，达到了缩短工期、降低造价、质量优良的目标。这对我国原有的建设模式产生了强烈的冲击，形成了在工程建设领域具有划时代影响的"鲁布革经验"。1987年7月，国家计委等五部委批准18家企业作为第一批"鲁布革经验"推广试点单位先行先试，以"工程招标投标"为突破口，以"管理层与劳务层分离"为标志，推行"项目法施工"。"鲁布革经验"开启了我国工程建设领域改革的新篇章，后来的招标投标制度、工程监理制度、总承包管理等皆受此影响。

1995—1996年，国家建设主管部门按照国际惯例就推行项目管理进行了大量的调查研究，先后两次发布推行项目管理的指导意见，提出了推行工程项目管理实现"四个一"的管理目标，推动了"项目法施工"的实施进程。

1987年，"中国建筑工程鲁班奖（国家优质工程奖）"设立。"鲁班奖"的设立推动了企业质量管理能力的提升，增强了获奖企业的社会信誉、知名度和积极性，促进了全行业工程质量水平的提高。

1992年春，邓小平同志的南方谈话冲破了关于市场和计划争论的框框，当年10月党的十四大提出建立社会主义市场经济体制的目标，要求完善市场环境，转换建筑企业经营机制，使建筑企业成为真正的市场竞争主体。

这一时期的重大影响事件主要有：鲁布革冲击、项目法施工、两层分离、招标投标制、施工监理制、企业资质管理、鲁班奖设立、"南方谈话""分税制"、宏观经济调控等。

（五）"法人管项目"模式阶段（1998—2013年）

1998年3月，《中华人民共和国建筑法》正式实施，随后《中华人民共和国招标投标法》《建设工程项目管理规范》《建设工程监理规范》等一批法律法规和规范陆续发布，建筑市场管理向法治化、规范化发展。在此背景下，中国建筑集团率先提出"法人管项目"理念，进一步丰富了企业项目管理的内涵。

2001年，时任中国建筑集团总经理的孙文杰首次提出"法人管项目"的理念，而后创新了"法人管项目"的管理模式。这种模式主要体现为"三集中"，即"资金集中管理、大宗材料集中采购、劳务集中招标"，通过"三集中"管理，实现企业体系管理的精细化和法人管理的集权化与集约化。中国建筑集团提出的区域化经营、专业化发展、精细化管理、国际化协同的管理理念逐渐被行业认可，成为许多优秀建筑企业运营管理的基本做法。2003年5月，我率先正式提出了"三次经营"理念，而后又总结提炼出"工程项目成本管理方圆图"理论模型，丰富了"项目法施工"和"法人管项目"模式的科学内涵。

2001—2010年，建筑业总产值以20%左右的增长率稳定上升。2009年，"4万亿"救市计划实施，在应对全球金融危机，确保建筑业平稳发展的同时，出现了一些弊端。2010年开始，建筑业产值与固定资产投资增速均显现出下行趋势。建筑业产值规模虽然保持了快速发展，但可持续发展能力仍显不足，发展模式粗放，发展质量不高，标准化、信息化、精细化水平较低，管理手段落后，建造资源耗费量大，技术进步较慢，市场主体行为不规范，诚实守信的行业自律机制缺位。

（六）向高质量发展转型阶段（2014年以来）

建筑业的发展虽然历经一路风雨，但始终在持续前行。随着PPP模式的推广、"一带一路"倡议的提出、供给侧结构性改革的推行、中国特色社会主义进入新时代、中美贸易战等一系列新时点的来临，建筑业发展也进入了新的阶段。

2014年财政部发布了《财政部关于推广运用政府和社会资本合作模式有关问题的通知》《政府和社会资本合作模式操作指南（试行）》，国家发展改革委发布了《国家发展改革委关于开展政府和社会资本合作的指导意见》《政府和社会资本合作项目通用合同指南（2014版）》，大大促进了PPP模式在全国各地的快速推进，PPP模式给建筑市场带来了深刻变化。

2015年3月，国家发展改革委等部门联合发布了《推动共建丝绸之路经济带和21世纪海上丝绸之路的愿景与行动》。2017年境外业务完成营业额11382.9亿元，同比增长7.5%，新签合同额17911.2亿元，同比增长10.7%，共建"一带一路"国家业务已占境外业务总量的近一半。2018年全国有69家企业入围国际承包商250强，上榜企业数量蝉联各国榜首。

2015年11月，中央提出供给侧改革战略，通过调整产业结构、区域结构、投入结构、排放结构、动力结构以及分配结构，提高企业的资源配置效率与可持续发展能力，进而提高企业的竞争力。2018年政府工作报告中指出："按照高质量发展的要求，统筹推进'五位一体'总体布局和协调推进'四个全面'战略布局，坚持以供给侧结构性改革为主线，统筹推进稳增长、促改革、调结构、惠民生、防风险各项工作",提出了我国经济由高速增长转向高质量发展的新要求。

从发展质量来看,建筑业在装配化、绿色化、信息化等方面取得了一定成效,向高标准、高品质、高效益发展又前进了一步。但建筑企业应当因势而变,坚持高质量发展,做好做强自己,相信未来可期。

近几年重大影响事件主要有:PPP模式推广、供给侧改革、"一带一路"、营改增、信息化、高质量发展、宪法修正案、中美贸易战等。

前事不忘,后事之师。中华人民共和国就是在苦难中诞生,在磨难中成长的,中华人民共和国建筑业也是在困难中壮大,在竞争中发展的。当今世界正面临着百年不遇之大变局,国际国内各种矛盾交织在一起,形势错综复杂,瞬息万变,挑战无数,困难重重,如何应对,无时无刻不在考验着我们的能力和智慧。中华人民共和国建筑业在经历了国家计划经济体制阶段、准军事化管理体制阶段、企业承包经营管理体制阶段、"项目法施工"模式阶段、"法人管项目"模式阶段和向高质量发展转型阶段等这六个发展阶段的磨炼,积累了丰富的经验及教训,这些都是我们的宝贵财富。

二、企业经营管理模式的演变

中国建筑行业在不断发展与革新的同时,企业的经营管理模式也在不断演变。自中华人民共和国成立以来,随着我国经济建设的发展,企业管理模式大体上经历了以下演进:

(一)生产型经营管理模式

生产型经营管理模式的特点是以产量与产值为导向来实施管理。在这一模式下,建筑企业是物质生产性单位,建筑产品还不具有完备的商业属性。要经营管理好企业,只需要听从指令和安排,把工程任务干完即可。在项目建设完成时,往往无须核算生产和建设的成本和效益。具体来看,生产型经营管理模式又经历了以下三种模式的变化:

一是建设单位自建自营模式。中华人民共和国成立初期,我国面临着恢复和发展国民经济的任务,需要大量的基本建设投资,但是当时设计和施工力量十分薄弱和分散,国家只能把生产单位和建设施工单位合为一体,采用建设单位自营方式组织工程建设。所谓自建自营模式就是建设单位自己组织设计人员、施工人员,自己招募工人和购置施工机械,采购材料,自行组织工程项目建设。这一模式在当时的历史和经济条件下,使建设与生产结合紧密,可充分利用建设单位现有资源和有利条件,减少建设与生产部门之间的矛盾,对直属设计单位、施工队调动灵活,加快了建设速度。在这种模式下,企业集生产单位、建设单位两种职能于一身,往往无法核算生产和建设的效益,在项目建设完成时,如建设任务不足,设计、施工人员就成了企业的包袱,也不利于积累建设经验。

二是建设单位负责制管理模式。从1953年至1965年,随着经济建设发展、社会固定资产投入、建设资金投入与社会环境的变化,我国建设管理模式从建设单位自建自营模式转变为建设单位负责制管理模式。在这期间,我们主要学习苏联模式,实行以建设单位为主的甲、乙、丙三方合同制。甲方(建设单位)由政府主管部门负责组建,乙方(设计单位)和丙方(施工单位)分别由各自的主管部门进行管理。建设单位自行负责建设项目全过程的具体管理。设计、制造、施工任务分别由各自的政府主管部门下达,项目实施过程中的许多技术、经济问题,由政府有关部门直接协调和解决。

三是工程建设指挥部管理模式。1958年之后,我国出现了工程建设指挥部形式的管理模式。这种模式是由政府主管部门牵头,组织建设单位、设计单位、施工单位针对具体项目成立指挥部、筹建处、办公室等,把管理建设项目的职能与管理生产项目的职能分开,工程建设指挥部负责建设期间的设计、采购、施工管理。项目建成后移交给生产管理机构负责运营,工程建设指挥部即完成使命。这种管理模式,由于指挥部是政府主管部门的派出机构,因而在行使建设单位职能时有较大的权威性,可以依靠行政手段协调各方面关系,调配项目建设所需要的设计单位、施工队伍和材料、设备等,这种模式在特定的经济和政治条件下,发挥了积极作用,一批关系国计民生的基础项目及"三线"建设等，都是在指挥部模式下建成的，为我国的经济发展奠定了基础。

以上三种模式，都在不同程度上受到政府管控、主导，是计划经济和准军事化管理体制背景下的产物，此时还未出现严格意义上的建筑企业，只能暂称为建设单位。建设单位没有独立的运营和经济管理的能力和权限，主要负责执行和生产。在当时背景下，这种生产型建设单位经营管理模式的运行为后续工程建设企业的经营管理积累了宝贵经验。

（二）企业承包经营管理模式

随着1978年改革开放的实施，中国建筑业发生了重大变革。国家正式赋予国有施工企业经营管理自主权，经营责任制开始在国有施工企业中推行。企业真正成为建筑业承包的主体，按建设规模、投资总额、建设工期、工程质量、材料消耗包干，实行"责、权、利"相结合的经营管理责任制。1984年，全国建筑企业以改革工资分配制度作为行业改革的突破口，普遍实行了百元产值工资含量包干。随后，企业承包经营责任制便开始在建筑业全面推开。

企业从政府机构的附属物中分离出来，成为一个相对独立的商品经济实体，从吃国家的"大锅饭"转变为自主经营、自负盈亏。因此，企业开始关注成本和收益。通过实行企业承包经营管理模式，极大地解放了生产力，促进了生产和经济效益的提高，建筑业也得到了迅猛发展。

（三）"项目法施工"模式

随着社会主义市场经济体制的建立和商品经济的发展及"鲁布革经验"的推广，"项目法施工"应运而生。它是按照企业项目的内在规律，通过对生产诸要素的优化配置与动态管理，实现项目合同目标，提高工程投资效益和企业综合经济效益的一种科学管理模式。

项目法施工的主要特征是，企业以项目为基点组织生产，以项目为管理对象，并以项目为单位进行核算。这种管理模式要求企业合理部署施工力量，建立以项目经理部或承包班子为主要形式的施工生产经营管理系统，实行项目经理负责制，以保证每项工程都能按照合同工期保质保量地全面完成任务。

鲁布革项目管理经验在全国的全面推广，逐步建立和完善了以工程项目为载体的招标投标制、总承包制、项目法施工制、管理层与作业层分离制以及项目经理负责制等项目管理的基本制度、运管机制、责任体系等。以项目为对象进行管理，按项目算账，以产品为经营对象，才能直接提升施工效益、提高工程质量，从而改变了原来的单纯追求产值、产量的生产制管理模式，而不顾经济效益的不良局面。

（四）"法人管项目"模式

因"项目法施工"模式的管理焦点为项目，在项目经理负责制下，企业赋予项目经理较大的自主权，企业拿到项目后，将项目实施人财物的决定权授予项目经理，项目经理既是决策者，也是执行者。企业法人层面的权力下放至项目，因而企业对项目的整体管控能力大大削弱，项目以包代管的情形比比皆是。在这种情况下，各大建筑企业积极探索并提出了"法人管项目"的模式。"法人管项目"是以法人作为项目的责任主体，充分行使法人对项目的管理权。它并不是仅仅指法人对项目的直接管理，也包括企业法人通过授权分公司来间接管理项目。该模式着重突出法人单位的市场主体、经济主体、法律主体地位。"法人管项目"不是说企业的哪一个人管项目，而是企业的各职能环节按规范化的程序实施对项目的管理控制。这种模式要求企业与项目两个层次要理顺关系，明确定位，各司其职，做到既不缺位，也不越位。企业层面主要负责管好对人、财、物的调剂，项目层面则在企业法人的委托授权下，管好工程项目的质量、工期、安全以及索赔签证等具体工作。"法人管项目"下的项目经理只是代表企业去管理项目，是执行人而不是决策者，项目经理要严格体现企业管理项目的要求，严格执行企业管理项目的制度与规范。

具体来说，落实"法人管项目"主要应从以下三个方面着手：一是必须集成全公司的资源，因此，"法人管项目"要求企业建立一个以集权为特征的集约管理体系。其中集成资源的三个核心内容即集中资金管理、集中物资采购、集中劳务管理的"三集中";二是必须讲求合理分工,因此,"法人管项目"要求企业建立一套由多个层面、多个部门合作实施的运营和管理项目的流程;三是必须进行有效的激励和约束,因此,"法人管项目"要求企业建立一套责权利对等的项目考核分配机制。

在法人管项目上,中建五局通过认真学习借鉴中建系统先进单位的成熟经验,同时也在实践中逐步总结摸索出了有自身特色的"法人管项目"模式。加强贯标工作管理,确保质量、环境、职业健康安全管理体系实现持续改进,切实提高施工管理水平和体系运行水平,从严防范现场管理风险。在"三次经营"理念的基础上总结提炼出的"工程项目成本管理方圆图"理论模型,丰富了"项目法施工"和"法人管项目"模式的科学内涵。

(五)全生命周期项目管理运营模式

随着我国城镇化进程的不断加快,大量的基础设施建设使得我国的施工管理模式受到挑战,PPP模式在各大项目中得到应用推广。同时受到全球化竞争的挑战,国内建筑企业逐步走向海外,传统的建筑工程施工管理模式已不能满足新型建筑方式的需求,新的管理模式不断被激发,在绿色建筑、全生命周期管理、可持续建造等管理模式上取得了创新,为施工企业建筑业一体化、智能化、装配化和绿色建造等提供了动力。

PPP指政府与私人组织之间,为了合作建设城市基础设施项目,以特许权协议为基础,彼此之间形成一种伙伴式的合作关系,并通过签署合同来明确双方的权利和义务。PPP模式,一方面可发挥政府在城镇化建设中的主导作用,参与全过程经营,某种程度上讲是项目代建制的升级形式;另一方面解决了政府推进城镇化过程中存在的资金短缺、融资平台受到控制的问题。同时又因为政府与企业建立起"利益共享、风险共担、全程合作"的共同体关系,企业的投资风险相应得到减小。此外,作为投、融、建、运一体的PPP项目来说,可大大提高生产效率,降低企业和社会成本。

做好PPP项目,要做到六个必须:一是政府与企业必须长期合作,投、建、运风险需要共同承担。二是项目无法完全靠自有资金推进,必须具有融资条件和能力。三是企业必须出钱,且须关注运营成本和运营质量。四是政府必须规制和监管,PPP项目多数是公共产品,执行方在企业,但主导方仍在政府。五是参与各方必须共赢,企业不能只赚施工利润,不管后期运营;政府不能只考虑上项目,不考虑债务和效率。六是使用者必须满意。PPP项目,最后会转移到使用者付费,只有使用者满意才能实现企业的长期运营和项目开展。

近年来建筑业经历了从高速到缓慢再到平稳的发展过程,建筑业数量型、速度型发展态势有所弱化。建筑业在装配化、绿色化、信息化等方面取得了一定成效,向高标准、高品质、高效益发展又前进了一步。工程建设企业应当因势而变,积极创新商业模式,做好项目规划、设计、采购、建设、运营、维护等全生命周期管理,坚持高质量发展,做好做强自己,同时努力实现多方共赢、长期获利。

三、创新商业模式

德鲁克说过:企业与企业之间的竞争是商业模式的竞争。商业模式创新被认为在市场竞争中比管理创新、技术创新更为重要,未来企业间的竞争将不可逆转地进入到"商业模式"的竞争。专家认为,苹果公司最大的成功,就是把产品做成了一个平台,构建了一个全新的产业价值链和创新生态系统。也就是说,苹果公司的成功,不仅依赖于它创新的科技、时尚的设计和新鲜的体验,更重要的是,苹果通过一个特定的软件,开创了一个全新的商业模式,将硬件、软件和服务融为一体,相互补充又相互促进。

我国经济的发展模式和能源战略正在发生根本性转变。过去那种高投入、高消耗、低效率的发展模式已经走到尽头,取而代之的,应该是一种高科技含量、低资源消耗的可持续发展模式。对工程建设企业来说,正处在趋势性"五个越来越"之中,即工期要求越来越短;质量要求越来越高;成本支出越来越大;投标报价越来越低;项目利润越来越薄。在这种环境下,工程建设企业如何缩短工期,提高质量,降低成本,确保安全,做到环保,提升效益,从而实现"低成本竞争，高品质管理"，使企业在激烈的市场竞争中立于不败之地，是每个企业和企业管理者必须面对、必须解决的长期课题。因此，工程建设企业应在以下三个方面走好商业模式创新之路。

（一）提升管理效率的商业模式

效率的提升，最直观的贡献便是成本的降低，既包括直接消耗的物化成本，也包括时间成本、机会成本等。对工程建设企业来说，必须改变粗放经营模式，积极推进精细化管理，实施降本增效。

企业通过市场竞争拿到"订单"即工程项目后，就要根据业主合同要求和企业的实际情况，组织项目管理班子，优化配置资源，确定科学合理的项目管理责任目标，这就需要建立责任目标考核机制，先要进行"价本分离"，也就是在企业通过投标中标的"价格"中，将企业要求项目经理部完成整个项目建造过程所需要的建造成本分开，确立项目经理部的责任考核目标。项目经理部在得到企业给自身确立的责任成本目标后，必须将责任成本目标进行分解细化，从而制订出项目的计划成本目标，来倡导项目经理部的过程管控，从而实现企业"低成本竞争、高品质管理"的目标。在这个过程中，项目成本管控是贯穿始终的，成本管理是企业项目管理的主线。这就是说，工程项目管理是建筑施工企业运营管理的基石，成本管理是项目管理的基石。

在明确了"一条主线""两个基石"之后，还必须强调成本与质量、工期、安全、环保之间的关系，如果一味地强调"低成本"，忽视了质量、工期、安全、环保目标的实现，那最终"低成本"的目标也是无法实现的，必须科学合理、综合平衡地考虑五大目标最优化，有效配置生产力要素，才能实现项目管理目标，实现通过尽量少的投入，得到尽量多的产出，不断提高企业精细化管理的水平，从而提高企业的经济效益和社会效益。同时，推动"从土建施工，到施工总承包，到工程总承包，再到多业务协同作战"的管理升级，构建企业核心竞争优势。

一是提升施工总承包管理能力。通过成立专业承包公司，提升总承包管理能力，全面推进施工总承包业务拓展。积极布局机电安装、装饰、幕墙、钢构、园林、检测试验、盾构、新型建筑工业化、市政环保、水环境治理等细分专业分包业务，形成"总包＋专业分包"的全专业要素布局，为企业规模快速扩大、顺应施工总承包业务发展趋势打下基础。

二是提升工程总承包管理能力。《国务院办公厅关于促进建筑业持续健康发展的意见》带来了工程总承包（EPC）市场风口，许多企业成立了工程总承包（EPC）管理中心，制定工程总承包管理实施纲要，持续提升EPC管理能力。开发全生命周期的数字化管理平台，打造工程总承包专业管理团队。健全企业设计管理体系，组建设计总院，下辖建筑设计院、市政公路设计院、医疗建筑设计院等专业设计院，各专业公司组建设计中心，建设高端设计人才团队，在原创方案设计、设计咨询及设计优化等高端设计领域打造企业综合竞争力。

三是提升系统协同作战能力。构建"集团总部管总、子公司及专业公司主建、区域内公司主战"的一体化协同发展格局。加强各区域内单位间协作，统筹"投资、研发、设计、建造、运营"各业务单元，构建区域立体协同集团作战体系。同时，整合各方资源，与优质供应商、分包商形成长效合作机制，共同服务市场，打通"供应链、服务链、产业链"，进而升级"价值链"，协同推进企业高质量发展。

（二）注重综合效益的商业模式

注重综合效益的商业模式，主要是指打通价值链，前端找设计，后端找运营。实现E+P+C+O的一条龙服务，从附加值较低的施工端向附加值较高的设计、运营转型，健全设计管理体系、搭建创新研究院平台，在绿色建造、快速建造、工业建造、数字建造等高端建造领域不断创新，通过高效的管理，大力提升企业和社会的综合效益。优化业务结构，组建土木与隧道两大专业基建施工平台公司，形成高铁、隧道、轨道交通、桥梁、高速公路、航电枢纽、城市更新等基建业态，构建基建业务比较优势，形成双轮驱动企业发展的良好局面。

通过投资牵引、地产开发，带动施工总包及专业分包等实现全产业链联动，涉及地产开发、商业运营、绿色生态、物业服务、城市更新等多种开发模式。在综合类投资领域，涵盖PPP、BT、政府购买服务、投融资带动总承包等多种投资模式。厘清各层级运营工作界面和责任边界，构建形成"统筹管理＋运营管控＋专业实施"运营管控体系，建立"决策期重条件把握、建设期重运营衔接、移交期重运营验收把关、运营期重绩效考核"的运营管控思路，编制PPP项目运营管理办法及管理手册，保障运营工作有序开展。

中建五局在综合类投资运营方面，组建了管廊、停车场、市政管养、高速公路等多个运营平台，运营资产总额已超500亿元；在房地产商业运营方面，商管公司和物业公司持续提升品牌资源整合与运营专业能力，商管项目综合招商率99%、开业率96%、租费收缴率92%，均高于行业平均水平。物业在管项目60余个，遍布长沙、北京、广州、天津等16个城市。

（三）着眼产业生态协同的商业模式

随着PPP模式的推广，投资商、建造商、运营商"三商合一"的商业模式给建筑行业带来了新变化，谁觉悟得早，谁行动得快，谁行动得好，就会带来企业发展。所以，企业要研究商业模式，寻找全产业链商业模式的发展契机。

企业应当根据市场需要持续转型升级，沿产业链上伸下延，构建"投资、研发、设计、建造、运营"五位一体的全产业链优势，实现"总包＋专业分包"全专业要素布局，构建区域立体协同集团作战体系，打通"供应链、服务链、产业链"，既为客户提供全业务领域、全生命周期、全产业链的一揽子服务，又协同推进企业高质量发展及上下游资源共赢。

企业要聚焦"业务转型"，构筑全产业链优势。由"传统低端房建业务"重点向"高端房建＋新老基建"双轮驱动转型，沿产业链上伸下延拓宽投资、运营领域，向投资商、建造商、运营商"三商一体"转型就位。

此外，随着环保要求的不断提高，传统建造方式能耗大，环境污染严重，积累的矛盾和问题日益突出，企业要不断探索以构件预制化生产和装配式施工为生产方式，以设计标准化、构件部品化、施工机械化、管理信息化为特征的"建筑工业化"的新型生产模式。要通过践行"绿色行动"，着力构建产业链生态圈命运共同体，实现共生、共享、共赢。

第八章

精细化战略与降本增效

　　我国经济正处在转型发展的关键时期。加快发展方式的转变，实现又快又好发展，客观上要求企业从外延发展转变为内涵发展，从追求量的发展转向质的发展。因此，致力于实施内部精细化管理，抓紧抓实精细化管理，进一步增强企业软实力，降本增效，打造品牌，实施创新，顺应形势的现实需要，是企业实现持续发展的内在需求。

　　精细化管理的目的就是实现工程项目管理目标的最优化，工程项目管理目标的最优化就应当是工程项目生产力实现最大化，这也是企业高质量发展的题中之意。

第一节 "方圆理论"的基本理念

基于建筑行业发展与企业管理实践，我们在马克思主义生产力理论、中国传统管理方圆哲学和"责权利相统一"企业管理理论等三大基础管理理论的指引下，总结多年的工程项目管理实践经验，创立了以"项目管理是企业管理的基石，成本管理是项目的基石，项目过程管理必须以成本管理为主线"为基础、以建筑企业"三次经营"理念为框架、以"责权利相统一"的现代企业管理原则为核心的、富有中华传统文化哲理和企业现代化管理特色的"方圆理论"。"企业管理方圆理论"来自于长期的企业管理实践，又指导企业管理的实践过程，并且得到了企业管理实践的验证。

一、项目生产力最大化

"生产力理论"是马克思主义哲学研究的重要范畴，也是马克思主义政治经济学研究的重要内容。生产力是指人们生产创造的一种能力，它是一个大小、高低与水平的概念。马克思说："生产力当然始终是有用的、具体的、劳动的生产力，它事实上只决定有目的的生产活动在一定时间内的效率"（《马克思恩格斯全集》第23卷，1972版）。正因为"生产力"是一个能力水平概念，是讲生产活动效率，即表现为生产绩效，那么它本质上应该是一种由劳动生产的自然条件、技术条件和社会条件组成的系统结构。

生产力的基本要素包括三个：劳动者、劳动资料和劳动对象，这三个基本要素决定了生产力的高低，更确切地说是必须具备这三个要素相结合才能形成一定的生产力。当然，随着社会生产变迁、科学技术进步与生产方式的日新月异，马克思主义研究者陆续提出了"生产力四要素""生产力多要素"等多类观点，包括诸如管理要素、信息要素、资本要素、文化要素、教育要素乃至精神要素等内容。我们认为这并不与马克思的原意相违背，因为他在《〈政治经济学批判〉导言》中明确说明了前述三要素是"最简单要素"。而且他还说："不论生产的社会形式如何，劳动者和生产资料（即劳动资料和劳动对象）始终是生产的因素。"

工程建设企业生产的最重要特点之一在于：生产要素的结合场所是在工程项目上。劳动者、施工机具（包括各类辅助设施）和劳动对象（各种原材料和半成品物资）等生产要素只有在项目上才能真正结合为现实的生产力。由此，基于建筑业的基本特点可以得出：建筑业有与其他普通工业企业的重要区别——存在项目生产力这样一个第四层次的生产力概念。

那么，"项目生产力最大化"的管理理念包括了什么内容？围绕生产力要素、生产关系对生产力的影响，我们认为应当主要包括：生产资料——资源配置最优化，劳动者——人才队伍现代化，与项目生产力对应的生产关系——企业层面主导的管理体系与机制建设。

（一）资源配置最优化

"资源最优配置"源于微观经济学研究，是现代经济学理论研究的基本问题。指生产中资源配置最有效率的理想状态，即如何使有限的资源在生产过程中的相应配置是最优化的。在建设行业，工程项目资源的配置对象主要包括人员、材料、机械设备以及时间。它们之间的结合配置，特别是最优结合配置，是一个系统管理工程，是工程项目管理实践中不断优化、永无止境的提升与创新过程。

工程项目的一次性特点，决定了工程项目形成现实生产力的劳动者与生产资料是在流动的场所——不同的工程项目上进行结合的。项目经理和专业技术工程师们，着力于不断优化施工技术方案、提升管理组织计划能力，都是工程项目管理中进行资源最优配置，最大程度实现工程项目的进度、质量、安全与环保目标的重要方法和有效途径。

工程项目的另一明显特性是单件性，几乎是一个工程项目一个模样。这决定了工程项目的生产不可能像工业企业那样具有批量生产产品的全机械化程度，它只能是半机械化、半手工和全手工劳动相结合的行业。以最优产能合理配置生产机具，提高机械设备利用率，是实现项目生产力最大化中资源配置最优化的重要内容。

在建筑工程项目生产的资源当中，物资材料所占比重最大，一般占工程项目成本的60%以上。对于这部分资源的配置要求，简单地说就是"少的投入，多的产出"。减少损耗，降低浪费，从施工组织角度科学规划材料进场时间和规范材料使用管理，就是建筑材料资源的最优配置途径。同时，也是工程项目资源配置最优化，达到项目生产力最大化的基本内容。

（二）人才队伍现代化

从提升生产力的角度来讲，人才队伍现代化应当包括两方面的内容：一是工程项目管理中人力资源的最优配置，二是具体人员作为劳动者要素的文化技能提升。

工程项目管理中人力资源配置的最优化与物资、设备配置最优化的要求一样，都需要以"少的投入、多的产出"为原则。但它需要更多地考虑人力资源的稀缺性和主观能动性，还要强调人与人之间的协作生产效能。要研究处理好的岗位、不同专业、不同能力水平人员之间的配合、配比，针对具体工程项目的特点和目标，实现人员质量、数量上的科学配置。尽量实现"一个和尚挑水吃"，杜绝"三个和尚没水吃"。

"劳动者是最活跃的生产力要素"。人（劳动者）所掌握的技术水平高低与发挥的协作效能大小从根本上决定了生产力的水平，科学技术既是人所发现或创造的，又必须被人在生产中加以使用才会转化为现实的生产力。人的文化素质更是推进了团队协作的可能性，形成协作生产力。所以，加强学习与培训，提升人文素养，也是工程目管理必须关注的生产力最大化的前提条件。

（三）管理体系与机制建设

项目生产力由建筑业的特殊性决定，在企业生产力层次之下的一个生产力层次。企业层次是一个法人责任范畴，由此它有三个主体特性：企业是市场竞争的主体，企业是对外履约的责任主体，企业是利益主体。而这三个特性决定了企业是项目的运营管控中心的地位，对生产力基本要素的占有和组织权归属企业层面，决定要素配置的管理制度与机制设置，而这些形成了影响项目生产力发展的、企业内部微观层面的，但对整个项目生产关系起决定作用的生产关系。"生产关系反作用于生产力，生产关系必须适应生产力"。因此，工程项目生产力的提升，必须注重与之相适应的项目管理体系与机制的建设。

工程项目生产力对应的生产关系——主要决定于企业层面主导形成的项目管理体系建设与流程机制设置。其实也就是我们常讲的企业管理标准化、信息化与精细化建设。它对应地、有效地响应了"项目法施工"和"法人管项目"的要求，强调了企业在工程项目管理中的主导作用。我们必须清晰认识企业"两个中心"（企业是利润中心与项目是成本中心）的概念和"两制建设"（项目经理责任制和项目成本核算制）的重要性。

要实现项目生产力的最大化，工程建设企业和工程项目两个层面的管理者和执行者都应该从这三类要素发挥最大作用出发，提升劳动者的积极性、创造力和工作技能，优化物资、机具与人力资源的配置组合，提升机械化生产程度与机械设备产能，优化施工组织与工序搭接的系统性统筹，创建科学的管理体系与管理机制，营造良好的企业文化氛围。真正从根本上发挥项目生产力的效益性、创新性、集约协作性和多元性能力，全面达到项目生产力的最大化。

项目生产力最大化是"方圆图"理论中的核心理念。一是"方圆图"在图形中直观地、有序地把工程项目管理的人、材、机等全部基本生产要素和基本管理目标表现了出来，让我们一目了然地掌握了工程项目管理的目标和提升项目生产力所需要关注的管理重点。自内而外地阅读"方圆图"，我们能清晰地看出：人、材、机等生产要素的科学配置与管理，是工程项目进度、质量、安全、环保和成本五大管理目标最大化实现的前提。二是"方圆图"总结的工程项目管理方法，更能有效体现力求项目生产力最大化的根本目的。

我们在这里关于马克思主义生产力理论的学习和认识阐述，并不基于对马克思原著的纯理论探讨，更不是对后期发展的各类马克思主义哲学和政治经济学观点分析作理论上的穷究讨论；而是基于以社会生产过程、经济活动为考察对象，以历史唯物观、辩证方法论得出的深刻理论认知，用来指导我们改善企业的"生产关系"，进而提升企业和项目层面的"生产力"。生产力与生产关系相互作用的关系，对于我们在企业管理、项目管理中实现"生产力最大化"具有巨大的启发作用。

二、"责权利相统一"的管理原则

"责权利相统一"是现代管理学的基本原则。工程项目管理无疑属于现代管理学的一个重要分支，应该遵循这一基本原则。

（一）"责权利相统一"原则的普适性

"责权利相统一"一方面是指责、权、利三者是相辅相成、相互制约、相互作用的关系，另一方面是要求管理活动的责、权、利三者应该对等，只有这样，才能调动管理资源的积极性。即对象负有什么程度的责任，就应该具有相应程度的权力，同时应该取得相应的利益。这里的对象包括了管理中的管理者和被管理者。现实生产生活中，所谓"责任权利相结合""责权利一致"或"责权利对等"，在本质上都与"责权利相统一"的要求相一致。

管理实践中，"责权利相统一"的应用主要体现在组织结构设计、授权管理设计和利益分配机制设计上。以"责权利相统一"为指导的管理实践则重点把握两点：一是"责权利"必须互相挂钩配比，使组织成员能够对等地有责有权有利，克服有责无权或有责无利的责权利脱节状况；二是责权利明晰，使组织成员明确知道其具体的责任内容、权力范围和利益大小。包括其中还会涉及的考核评价、奖罚兑现等具体管理环节的设置。

工程建设企业实践"责权利相统一"理念，包括两个方面：一是企业与项目之间的责权利，二是完成项目过程中应当体现的项目管理本身所涉及的责权利。正是基于这样的认识，"方圆图"开创性地将项目效益划分为三个类别——经营效益、管理效益和结算效益。而且其划分标准主要是沿着工程项目生命周期的时间维度，以"接活、干活、算账收钱"的"三次经营理念"为基础，根据工程项目效益来源形成的原因和责任主体不同来考虑的。

"方圆图"模型通过"三个效益"的划分，要求在项目管理过程中必须分清企业层面的责权利有哪些，项目层面的责权利有哪些，不同阶段对工程项目效益形成有着不同关键作用的核心团队(或岗位)的责权利有哪些。所以说，"方圆图"充分体现了"责权利相统一"的管理理念。

（二）企业与项目之间的责权利相统一

在我国，工程建设企业与项目之间的关系，也就是两者之间责权利的科学划分一直随着我们对工程建设项目管理的科学规律认识的提升而不断科学化的。

项目生产力理论告诉我们，只有当企业和项目两个层次都实现了项目生产要素的优化配置，才能有效体现项目管理运作机制的运行质量和实践效果。简单地讲，企业层次生产力是项目生产力的前提和条件，因为企业是建筑经济活动的责任主体，由此它拥有决定生产要素的占有、组织和配置的主导性；而项目生产力是企业生产力的落脚点，因为生产要素必须落到工程项目上才能最终实现配置和生产，进而形成现实的生产力。两者之间的关系可以表述为：企业服务于项目，项目服从于企业。

讲企业服务于项目，就是企业法人要清楚认识到自己的前提条件与作用，把自己当作生产要素控制和调配的第一层面，在占有和控制生产要素的基础上，面向项目生产需要，充分发挥好科学调配资源的作用。企业总部在项目管理方面不断提高集约化程度，强调从项目信息跟踪、投标承接、签约履行到过程管控和结算收款等全过程，实现对项目全业务、全过程的服务和管控。并从管理项目的层面做好检查、考核、评价以及奖优罚劣工作。

讲项目服从于企业，项目经理部必须清楚地认识到，自己作为工程项目客观上所具有的"三个一次性"（一次性的临时组织机构、一次性的成本中心、一次性的授权管理人）的特点，并按照这个特点自觉规范自身的定位。那种以所谓项目利益对企业的主体地位和利益发生对抗的思维和做法，显然是不符合项目经理部本身的客观属性的。企业与项目是委托和被委托、授权与被授权的关系。这一点，项目管理团队，特别是项目经理必须有清醒认识。

项目经理作为企业法人在项目上的委托人，在授权范围内行使职权，实施对工程项目的计划、组织、指挥、控制和协调管理，完成工期、质量、安全、环保和成本管理等各项目标，实现企业的决策意图和企业对业主的合约承诺。实际上，从项目经济承包制到项目经理负责制，再到项目经理责任制的改进历程，可以清晰地看到企业与项目之间的关系不断科学化地发展。

"方圆理论"正是基于前述企业与项目之间必须"责权利相统一"的原则，认为"项目经营效益"在企业与项目之间的关系是：经营效益是以企业拥有的资质和品牌来实现的，企业才是工程项目承接的平台和主体。一个工程项目是否承接，或以何种合同条件承接，均是由也应由企业法人层面决策。因此，经营效益形成的"责权利"相对项目来说必须落到企业层面，具体由企业的决策团队和市场营销团队来完成。

而"管理效益"和"结算效益"主要依托具体的工程项目管理平台形成，其"责权利"则相对地落到项目层面，具体主要由项目管理团队和结算责任人员完成。同时，因为企业层次是项目层次的前提和条件，所以后两类效益的形成也是以企业管理为前提基础的，包括一个企业的整体管理还必须考虑企业整体发展状况，不同项目、不同人员之间的责权利分配公平、公正等因素。所以，企业对于"管理效益"与"结算效益"的评价、责任考核、利益分配也必须进行相应的调节与管控。

（三）项目管理过程不同主体的责权利相统一

由于工程产品具有生产周期长的特点，我们在工程项目管理上形成了"一、二、三次经营"的概念。"三次经营"的概念是沿着工程项目生产的时间维度，对工程项目有着不同阶段管理重点而进行的总结，它从本质上揭示了工程项目具有不同阶段的效益管理着力点，即"方圆图"从项目成本效益角度所表述的"经营效益、管理效益和结算效益"。而且，细分这三个效益的具体责任主体，它们是由不同的主要管理团队（岗位）来承担的。这样，工程项目管理实践中要有效体现"责权利相统一"的基本原则，就必须对整体工程项目划分不同阶段进行责任主体的责权利分配。如前所述，"经营效益"由具体市场营销团队（包括投标专业技术人员）完成，相应的，以"营销奖"来激励这部分人。同时通过对"经营效益"的评价和切分，使不同工程项目在交给项目实施管理团队时基本不会有"肥瘦"差别，让企业内的各项目"起跑"于同一"起跑线"，再来"比赛"各项目在管理实施过程中的能力高低。而"结算效益"主要由具体的技术与商务人员完成，以"结算奖"来激励具体的结算效益实现人员。因为"结算效益"客观上存在一定的偶然性，我们把它也进行合理的评价和切分，使之与"管理效益"分开。那最后剩下的部分就是由项目管理团队来完成的"管理效益"，相应的以"成本降低奖"来激励以项目经理为首的项目现场管理团队成员。这样，就能让企业不同岗位的人员在具体项目管理工作中各尽其责、各施其才、各显其能、各得所利。

总之，"责权利相统一"理念是"方圆理论"关于工程项目管理中实践管理执行的关键所在。将"方圆图"应用在工程项目管理的实践中，体现了"责权利相统一"理念。在工程项目管理的实践中，首先要科学划分落实企业与项目之间的责权利，做到企业层面集权有道、分权有章、授权有序，项目层面则要做到用权有度；其次是必须科学划分和落实不同阶段、不同岗位的责权利，使相关人员的有效付出得到奖励，错误受到惩戒。对工程项目管理过程中完成接活、干活、算账收钱这些事的具体实施团队或人员用经营效益、管理效益和结算效益分别进行对应的考核奖罚，项目的最终管理目标实现就会得到有效的保障。

三、"外圆内方"之道

"方圆之道"——天圆地方，外圆内方，是中国传统文化宝库中一颗闪亮的"恒星"，一直以来被国人尊崇为为人处世的座右铭（图8-1）。在中国人眼

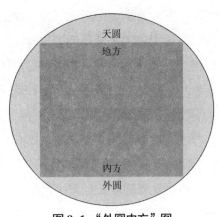

图8-1 "外圆内方"图

里,"方",即"方正",代表着稳健与内敛;"圆",即"圆通",代表着周密与张扬。"方"为做人之本,是堂正立世的基石;"圆"为处世之道,是善身处世的锦囊。"外圆内方"既是思维方式,也是行为方法。

取象于"外圆内方"的"方圆图",正是在深刻体悟"天圆地方""方圆相济"思想过程中,汲取中国传统文化的精华,直观上体现了"中国式"管理的特性。用外圆内方的整体几何图形来表达项目管理的内外要求:对外的管理行为强调能动性、协调性;对内的管理行为强调标准化、制度严谨、权责清晰、规则至上、底线制约。进而使企业的项目管理更有效地适应当前中国建筑市场,创造更好的项目管理现实业绩。我们在对"方圆图"的名称命名和图形设定上进行了非常直观、非常明确的体现——图形名称即为"方圆",图形组合即是外"圆"内"方"。

"外圆内方"作为中国传统文化的精要,至少可以从"圆"与"方"两个方面,并对这两个方面各自从"意象"和"物象"两个层面,在思维方式和行为方法上"格物致知",达到"方圆相济"的境界状态,进而实现"经世致用"——在企业与工程项目的管理中完成既定管理目标。"圆"代表灵活与周密,"方"代表稳健与严谨。所以,我们对"方圆图"的"外圆内方"哲学理念的要求主要体现在以下四个方面:

第一,从"意象"层面理解"方圆图"的"外圆"。所谓"意象"层面,就是思维方式层面的理解。对于项目管理工作,"方圆图"对外的两个"圆"是面向市场、面向业主的,主题落在对外开源创效上。市场必然有竞争,竞争在某程度上是残酷的;业主要求高,相关监管严,资源要素集成难等等。这是工程项目管理所面临的外部环境。我们在思维方式和项目管理理念上,应当深入领悟并遵循传统智慧中的"圆"。要清楚地认识到市场环境的复杂与多变，人性是复杂多样的，不同组织和个人有着千差万别的需求。建设工程项目管理的基本特性之一就是其"复杂性"。工程项目管理工作，特别是对外协调工作往往不是一蹴而就的，需要经常反复地沟通协调，要达成管理目标，必须具备圆融的心态、积极的思维模式和周全的工作方法。

"圆"的思维方式和运营理念讲求的就是整体思维、系统思维的圆通、圆融。做好随机应变、因地制宜、适时而动的心理准备，处理问题强调主观能动性，把握好平衡协调之术。通俗地讲，就是要具备"适应"与"适合"的解决问题和困难的心智模式，才会在工作方法上找到最好的扩"圆"途径。

第二，从"物象"层面理解"方圆图"的"外圆"。所谓"物象"层面，就是在行为方法上找到实现"圆"的途径，在面向市场和业主以及相关方的工作行为方法上，认识并遵循方圆之道。

"外圆"就是讲求对外工作的方法，必须思路开阔、方法灵活多样。这种方法行不通就要有另外可行的方法，这个场合不合适就得换另一个适合的场合，这个时间不行就要在另一个时间处理。特别是在市场营销、任务承接、合同洽谈与过程变更签证、结算收款等等环节时，只有具备把握问题关键，及时有效对接市场、沟通业主，特别是提高"扩圆"工作的"天时、地利、人和"能力，才会进退自如、游刃有余、完美地实现目标。

我们的项目管理者必须认识到相应工作方法的重要性。一个人"中和"的行为方式总是易于被人理解，而偏激的行为多为他人所难以接受；讲究策略的表达方式总是更容易取得事半功倍的效果，而直接鲁莽的要求常常会造成欲速则不达的局面。

第三，从"意象"层面理解"方圆图"的"内方"。即指从一个团队组织的行事规则和制度流程建设、执行层面的理解，当然也包括个人在精神层面的抱有理想、坚持信念，做人做事有主张、讲原则、守底线。

"方圆图"对内的三个"方"都是面向对内管理的，主要体现在对企业内部管理上。一是有制度，制度完善、流程清晰、规则合理、系统严谨；二是执行制度，策划科学、措施到位、权责明晰、奖罚严明。"方"是指管理有依据，而且严格执行这些规章制度。正所谓"不依规矩，无以成方圆"，就是这个道理。

一个团队组织，必须纪律严明，有明确的制度且严格执行这些规章制度；必须有是非分明、奖优罚劣的导向和措施，而且这些措施不能随意受到破坏和非正常干扰。

本质上，"方"是强调企业、项目管理过程中的标准化要求，讲管理的内控有序，强调了规则至上、底线制约的执行要求。

第四，从"物象"层面理解"方圆图"的"内方"。"方家""大方之家"之意，是在对个人能力概念层面的理解。是指要体现"外圆内方"的结果，必须具备相应的"大家"技能。工程项目管理是一项专业性很强的工作，对于具体的岗位而言，要做好项目管理工作，必须具有相应的专业技术、商务法务、物资管理、设备管理等各项专业技能。

所以，"方圆图"的"方"在"物象"层面的意思还要求我们作为项目管理者，必须在自己的专业领域不断学习和总结实践经验，力图使自己成为专业方面的"大方之家"。只有自身拥有过硬的工程技术本领，在精通专业技能、掌握精湛技术的条件下，甚至能够引领行业标准时，就能真正支撑想要达到的"外圆内方"的结果。为什么我们经常会有想"圆"却"圆"不了，想"方"却"方"不正的情形呢？说到底，本身的能力还欠缺，本身还有不过硬的地方。

中国传统文化告知我们"外圆内方"的方圆之道，是在项目管理实践中，首先要注重提升自身大方之家所指的"方"的能力，进而在精神层面要有坚持原则、坚定必胜信念的心态，同时以规则至上的原则，形成团队的力量，取法于灵活有效的工作方法和途径，讲究相应的形式和技巧，就容易事半功倍地实现工程项目的管理目标。

当然，我们还必须强调领悟"外圆内方"中的"寓方于圆""方圆相济"的要求。"方"与"圆"是中和有度、相辅相成的。在工程项目管理的实践中一定要"圆"得有理，不是瞎忽悠，也不是无理取闹。也要"方"得有据，即所谓的"低成本竞争"一定是以高品质管理为前提的，低成本绝不是粗制滥造、偷工减料，一定是在实现项目工期、质量、安全和环保等履约目标和社会效益前提下合理的成本管控。

四、"两个基石一条主线"的理念

所谓"两个基石一条主线",即项目管理是工程建设企业管理的基石,成本管理是项目管理的基石,工程项目的过程管理必须以成本管控为主线。

企业的生产要素只有在项目层面结合才能形成现实的生产力。一个工程建设企业的正常运营,就是其项目的正常管理并形成应有的效益,企业层面的管理指向、人财物的应用都要落实到工程项目上去。如果没有工程项目,这个工程建设企业就失去了存在的意义,或者至少说它已经不是一家工程建设企业了。所以说"项目管理是企业管理的基石"。

项目是工程建设企业最基本的生产单位,项目效益是企业效益的根本源泉。如果一个工程建设企业不能有效地控制成本,项目没有收益,不能向企业输送效益,甚至企业还要对项目贴钱履约,那显然这个企业就会不断亏损,就会失去作为企业的存在价值,失去应有的造血功能,企业是无法运转下去的。所以讲"成本管理是项目管理的基石"。

而"项目的过程管理要以成本过程管控为主线",既是基于前述"两个基石"的理由,也包括以下三个方面的原因:一是在当前竞争日益激烈的市场环境下,工程项目的工期要求越来越短、质量要求越来越高,但造价要求越来越低、成本压力越来越大。项目成本管理则成为工程项目能否成功的重中之重。二是在工程项目的质量、进度、安全、环保和成本等各项管理目标中,政府、业主、监理和行业社会监管方对除成本以外的目标都有着严格的法规监管或合约要求,不容企业和项目管理者不予重视。而唯有成本管控,是必须由企业自己用心把握、自觉强化的一项重要内容。作为企业必须清楚地认识到,认真做好项目成本管理这一"自己的事",才是企业生存发展的根本。必须真正以质量、进度、安全和环保管理为基础,围绕成本管控抓项目管理,锤炼出企业的低成本核心竞争力。三是当前的项目管理,降本增效的空间还很大,途径还很多。只要我们能用心分析、科学实践,着力于优化管理品质,"建筑工地遍地有黄金"。

"两个基石一条主线"的管理理念,是工程建设企业在现实市场环境中进行工程项目管理实践的基本思路。实践这一理念，重点要关注两个方面的内容：

一是践行"大成本"管理思路。所谓"大成本"，即非就成本而论成本，降成本而非唯成本，而是必须强调站在更高的、企业和项目两个层次相结合的层面来理解和实践项目成本管理要求。理解"低成本竞争、高品质管理"之间相辅相成的关系，是讲求全面实现进度、质量、安全和环保管理目标下的降本增效，是以高品质的项目过程管理为手段，通过优化管理、落实相关方合作共赢来实现项目低成本竞争的结果。还要充分理解"现场支撑市场"的内涵，现场管理的"出彩"，才会带来项目效益的真正"出彩"，也才会带来市场营销的持续"出彩"。只有企业的项目"现场"进度、质量、安全和环保履约目标的高品质确保，以此让企业赢得更多更好的"市场"，才是更高层面的成本竞争胜出。

二是落实"全员全过程成本"管理思路。工程项目成本管理涉及项目管理的各个岗位、方方面面以及项目生命周期的全过程。从投标成本测算到责任成本下达、目标成本编制、实际成本统计、过程成本分析考核，直到竣工成本还原总结，贯穿了工程项目从市场营销承接开始，到项目过程管控，再到竣工结算收款完成等全过程的管理流程。它的每一个环节都涉及了项目管理的工程技术、施工组织、资源配置和后勤、内控体系管理等各岗位的工作。因此要求企业和项目两个层面的各岗位员工都必须强化成本意识，严格履行责任，将项目成本管控做到全员性、全过程的精细化。

在"方圆图"中，两个造价、三个成本、三个效益、四大支撑和五类费用，其几何图形的构图要素几乎全部是站在项目收入成本的角度来定义的，体现的都是项目成本概念。同时，我们把构成"成本"的"方"放在这个图形的"正中心"，就是强调"成本"的核心地位，目的就是体现"两个基石一条主线"的项目管理理念。而且，就"方圆图"涵盖的内容、总结的管理方法来讲，我们完全可以称为"项目管理方圆图"，但我们一直坚持冠名以"项目'成本'管理方圆图"，也是要有意识地强调这个管理理念。从这一点来讲，"方圆图"是站在比传统的项目管理"三角形"更高、更系统的层面，更有效地反映工程项目的管理规律,更科学、更全面地从项目生产力提升的根本层面表现项目管理要素、管理要求和管理目标。

第二节 "项目成本管理方圆图"解析

一、工程项目成本管理方圆图

(一)"施工项目成本管理方圆图"标准图形

"方圆图"外圆内方,虚实结合,是一个既稳固又极具张力的几何图形。它在形式表现上是"三实三虚""三方两圆""四个圆点"等几何线条构成的平面图形,并在相应的区域赋予不同的代表色彩,它系统地表述工程项目管理的几乎全部管理要素。它是在工程项目管理实践中总结出来的、科学研究分析工程项目管理的一个几何模型。其标准图形如图8-2所示。

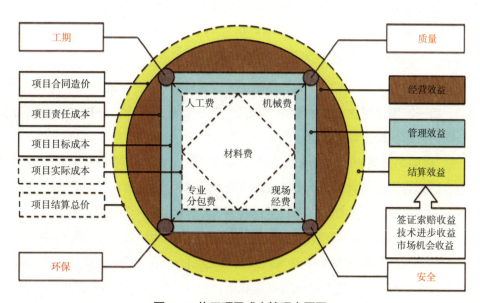

图 8-2 施工项目成本管理方圆图

239

"方圆图"首先是从时间维度上涵盖了一个建筑工程项目自承接时的合同签订开始,到过程管理,到最终结算完成的全过程。同时通过整体表述几组成本概念、收入概念与效益概念之间的关系,形象地描述了工程项目的两个造价管理控制关键点(项目合同造价、项目结算总价)、三个成本管理控制关键点(项目责任成本、项目目标成本、项目实际成本)、四个施工现场管理控制关键点(工期、质量、安全、环保)和五个具体费用管理控制关键点(材料费、人工费、机械费、现场经费、专业分包费),以及工程项目管理的三个效益着力点(经营效益、管理效益、结算效益)。

图形中的实线表示管理过程中相对固定的内容,而虚线则表示管理过程中因管理情况变化而经常会发生变化的内容。图形中用咖啡色表示项目经营效益,用蓝色表示项目管理效益,用金黄色表示项目结算效益。这样,它将项目的合同造价、责任成本、目标成本、实际成本和结算总价,项目的经营效益、管理效益和结算效益,项目成本应重点管控的人工费、材料费、机械费、现场经费和专业分包费,以及项目现场管理的工期、质量、安全和环保四个支撑点等工程项目管理要素清晰地在一个外圆内方的图形中系统集中而又十分形象地展示了出来。

(二)"施工项目成本管理方圆图"的图形含义

我们赋予"方圆图"具体几何图形的含义包括了以下几个方面:

第一,面向对接市场的两个"圆形"是一组收入概念,分别定义为项目合同造价和项目结算总价。

"内圆"定义为"项目合同造价"。即建筑工程企业与项目业主签订的承包合同的合同价款额。因为其在项目开始时一般由作为发包方的业主与作为承包方的建筑工程企业通过项目承包合同确定,所以用"实线"表示。

"外圆"定义为"项目结算总价"。包括工程实体结算价、工程变更、签证索赔以及履约奖励等全部收入。因为它受项目过程管理中因素与结算管理水平的影响容易发生变化,而且必须在项目全部完成后才能确定其边界位置,所以用"虚线"表示。

第二，面向对内管理的三个"方形"是一组成本概念，分别定义为项目责任成本、项目目标成本、项目实际成本。

"外方"定义为"项目责任成本"。是指建筑工程企业依据工程项目承接时的投标成本测算和与业主确定的合同洽谈条件，通常依据企业的平均项目管理水平（也有针对不同工程项目以较先进水平要求的），由企业层面给工程项目管理团队确定的项目成本支出最大额。因此一般会在工程项目开始时，在企业对项目经理部下达的《项目管理目标责任书》（也称为《项目管理责任书》《项目目标责任书》等）中被固定表现出来，且通常在项目没有较大变更或合同条件没有较大变化的情况下不予调整，所以用"实线"表示。

"中方"定义为"项目目标成本"。是指工程项目开始时，项目管理团队（项目经理部）依据合同条件、责任成本，并结合进场时的项目具体情形，在进一步优化项目管理方案的基础上，综合考虑项目管理团队实际完成责任成本的能力，预计项目超责任成本节余的目标后，详细编制的项目计划成本额。一般项目目标成本是在项目开始时在《项目策划》中的商务成本策划内容中被相对确定，过程管理使用的月度/季度/节点类的目标成本也是在月度/季度/节点工作内容开始前，就以相应计划内容的形式被确定或固定了。所以用"实线"表示。

"内方"定义为"项目实际成本"。即工程项目完成相应工作内容最终所形成的实际成本额。图形中将其划分为材料费、人工费、机械费、现场经费和专业分包费五个组成部分。因为项目实际成本一般会因不同的企业管理水平和不同的具体项目的管理能力变动，以及管理措施、方法的改进与否而体现出不同的结果，只有在工程项目完成后才能最终确定其边界。所以用"虚线"来表示。

第三，四大支撑点是一组现场管理目标概念，分别被定义为"工期""质量""安全"和"环保"。

之所以把它们表述为整个图形的"支撑"，意在强调工程项目的这四个管理要素、管理目标是工程项目管理的重中之重，在"方圆图"的几何图形中，它们相当于我们建筑工程施工时的"定位角点"，如果这四个角点定位"不正"，那么依据其定位所画出的"方形"就会不"方",说明项目的内控管理出了或会出问题,进而以这些"方"为依据所画的外切"圆"就会不圆,说明项目的对外履约以及收入效益也是出了或会出现不尽如人意的结果。

第四,图形中的咖啡色、蓝色、黄色三种颜色区域分别表示工程项目的"经营效益""管理效益"和"结算效益",是一组收益概念。

"经营效益",是指因为工程建设企业具有资质、品牌等因素,由项目营销人员在项目承接时,即以施工承包合同条件和中标价的形式确定下来了的,某个项目在正常组织实施完成后就应有的预期效益。在图形中由"项目合同造价圆形"与"项目责任成本方形"所围成的部分来体现划分。我们将这块区域的颜色取定为"咖啡色",来源于我们营销活动中常出现的茶、咖啡等饮品的颜色,寓意是我们在项目的营销承接阶段,由企业层面主导的营销经营活动、营销经营行为所带来或形成的预期效益。

"管理效益",是指工程项目的项目管理团队通过不断加强和改进项目的过程管理,在企业下达的项目责任成本额基础上,有效节约实际成本费用支出而得到的成本降低额收益。在图形中由"项目责任成本方形"和"项目实际成本方形"所围成的部分来体现划分。我们将这块区域的颜色取定为"蓝色",借用于"蓝领人群"概念中的"蓝"。寓意为工程项目现场一线员工的工作条件较为艰苦,这是由工程项目现场管理团队成员集体努力、来之不易地管理后提升的效益。

"结算效益",是指工程项目技术管理与商务管理相结合,实际没发生或少发生了成本费用,但由项目部分具体负责的技术与商务人员通过一定的方法最终结算回来而产生的效益。一般我们认为包括三个部分:一部分是并不需要发生额外建筑成本,项目通过办理相关技术经济签证索赔得来的效益;也有一部分是现场实际并没有发生,但按照市场规则或合同约定的计价原则应当计取的收益;还有一些是按当期市场平均技术经济管理水平来看,这些成本费用应当发生,但由于项目采用了新技术、新工艺或新方法而使这些成本费用没发生或少发生,但按相应规则能从业主那里结算回来而形成的收益。在图形中由"项目结算总价圆形"和"项目合同造价圆形"所围成的部分来体现划分。我们将这块区域的颜色取定为"金黄色"。一方面是借用了交通信号灯中"黄灯"的概念，寓意工程项目和结算效益要估算好且最大化，我们应当在有理有据的前提下，在可进可退、含混模糊的收益界面上尽努力去争取，去"抢一抢"；另一方面是用"金黄"这种阳光的概念，强调我们的工程项目管理一定要合法合规，以追求"阳光下的利润"为导向。

第五，对五项成本费用的划分与排列。

成本费用科目划分：在这个图形中，我们对工程项目的成本费用划分列项，没有按通常的现行造价规则将其划分为标准的七类一级科目，而将"其他直接费"和"间接费"合并为以往我们传统称谓的"现场经费"，同时将"税费"这项与工程项目建造过程管理行为关联不大的科目列入"现场经费"中的子科目，"周材费"列入"材料费"的子科目。这样，更有效突出了项目成本管理的真正重点要素，体现了"方圆图"作为工程项目管控的实践指导意义。

五项成本费用的顺序编排，在这个图形中也作了一些有意识的安排。我们安排"方圆图"的"阅读顺序"基本有两个规则：一是对于整个图形的阅读体会应该在这个"方圆图形"上自内而外；二是在分析图形的具体要素时应自左上角开始，沿顺时针方向进行。所以，这五项费用的第一项是项目实体成本占比最大的"材料费"，众所周知，它是工程项目实体成本费的绝对主体，放在中心位置，而且占据最大面积；第二项则放在外围的起始项——人工费，把它放到前面，寓意"人工费"的管控关键是在工程项目开始时，必须在劳务分包资源招议标阶段就把控好；把"专业分包费"放在最后，则寓意专业分包费是以市场价格为基础，以专项分包合同来约定的，其管控方法与企业直接控制的材料费、人工费、机械费、现场经费等的管控方法是有所区别的。

通过这些线形、图形、颜色和定义的赋予，我们可以看到："方圆图"模型作为工程项目管理的工具，其组成系统、结构顺序和管理逻辑的设定是经得起推敲的系统。而且，用这个图形能更直观、有效地理解一个工程项目的收入、成本与效益间的关系，反映各管控要素所呈现的数据上的合理性，进而可以由此思考、改进我们在项目管理过程中的既定制度是否有效、管理方法是否科学、降本增效是否已经做到了最大化。包括反过来检讨我们在项目承接时的投标成本测算、合同签订条件等等。

（三）"方圆图"对项目成本过程管控的作用

由于数据表现管理状态的直观性，"方圆图"的标准图形表现的是一个工程项目管理正常的状态。这种状态可用"项目结算总价＞项目合同造价＞项目责任成本＞项目目标成本＞项目实际成本"的不等式关系表示（为方便阐述忽略等于的情况）。这时项目投标时的中标价（合同签订价格）合理，有正常的经营效益。而且项目责任成本的下达与项目以此为依据确定的项目目标成本编制也比较合理，同时，项目的策划、过程管控与实施都在预期范围内。包括项目最终结算办理效果也很好，形成了一定的结算效益。但以前述的标准图为基础，"方圆图"针对具体的工程项目而言，还会形成其他几种因"造价线"与"成本线"位置不同而造成的非标准型"方圆图"。具有普遍管理实践意义的大体有以下三种：

第一种：用不等式表示为"项目结算总价＞项目合同造价＞项目责任成本"，但"项目实际成本＞项目目标成本"。至少可以反映该工程项目管理过程中几个方面的信息：整体说明项目承接时投标报价的投标预计成本和企业对项目下达的责任成本两项指标是比较合理正常的，保证了项目应形成的经营效益。同时，项目最终结算办理的效果比较好，形成了一定的结算效益。但项目在过程实际成本控制或者项目目标成本制定方面存在一定的问题。而问题的原因应该从两个方面查找：

一方面，可能项目目标成本制定时对项目实际履约条件估计过于乐观，预期要求有些偏高，而实际实施过程中因相关内控因素影响不能完全实现原项目策划的一些思路和降本增效措施，或项目管理外部环境在过程中发生较大变化，而合同约定该类风险是由承包方承担，致使部分目标成本不能按计划控制到位，整体目标未能实现。

另一方面，可能在实际成本管控过程中，项目策划措施不合理，或本来策划措施可行，但管理责任人员主观努力不到位，致使既定目标不能实现。

实践中诸如对外签证索赔错过时限或证据收集缺失等原因未办回；对内过程控制不力而造成质量返工、工期延误、安全事故赔付；材料设备进货没有货比三家，导致高价采购；劳务成本不依合同随意涨价补价；临时设施不依策划随意高档多量配置；管理费用的开支不受控制等等。虽然这种状态整体来讲项目有一定盈利，甚至还完成了企业的责任指标，但不应该是我们提倡表扬的榜样。

实践中甚至有个别项目就是以项目责任成本为"外框"，在责任成本范围内最大化消耗和扩充项目实际成本，并在此过程中牟取个人或小集体私利，是企业管理应当警惕并予以预防和纠正的对象。

第二种：用不等式表示为"项目结算总价＞项目合同造价＞项目责任成本"，但"项目实际成本＞项目责任成本"。整体来讲，该项目最终结算办理效果较好，形成了一定的结算效益。但项目在过程实际成本管控上肯定存在较大问题，实际成本线已经覆盖掉部分经营效益，表明项目现场管理过程中不但没有成绩，反而"吃掉"了部分经营成果，虽然项目没有形成绝对亏损，但已经不能完成项目承接时的预期效益责任目标了。

对于这种状态的项目，一方面，我们有必要回头检讨承接项目时的投标报价工作，是否项目的投标预期利润测算不准确，致使营销决策误判，或是当事人本身就是主观上夸大了项目的经营效益额。另一方面，我们应该重点检讨项目实施过程中的成本管控行为，包括管理是否到位、策划措施是否科学，或者策划本来合理，但管理人员主观努力不到位等诸如前一种情形下同样的问题。

这种情形下的项目虽然最终没有绝对亏损，从企业层面看是有一定效益的。但从项目管理的角度讲，这种项目过程效益管理基本是失败的。它不但会因为项目整体没有最终亏损而容易让我们的管理层忽略管理过程中的不足甚至个别可能损公肥私的问题，也会造成项目正常的成本降低兑现激励机制对大多数员工失效的结果。是必须引起项目管理者关注的一类问题项目。

第三种：项目实际成本线已经跨出了图形的"外圆"，用不等式表示为："项目实际成本＞项目结算总价"，即项目绝对亏损。我们应该彻底分析项目实施过程中各项管理行为，包括主、客观因素。包括项目从承接投标阶段开始直到最终结算的全过程。当然，项目管理的关键还在于过程管理上的功夫，在过程中及时发现问题并跟踪纠偏，以杜绝这类项目出现。一旦形成，应认真对待，追究必要的责任。

当然，"方圆图"有三个成本数据线与两个造价数据线，理论上它们在图形中的位置变化还会有多种项目状态存在，但因其实践中极少发生而对我们普遍的项目管理缺乏指导意义，这里不再一一罗列。

二、"房地产投资项目成本管理方圆图"解析

"房地产投资项目成本管理方圆图"项目管理模型，直观地分析了一个房地产开发项目的管理过程，定位、进度、品质、资金、成本、效益等管理目标的状态，检验项目全生命周期中的流程、制度是否合理、科学、有效，并通过不同开发项目在不同阶段所反映出的对应图形变化检验项目过程管理所处的受控状态。而"方圆图"的运用，最终目的是实现项目社会效益与经济效益最大化。

（一）"房地产投资项目成本管理方圆图"的构成

"方圆图"外圆内方，虚实结合，是一个既稳固又极具张力的几何图形，是由"三实三虚""三方两圆""四个圆点"等几何线条构成的平面图形。它系统地表述房地产开发项目的全部管理要素，是一个科学研究分析房地产开发项目的几何模型。其标准图形如图8-3所示。

由图可以看出，"房地产投资项目成本管理方圆图"首先是从时间维度上涵盖了一个开发项目自拿地开始，到策划设计、施工建造，再到销售回款的项目开发全过程。同时通过整体表述几组成本概念、收入概念与效益概念之间的关系，形象地描述了房地产开发项目的两个收入管理控制关键点（可研预算收入、销售收入）、三个成本管理控制关键点（项目责任成本、项目目标成本、项目实际成本）、四个开发要素管理控制关键点（定位、进度、品质、

资金）和五个具体费用管理控制关键点（土地费用、前期费用、建安费用、开发费用、税项），以及房地产开发项目的三个效益着力点（拓展效益、管理效益、营销效益）。

图形中的实线表示管理过程中相对固定的内容，而虚线则表示管理过程因管理情况变化而经常会发生变化的内容。图形中用咖啡色表示项目拓展效益，用蓝色表示项目管理效益，用金黄色表示项目营销效益。这样，它将项目的可研预算收入、责任成本、目标成本、实际成本和销售收入，项目的拓展效益、管理效益和营销效益，项目成本应重点管控的土地费用、前期费用、建安费用、开发费用和税项，以及项目开发的定位、进度、品质和资金四个支撑点等项目开发管理要素清晰地在一个外圆内方的图形中系统集中而又十分形象地展示了出来。

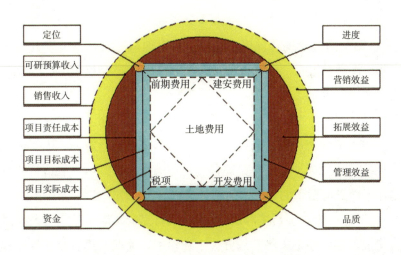

图 8–3　房地产投资项目成本管理方圆图

（二）"房地产投资项目成本管理方圆图"图形含义

1. 面向对接市场的两个"圆形"，是一组收入概念

"内圆"定义为"可研预算收入"。即项目在定位策划完成时确定的收入。因为其在项目开始时即由定位团队结合对地块周边市场进行的充分调研，确

定好了销售对象，从而确定了物业类型、楼盘档次、户型等，定位与策划的精准度是决定内圆大小的关键因素，也是项目成败的关键阶段，定位一旦确定，就基本确定了项目的可研预算收入，此收入作为项目决策拿地的有效依据，所以用"实线"表示。

"外圆"定义为"销售收入"。外圆的大小由各种业态的销售面积与销售价格决定，而销售价格与产品的入市时间及产品的品质息息相关。因为它受项目过程管控的水平及入市时间的影响容易发生变化，而且必须在项目全部销售完成后才能确定其边界位置，所以用"虚线"表示。

2. 面向对内管理的三个"方形"，是一组成本概念

"外方"定义为"项目责任成本"。是指当土地已经获取，定位、方案已确定，影响前期费用、建安费用的开发规模、建筑形式、楼盘档次等已确定，影响开发费用的开发周期也已确定，影响税项的收入成本也已基本确定，公司会同项目共同编制，并由公司批复下达给项目公司的《项目管理目标责任书》。项目的全生命周期开发成本在《项目管理目标责任书》中被固定表现出来，相对准确且稳定，通常在没有重大市场与政策变化的情况下不予调整，所以用"实线"表示。

"中方"定义为"项目目标成本"。是指项目管理团队（项目公司）依据定位及方案，结合公司下达的责任成本，详细编制项目策划，主要进行施工图优化设计及合约规划等工作，即自行制定的奋斗目标。一般项目的总目标成本是在《项目运营策划书》中被相对确定。所以用"实线"表示。

"内方"定义为"项目实际成本"。即项目完成相应工作内容最终实际形成的真实成本额。图形中将其划分为土地费用、前期费用、建安费用、开发费用和税项五个组成部分。因为项目实际成本一定会因不同的企业管理水平和具体项目的管理能力变动，以及管理措施、方法的改进与否而体现出不同的结果，只有在项目完成后才能最终确定其边界。所以用"虚线"表示。

三个方，两实一虚，两实之间的蓝色部分由项目公司争取，代表项目通过优化设计、优化合约规划产生的管理效益，相对固定；虚实之间的蓝色部分也由项目掌控，代表项目通过自身管控产生的管理效益，相对可变。以上

两部分，统称管理效益。

3."四大支撑点"，是一组房地产项目开发管控目标概念

"方圆图"的四个支撑点分别被定义为"定位""进度""品质"和"资金"。之所以把它们表述为整个图形的"支撑"，意在强调这四个管理要素、管理目标是开发项目管理的重中之重，在"方圆图"的几何图形中起着至关重要的作用。"定位"是房地产项目的首要支撑；"进度"是房地产项目得以正常开发的支撑；"品质"是房地产企业赖以生存的支撑；"资金"是房地产开发最根本的支撑。

4. 对"三个效益"的划分

图形中的咖啡色、蓝色、黄色三个区域分别被定义为项目的"拓展效益""管理效益"和"经营效益"，是一组收益概念。

"拓展效益"，指由项目拓展团队经过可行性研究论证，成功获取土地并确定项目定位与方案时确定下来的效益。在图形中由"项目可研预算收入圆形"与"项目责任成本方形"所围成的部分来体现划分。我们将这块区域的颜色取定为"咖啡色"，来源于我们拓展团队在拓展活动中常出现的茶、咖啡等饮品的颜色，寓意是我们在项目拓展阶段，由企业层面主导的经营活动、经营行为所带来或形成的预期效益。

"管理效益"，是指项目管理团队通过不断加强和改进项目的过程管理，在公司下达的项目责任成本额基础上，在确保楼盘品质的前提下，有效节约实际成本费用支出而得到的成本降低额收益。在图形中由"项目责任成本方形"和"项目实际成本方形"所围成的部分来体现划分。我们将这块区域的颜色取定为"蓝色"，借用于"蓝领"概念中的"蓝"。寓意这是由项目现场管理团队成员辛勤劳动得来的效益。

"营销效益"，是指项目营销团队在可研预算收入的基础上，通过把握"时点、卖点"，采用合理的营销策略，使销售收入超越可研预算收入，创造的营销效益。在图形中由"项目销售收入圆形"和"项目可研预算收入圆形"所围成的部分来体现划分。我们将这块区域的颜色取定为"金黄色"。一方面是借用了交通信号灯中"黄灯"的概念，寓意为项目虽为追求效益最大化，在

市场营销策略上应努力去争取，但更应当强调"金黄"另一方面"阳光"的概念，强调我们的项目管理一定要合法合规，以追求"阳光下的利润"为原则。

5. 对于"五项成本费用"的划分与排列

对于成本费用科目划分：在这个图形中，我们对项目的成本费用划分列项未按通常的房地产开发项目将其划分为标准的九类一级科目，将"其他直接费""销售费用""财务费用"和"公司管理费用"与对开发周期长短的敏感度大于开发体量大小的四项费用合并为"开发费用"，因不可预见情况多发生在建安阶段，在"方圆图"中将成本科目中的不可预见费计入建安费用；同时，将土地费用、前期费用、建安费用、税项单列，这样，更有效地突出了开发项目成本管理的真正重点要素，体现出了"方圆图"作为项目管控的实践指导意义。

我们安排"方圆图"的"阅读顺序"基本有两个规则：一是对于整个图形的阅读应该在这个"方圆图"上自内而外；二是在分析图形的具体要素时应自左上角开始，沿顺时针方向进行。所以，这五项费用的第一项是项目具备开发条件应支出的第一笔费用"土地费用"，且在一线城市也是开发项目成本占比最大的一项成本，放在中心首位，而且占据最大面积；第二项则是放在外围的起始项——前期费用，把它放到前面，寓意"前期费用"的管控关键是在项目开发起初阶段，此阶段的可研、规划、设计等工作决定了开发项目大部分的成本支出。把"税项"放在最后，则寓意房地产项目的税务筹划工作贯穿项目开发全过程，但更应关注最终的收关税务清算。

通过这些线形、图形、颜色和定义的赋予，我们可以看到："方圆图"模型作为开发项目管理的工具，其组成系统、结构顺序和管理逻辑的设定基本上是经得起推敲的。而且，用这个图形能更直观、有效地理解一个开发项目的收入、成本与效益间的关系，反映各管控要素所呈现的数据上的合理性，进而可以由此思考、改进我们在项目开发管理过程中的既定制度是否有效、管理方法是否科学、降本增效是否已经做到了最大化。包括反过来检验我们在拿地阶段可研测算的质量、定位的准确度等。

（三）"方圆图"对房地产开发项目成本过程管控的作用

"方圆图"标准图形表现的是一个开发项目管理的正常状态，其以数据直观地表现管理的状态。这种状态可用"销售收入＞可研预算收入＞项目责任成本＞项目目标成本＞项目实际成本"的不等式关系表示（为方便阐述忽略等于的情况）。在这种状态下，说明项目拿地时的可研测算合理，有正常的拓展效益。而且项目责任成本的下达与项目以此为依据确定的项目目标成本编制也比较合理；同时，项目的策划、过程管控及实施均在预期范围内；包括项目销售的成效也很好，形成了一定的经营效益。但是，针对具体的开发项目而言，"方圆图"还会形成其他几种因"收入线"与"成本线"位置不同而造成的非标准型"方圆图"。有普遍管理实践意义的大体有以下三种：

第一种，用不等式表示为："销售收入＞可研预算收入＞项目责任成本"，但"项目实际成本＞项目目标成本"。可以反映此开发项目管理过程中几个方面的信息：整体说明项目在拿地阶段的可行性研究与公司对项目下达的责任成本两项指标是比较合理正常的，保证了项目应形成的拓展效益。同时，项目的销售策划与执行也基本符合项目可研预算对收入的预判，成效比较好，形成了一定的经营效益。但项目在过程实际成本控制或者项目目标成本制定方面存在一定的问题。而问题的原因应该从两个方面查找：

一方面，可能项目目标成本制定时对项目实际开发条件估计过于乐观，预期要求有些偏高，而实际实施过程中因相关内控因素影响不能完全实现原项目策划的一些思路和降本增效措施，或项目管理外部环境在过程中发生较大变化，致使部分目标成本不能按计划控制到位，整体目标未能实现。

另一方面，可能在实际成本管控过程中，项目策划措施本就不合理，或本来策划措施可行，但管理责任人员主观努力不到位，致使既定目标不能实现。比如土地尽职调查时尚有土地瑕疵未被发现；前期费的减免措施不得力，未达到设定目标；图纸会审不到位形成无效的返工成本；设计优化过于理想或采用新型材料设备失败；招标限价未执行到位出现供方高价中标；开发周期延长导致的管理费、营销费、财务费等开支不受控制等。

虽然这种状态整体来讲项目有一定盈利，且已完成了公司下达的责任指标，但不应该是大家提倡表扬的榜样。实践中甚至有个别项目就是以项目责任成本为"外框"，在责任成本范围内最大化消耗和扩充项目实际成本，并在此过程中牟取个人或小集体私利，是企业管理应当警惕并予以预防和纠正的对象。

第二种，用不等式表示为："销售收入＞可研预算收入＞项目责任成本"，但"项目实际成本＞项目责任成本"。整体来讲，该项目销售的量与价基本符合项目可研预算对收入的预判，成效比较好，形成了一定的经营效益。但项目在过程实际成本管控上肯定存在较大问题，实际成本线已经覆盖掉部分拓展效益，表明项目在施工建造阶段的管理或销售回款的速度上不但没有成绩，反而"吃掉"了部分拓展成果，虽然项目没有形成绝对亏损，但已经不能完成项目拿地时的预期效益目标了。对于这种状态的开发项目：

一方面，我们有必要回头反思项目拿地时的可行性研究，是否项目可行性分析不深入导致定位有偏差形成可研预测不准确，致使拿地决策误判，或是当时本身就是主观上夸大了项目的拓展效益额。

另一方面，我们应该重点反思项目实施过程中的成本管控行为，包括管理是否到位、策划措施是否科学，或者策划本来合理，但管理人员主观努力不到位等诸如前一种情形下同样的问题。这种情形下的项目虽然最终没有绝对亏损，从公司层面看尚有效益，但从开发项目管理的角度讲，这种项目过程效益管理基本是失败的。它不但会因为项目整体没有最终亏损而容易让我们的管理层忽略管理过程中的不足甚至个别可能损公肥私的问题，也会造成项目正常的成本降低兑现激励机制对大多数员工失效的结果，是必须引起公司管理者关注的一类问题项目。

第三种，项目实际成本线已经跨出了图形的"外圆"，用不等式表示为："项目实际成本＞项目销售收入"，即开发项目绝对亏损。我们应该彻底分析项目整个开发过程中的各项管理行为，包括主、客观因素，包括项目从拿地开始至策划设计、施工建造、销售回款的全过程。当然，项目管理的关键还在于过程管理上下功夫，在开发过程中及时发现问题并跟踪纠偏，以杜绝这类项目出现。一旦形成，则应认真对待，追究必要的责任。

当然，"方圆图"有三个成本数据线与两个收入数据线，理论上它们在图形中的位置变化还会有多种项目状态存在，但因其实践中极少发生而对我们普遍的项目管理缺乏指导意义，这里不再一一罗列。

（四）房地产开发项目全生命周期的"三个阶段"与"三类效益"

房地产开发项目周期长、涉及要素多、成本构成因素杂，整个模型意在将长、多且杂的要素简化，故将房地产项目开发流程主要分为三个阶段，即策划设计、施工建造、销售回款。分段明确主要工作与阶段成果，分段划分责任主体，与三类效益一一对应，做到责任主体清晰。

策划设计阶段产生的拓展效益责任主体为公司，"拓展效益"必须留在公司层面，并对有功的拓展团队依据"土地拓展责任制"进行相应的奖罚。

施工建造阶段产生的管理效益责任主体为项目，"管理效益"则要依据"项目管理责任制"大幅度奖励以项目经理为首的项目管理团队所有成员。

销售回款阶段产生的营销效益责任主体主要为项目的营销回款团队，"营销效益"则要依据"营销回款专项责任制"奖励突出的创效有功人员。

这样，划分三个阶段，对应三类效益，清晰明确三个责任主体，我们在项目开发过程中，才能清晰地认识到企业管什么，项目干什么，两级的责权利怎样才能科学划分、管理有效，才能使各级、各岗位的管理者各得其所，各自分别去努力，真正让"三个效益"管理的着力点落到实处。同时依据"法人管项目"的要求划分好公司与项目之间的责权利，并依据"责权利统一"的原则激励相应的管理团队和个人。

（五）"四大支撑"的过程管控

对房地产开发项目，需要"紧抓三点一线"，即地点、时点、卖点和资金主线，以此三点的有效把控确保四大支撑（定位、进度、品质、资金）坚稳，为资金的高效运行保驾护航。

1. 产品定位及地点要素

房地产项目在策划设计阶段对"地点"的有效把控是开发成败的决定性因素，因而，紧抓地点要素显得尤为重要。

"地点"与"定位"是相互影响，又相互依存的。地点是源头，为定位提供依据；准确定位是根本，定位为项目开发起着方向性与纲领性的作用。因此，"方圆图"四大支撑中将"定位"列为房地产开发项目的首要支撑。

2. 开发进度及"时点"要素

对于一个房地产开发项目，从获取土地到最后售罄交楼，通常要经历2～3年的周期，有时甚至更长，自其获取土地开始，涵盖项目资金筹措与使用、方案设计、施工图设计、报建、施工、销售与回款等一系列全生命周期内的开发进度管理，进度是房地产项目得以正常开发的支撑。这就需要在开发过程中紧抓"时点"。

3. 产品品质及"卖点"要素

产品的"卖点"是促使消费者选择的原动力，卖点的打造需要品质作支撑，品质是客户最关注的，因此，品质是房地产企业赖以生存的支撑。

4. 资金管控主线

对于房地产这样一个资金密集型行业，资金是"房地产投资项目成本管理方圆图"最根本的支撑。没有资金，公司将无法及时出手获取土地使用权；没有资金，公司将无法适时启动项目；没有资金，公司将无法持续完成开发。房地产投资开发项目的全生命周期管理必须以现金流管理为主线。

（六）"五项成本"的管控

房地产项目的五大费用分别为土地费用、前期费用、建安费用、开发费用和税项。由于不可预见情况多发生在建安阶段，所以，在"方圆图"中，将财务核算成本科目中的不可预见费计入建安费用；其他直接费主要指项目管理费、工程管理费，销售费用主要指销售代理、广告、推广等费用，财务费用主要指借款利息支出、办理保函期票的费用，公司管理费是指公司向项目收取的管理费，以上财务核算成本科目中的四项费用，都是不发生在项目实体上的，而是在开发过程中产生的费用，在"方圆图"中，统称为开发费用。

1. 土地费用

土地获取有多种方式，如公开招拍挂、协议转让等。在此环节重点关注楼面地价，关注土地是否为净地、关注地价款的支付节奏、关注土地规模指标是否满足拟开发项目的定位需求、关注土地溢价的税费分担问题等。

2. 前期费用

前期费用包括报建费、可行性研究费、设计费、勘探测绘费、临时设施费、招标投标管理费、施工图审查费、"三通一平"费等。各项费用中，占比最大的是报建费（约占4%），控制的主要途径是申请报建费的减免和返还，可依项目具体情况争取。

3. 建安费用

建安费用包括岩土工程费、基础工程费、土建工程费、机电工程费、配套设施费、配套工程费、室外工程费等，其占总成本的比例最大。关于此项成本的控制，必须落实好"三限五控"的要求。"三限"即方案阶段限量、招标阶段限价、实施阶段限变；"五控"即在设计时控成本匹配、在招标时控认质认价、在实施时控签证变更、在结算时控结算审价、在支付时控工程款支付。

4. 开发费用

开发费用包括管理费、营销费、财务费。前面提到，开发费用主要与时间相关，其管控方向主要是控制开发周期，依靠对"方圆图"四大支撑之一即进度的有效把控，只有踩好"时点"，把握好开发节奏，才能成功控制好开发费用。

5. 税项

税项成本控制应贯穿房地产开发全过程，事前进行税务策划，事中积极沟通落实，事后做好税务清算，总体做到"策划合理，归集准确，资料完整，合法合规"。

方圆之道的精髓在于，它阐述了房地产项目的收入、成本和效益，是有机结合的整体，是密不可分的，其中任何一项的变动，都和"方圆图"中所指的其他部分息息相关。成本的过分管控，可能影响品质，从而影响收入；收入的过分追高，可能会造成成本的大量增加。

"房地产投资项目成本管理方圆图"对于房地产企业的指导意义，在于它将房地产项目各阶段所遇到的机会和问题，综合而具体地表现在了一张小小的图上，使项目在分析机会、问题时不再孤立地只思考某个环节，而是可以全面地分析出其对项目整体开发的影响，从而为项目决策提供参考和依据，通过对收入、成本、支撑的把控，实现或超额实现项目的既定效益。

三、"基建投资项目成本管理方圆图"解析

"基建投资项目成本管理方圆图"遵循的四大理念内涵与"施工项目成本管理方圆图"的理念是一致的，这里不再重复阐述。通过"投资项目成本管理方圆图"（以下简称"方圆图"）管理模型，我们可以直观地分析所投资项目的管理过程，分析项目模式、资金、进度、风险、成本、效益等管理目标的状态，检验项目全生命周期中的流程，以及制度是否合理、科学、有效，通过不同投资项目在不同阶段所反映出的对应图形变化检验项目过程管理所处的受控状态。

（一）"基建投资项目成本管理方圆图"的构成

"基建投资项目成本管理方圆图"模型系统地表述了投资项目管理的全部管理要素，是根据基础设施投资项目的管理实践总结出来的一个科学研究分析工程基础设施投资项目管理的几何模型。其标准图形如图8-4所示。

可以看到，"基建投资项目成本管理方圆图"首先是从时间维度上涵盖了一个项目从立项拓展开始，到施工建造、结算回款的全过程。同时，通过整体表述几组成本概念、收入概念与效益概念之间的关系，形象地描述了工程项目的两个造价管控关键点（项目投资合同总额、项目运营总收入）、三个成本管控关键点（项目责任成本、项目目标成本、项目实际成本）、四个项目过程管控关键点（模式、资金、进度、风险）和五项费用管控关键点（前期费用、建造费用、财务费用、运营费用、综合税费），以及工程项目管理的三个效益着力点（拓展效益、管理效益、结算效益）。

第八章　精细化战略与降本增效

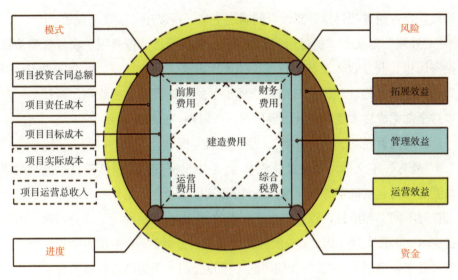

图 8-4　基建投资项目成本管理方圆图

图形中的实线表示管理过程中相对固定的内容，而虚线则表示管理过程因管理情况变化而经常会发生变化的内容。图形中用咖啡色表示项目拓展效益，用蓝色表示项目管理效益，用金黄色表示项目结算效益。这样，将项目的合同造价、责任成本、目标成本、实际成本和结算总价，项目的拓展效益、管理效益和结算效益，项目成本应重点管控的前期费用、建造费用、财务费用、运营费用和综合税费，以及基础设施项目投资的模式、资金、进度、风险四个支撑点等工程项目管理要素清晰地在一个外圆内方的图形中系统集中而又十分形象地展示了出来。

（二）"基建投资项目成本管理方圆图"图形含义

我们赋予"基建投资项目成本管理方圆图"具体几何图形与色彩的含义包括了以下几个方面：

1. 对接市场的两个"圆形"，是一组收入概念

"内圆"定义为"项目投资合同总额"，即项目投资者与项目业主签订的投资建设合同的合同价款额。因此，通常情况下在项目开始时就作为投资方

257

的投资企业通过项目投资建设合同确定下来，所以用"实线"表示。

"外圆"定义为"项目运营总收入"，包括项目建造费用、项目管理费及投资回报、利息收入及其他费用（如征地拆迁、保险费等）等全部收入。因为它受项目过程管理因素与结算管理水平的影响容易发生变化，而且必须在项目全部完成后才能确定其边界位置，所以用"虚线"表示。

2. 对内管理的三个"方形"，是一组成本概念

"外方"定义为"项目责任成本"，是指投资者依据投资项目承接时的成本测算和与业主确定的合同洽谈条件，通常依据企业的平均项目管理水平（也有针对不同工程项目以较先进水平要求的），由企业层面给项目公司确定的项目成本支出最大额。因此，一般会在投资项目开始时，企业层面牵头编制《投资项目实施策划》，在项目管理团队（项目公司）下达的《投资项目管理目标责任书》（也称为《项目管理责任书》《项目目标责任书》等）中被固定表现出来，且通常在项目没有较大变更或合同条件没发生较大变化的情况下不予调整，所以用"实线"表示。

"中方"定义为"项目目标成本"，是指投资项目开始时，项目管理团队（项目公司）依据合同条件、责任成本，并结合进场时的项目具体情形，在进一步优化项目管理方案的基础上，综合考虑项目管理团队实际完成责任成本的能力，预计项目责任成本节余的目标后，详细编制的项目计划成本额。一般项目的目标成本是在项目开始时在《投资项目实施策划》中的商务成本策划内容中被相对确定，过程管理使用的月度/季度/节点类的目标成本也是在月度/季度/节点工作内容开始前，就以相应计划内容的形式被确定或固定了。所以用"实线"表示。

"内方"定义为"项目实际成本"，即投资项目完成投资额所形成的实际成本额。图形中将其划分为前期费用、建造费用、财务费用、运营费用和综合税费五个组成部分。因为项目实际成本一般会因不同的企业管理水平和不同项目的管理能力变动，因管理措施、方法的改进与否而体现出不同的结果，只有在工程项目完成后才能最终确定其边界。所以用"虚线"表示。

3. 四大支撑点，是一组投资管理需重点关注的要素

"方圆图"的四个支撑点分别被定义为"模式""资金""进度"和"风险"。之所以把它们表述为整个图形的"支撑"，意在强调投资项目的这四个管理要素及其管理目标是工程项目管理的重中之重，在"方圆图"的几何图形中，相当于投资项目时的"定位角点"，如果这四个角点定位"不正"，那么依据其定位所画出的"方形"就会不"方"，说明项目的投资管控出现了或可能会出现问题，进而以这些"方"为依据所画的外切"圆"就会不圆，说明项目的对外履约以及收入效益出现了或有可能出现不尽如人意的结果。

4. 三个效益的划分

图形中的三个颜色区域分别被定义为基建投资项目的"拓展效益""管理效益"和"运营效益"，是一组收益概念。

"拓展效益"，指由项目拓展团队经过可行性研究论证，确定项目合作方式、条件并成功获取项目时确定的效益。在图形中由"项目投资合同总额圆形"与"项目责任成本方形"所围成的部分来体现划分。我们将这块区域的颜色取定为"咖啡色"，寓意为在项目拓展阶段，由企业层面主导的经营活动、经营行为所带来或形成的预期效益。

"管理效益"，是指投资项目的项目管理团队不断加强和改进项目的过程管理，在企业下达的项目责任成本基础上，有效节约实际成本费用支出而得到的成本降低额收益。在图形中由"项目责任成本方形"和"项目实际成本方形"所围成的部分来划分体现。我们将这块区域的颜色取定为"蓝色"，借用于"蓝领"概念中的"蓝"。寓意投资项目的项目管理团队经过艰辛努力所获得的效益。

"运营效益"，是指项目商务人员通过编制运营策划书、完善结算资料、做好成本对比分析、认真审查的基础上，提高结算书编制质量，由项目公司商务人员按照市场规则、通过一定的方法最终结算回来而产生的效益。"运营效益"一般包括三个部分：一部分是并不需要发生额外建造成本，项目通过及时办理计量、确认投资回报、利息、管理费收入计算基数及办理相关技术经济签证索赔得来的效益；一部分是现场实际并没有发生，但按照市场规则

或合同约定的计价原则应当计取的收益；还有一些是按当期市场平均技术经济管理水平，这些成本费用应当发生，但由于项目采用了新技术、新工艺或新方法而使这些成本费用没发生或少发生，但按相应规则能从业主那里结算回来而形成的收益。在图形中由"项目运营总收入圆形"和"项目投资合同总额圆形"所围成的部分来划分体现。我们将这块区域的颜色取定为"金黄色"。一方面是借用了交通信号灯中"黄灯"的概念，寓意投资项目结算效益要做到最大化，应在有理有据的前提下，在可进可退、含混模糊的收益边界上尽力争取；另一方面是用"金黄"这种阳光色的概念，强调要遵循合法合规、追求"阳光下的利润最大化"这一原则。

5. 五项成本费用的划分与排列

对于成本费用科目划分，在这个图形中，我们按基础设施投资项目的特点，将项目拓展阶段发生的征拆费、招标代理费等合并为"前期费用"。项目建设期、运维阶段成本费用划分为建造费用、财务费用、运营费用、综合税费。这样，更有效突出了基础设施投资项目成本管理的真正重点要素，体现出了"方圆图"作为工程项目管控的实践指导意义。

关于五项成本费用的顺序编排，在这个图形中也作了一些有意识的安排。我们安排"方圆图"的"阅读顺序"基本有两个规则：一是对于整个图形的阅读应该在这个"方圆图"上自内而外；二是在分析图形的具体要素时应自左上角开始，沿顺时针方向进行。所以，这五项费用的第一项是项目实体成本占比最大的"建造费用"，它是投资项目成本费的绝对主体，放在中心位置，而且占据最大面积；第二项则是放在外围的起始项——前期费用，把它放到前面，寓意"前期费用"的管控关键是在投资项目开始时，此阶段的征拆、招标工作直接影响项目的投资进度，决定了项目的投资节奏，并影响投资收益。把"综合税费"放在最后，寓意投资项目的税务筹划工作贯穿项目投资全过程，但更应关注最终的收关税务清算。

通过这些线条、图形、颜色和定义的赋予，我们可以看到："方圆图"模型作为投资项目管理的工具，其组成系统、结构顺序和管理逻辑的设定是经得起推敲的。而且，用这个图形能更直观、有效地理解一个投资项目的收入、成本与效益间的关系，反映各管控要素所呈现的数据上的合理性，进而可以由此思考、改进我们在投资管理过程中的既定制度是否有效、管理方法是否科学、降本增效是否已经做到了最大化。包括反过来检讨我们在项目拓展阶段投资商业模式的合理性、可行性研究测算的准确性及合同签订条件的优劣等等。

（三）基建投资项目成本的过程管控

以数据表现管理状态的直观性，"方圆图"的标准图形表现的是一个工程项目管理的正常状态。这种状态可用"项目运营总收入＞项目投资合同总额＞项目责任成本＞项目目标成本＞项目实际成本"的不等式表示（为方便阐述忽略"等于"的情况）。这时项目合同签订价格合理，有正常的拓展效益。而且项目责任成本的下达与项目以此为依据确定的项目目标成本编制也比较合理，同时，项目的前期策划、过程管控与实施都在预期范围内。包括项目最终结算办理效果也很好，形成了一定的结算效益。但以前述的标准图为基础，"方圆图"针对具体的投资项目而言，还会形成其他几种因"造价线"与"成本线"位置不同而造成的非标准型"方圆图"。有普遍管理实践意义的大体有以下三种：

第一种，用不等式表示为"项目运营总收入＞项目投资合同总额＞项目责任成本"，但"项目实际成本＞项目目标成本"。

至少可以反映该投资项目管理过程中几个方面的信息：整体说明投资项目承接时合同价的预计成本和企业对项目下达的责任成本两项指标是比较合理正常的，保证了项目应形成的拓展效益。同时，项目最终结算办理的效果比较好，形成了一定的结算效益。但项目在过程实际成本控制或者项目目标成本制定方面存在一定的问题。而问题的原因应该从两个方面查找：

一方面，可能项目目标成本制定时对项目实际履约条件估计过于乐观，预期要求有些偏高，而实际实施过程中因相关内控因素影响不能完全实现原项目策划的一些思路和降本增效措施，或项目管理外部环境在过程中发生较大变化，而合同约定该类风险是由投资者承担，致使部分目标成本不能按计划控制到位，整体目标未能实现。

另一方面，可能在实际成本管控过程中，项目策划措施不合理，或本来策划措施可行，但管理责任人员主观努力不到位，致使既定目标不能实现。实践中诸如招标限价未执行到位出现供方高价中标；征拆未能按计划完成致使投资节奏放缓；投资周期延长导致管理费、财务费等开支不受控制等。虽然这种状态整体来讲项目有一定盈利，甚至还完成了企业的责任指标，但不应该是我们提倡表扬的榜样。实践中甚至有个别项目就是以项目责任成本为"外框"，在责任成本范围内最大化消耗和扩充项目实际成本，并在此过程中牟取个人或小集体私利，是企业管理应当警惕并予以预防和纠正的对象。

第二种，用不等式表示为"项目运营总收入＞项目投资合同总额＞项目责任成本"，但"项目实际成本＞项目责任成本"。

整体来讲，该项目最终结算办理效果较好，形成了一定的结算效益。但项目在过程实际成本管控上肯定存在较大问题，实际成本线已经覆盖掉部分拓展效益，表明项目现场管理过程中不但没有成绩，反而"吃掉"了部分拓展成果，虽然项目没有形成绝对亏损，但已经不能完成项目承接时的预期效益责任目标了。

对于这种状态的项目，一方面，我们有必要回头检讨项目拓展阶段商业模式的合理性，可行性研究测算是否不准确致使项目拓展阶段决策误判，或是当时本身就是主观上夸大了项目的拓展效益额。另一方面，我们应该重点检讨项目投资过程中的成本管控行为，包括管理是否到位、策划措施是否科学，或者策划本来合理，但管理人员主观努力不到位等诸如前一种情形下同样的问题。

这种情形下的项目虽然最终没有绝对亏损，从企业层面看是有效益的。但从项目管理的角度讲，这种项目过程效益管理基本是失败的。它不但会因为项目整体没有最终亏损而容易让我们的管理层忽略管理过程中的不足甚至个别可能损公肥私的问题，也会造成项目正常的成本降低兑现激励机制对大多数员工失效的结果。是必须引起项目管理者关注的一类问题项目。

第三种，项目实际成本线已经跨出了图形的"外圆"，用不等式表示为

"项目实际成本＞项目运营总收入"，即项目绝对亏损。

我们应该彻底分析项目投资过程中各项管理行为，包括主、客观因素。包括项目从立项拓展阶段开始直到最终结算回购的全过程。

四、"方圆理论"的实践意义

一种理念，只有应用于实践，发挥理念对实践的指导作用，才能检验理念的正确性和实际成效。我们以"方圆理论"为指导，从工程项目的实践中总结理论，又将这个理论应用于工程项目管理的实践，创造了业内有目共睹的业绩。"方圆理论"不仅是一种管理理念，更是一种管理工具和管理方法。

（一）项目成本管理方圆图是一种管理工具

"成本管理方圆图"是一种管理工具，它立足于价本分离的基本原理，将项目管理中的"三个效益、四大支撑、五类费用"集中反映在一张图中，有利于直观地分析项目运营状态，控制关键环节。首先，按照"方圆图"的要求，可以实现"价本分离"，将企业从市场投标竞争中得到的"合同造价"与企业对施工项目经理部确定的"责任成本"分开，企业根据市场情况、项目具体情况和企业管控需要确定的"项目责任成本"是企业对项目经理部的考核依据。其次，"方圆图"还要求将经营效益、管理效益、结算效益三个效益分开，使企业业绩考核有基础，奖罚有依据。第三，"方圆图"将项目的质量、工期、安全、环保四大目标置于整个图形的支撑位置，这就要求项目管理必须以工期管理为纲，质量管理为本，安全管理为重，环保管理为要。第四，"方圆图"将项目建造的"五类费用"置于"内方"位置，清晰明了地要求项目管理必须以成本控制为中心，项目管理部的重点在于降低成本，目标在于控制"五类费用"。项目管理部必须采取切实有效的措施实现企业"降本增效"的目标。

（二）项目成本管理方圆图是一种管理方法

"成本管理方圆图"是一种方法，它以成本管理为主线，集成了商务管理

"三大纪律八项注意""项目四大策划""施工生产四项基本制度""分资制管理法"等具体举措,为企业整体提升效益水平提供了科学的指导。

"成本管理方圆图"在管理实践中,首先,要求企业围绕项目管理实行项目经理责任制、项目组织策划制、项目过程管控制、项目结果考评制四项基本制度。其次,要求项目经理部要做好现场策划、施工策划、商务策划、资金策划四大策划。第三,在商务合约管理上要遵守"三大纪律八项注意","三大纪律"即"项目经理责任制""合约交底策划制""分供方选择招标制"三项基本制度;"八项注意"即"合同洽谈、价本分离、商务策划、供方管理、过程管控、签证索赔、结算收款、奖罚兑现"商务成本管理的八个主要环节。第四,在资金管理上,要实行"分资制"管理法,即"费用划分开,资金分级算,收支两条线"。

总之,通过"项目成本管理方圆图"模型,我们可以直观地分析一个建筑工程项目的管理过程,质量、进度、安全、环保、成本、效益等管理目标的状态,检讨项目生命周期全过程中的流程、制度是否合理、科学、有效,并通过不同项目在不同阶段所反映出的不同对应图形变化检验项目过程管理所处的受控状态。

"方圆理论"总体上说属于"方法论"的范畴。它所提供的管理理念、管理工具和管理方法是开放性的,包括它的体系系统性、管理内在逻辑性乃至它的理论创建过程中的方法论,都是值得企业借鉴的。

第三节 项目目标管理与"分资制管理法"

目标,是指行为指向的终点与目的。彼得·德鲁克说,不是有了工作才有目标,而是相反,有了目标才能确定每个人的工作,所以企业的使命和任务必须转化为目标,管理者应当通过目标和目标的分层级分解,对下级进行管理并进行有效的考核、评价和奖惩,才能完成企业使命。可见,目标管理在现代企业管理中占有举足轻重的地位。

任何管理活动的首要工作都是确定管理目标。项目管理目标是项目管理行为指向的终点,即项目实施完成后所要达到的目的。工程项目的管理目标就是工程项目竣工交付并结算收款完成时要达到的目的。当然也应当包括工程项目管理过程中实现的阶段性目标。

对于一般意义上的项目,其管理目标一般确定为项目的时间目标、质量目标和成本目标三个主要方面。而针对工程项目,管理目标应该从两个层面去理解和确定:一是把工程项目作为产品对象,将工程本身作为产品,且具有一次性特征,要实现的目标应包括既定质量、工期、安全、环保和成本五大目标;二是在管理工程项目的主体——工程建设企业层面,需长期可持续发展,而又必须以具体的工程项目为平台来实现其目标,则需要包括项目的财务效益成果、团队建设成果、分供方与其他相关方协作成果等一系列管理目标。

一、工程项目目标管理三圆图

对于一个工程项目,究竟确定哪些项目管理目标才是全面、科学又有利于管理呢?站在全社会的角度,一个工程项目的管理目标可以分为三个大的目标集合和三个具体的目标集合。三个大的目标集合是对项目建造总的期望目标:一是项目业主对项目建造的期望目标;也就是项目的业主满意度目标;二是以政府为代表的社会各方对项目建造的期望目标,也就是项目的社会满意度目标;三是建筑施工企业对项目建造的期望目标,也就是项目的企业满意度目标。与前述三个大的目标集合相伴而生的是三个具体的目标集合:一是相对于项目总承包商的分供方对项目建造的期望目标所形成的项目分供方满意度目标集合;二是与项目建造过程相关联的其他相关方对项目建造的期望目标所形成的项目其他相关方满意度目标集合;三是企业员工对项目建造的期望目标所形成的员工满意度目标集合。将项目建造的六个方面的满意度集合汇总在一起,就构成了工程项目管理的总目标。要想实现项目管理的总目标,就必须做到"六个好",即:质量工期好,安全环保好,成本效益好,资金管控好,项目信誉好,团队建设好。质量与工期,业主最为关心,质量工期好,业主就会满意;安全与环保,以政府为代表的社会各方最为关注,安全环保好,以政府为代表的社会各方就会满意;成本与效益,企业最为关注,成本效益好,企业就会满意;项目信誉,与业主、相关方和社会关联度最大,项目信誉好,相关方就会满意;而资金管控与业主、企业、分供方关联度最大,因而分供方的满意度与资金管控直接相关;团队建设关系到员工的切身利益,只有团队建设好,员工的满意度才会提高。根据上述"六好六满意"的项目管理目标的内在逻辑关系,结合长期的工程项目管理实践,我们提出了工程项目目标管理"三圆图"模型(图8-5)。

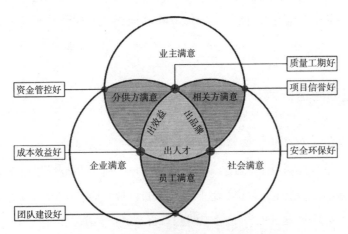

图 8-5 工程项目目标管理"三圆图"模型

从建设工程项目的三大利益主体出发,以工程项目本身应实现的产品目标为核心,根据"目标管理"的三个基本特点——重视人的因素、建立目标链与目标体系、重视成果,形成了一个由三个几何平面圆组成的,简洁、明晰的工程项目目标管理"三圆图"模型。其体现的工程管理目标环环相扣、方向一致、相辅相成,是一个协调统一的工程项目目标管理体系。

二、目标管理各要素之间的关系

"三圆图"以工程项目的业主、工程建设企业和项目所关联的社会环境以及项目分供方、项目员工团队等利益相关方，形成环环相扣的目标链，以出效益、出人才、出品牌为管理目标核心表述，对应不同的管理中"人"的因素——企业员工、分供方和其他相关方，通过对项目的质量工期、安全环保、成本效益和资金管控、团队建设、项目信誉等六个"产品级"目标的"六好"实现，达到对应"项目级"的员工满意、分供方满意、其他相关方满意和对应"企业级"（或社会层面）的业主满意、社会满意、企业满意等六个目标的"六满意"实现。即图中所示的"六好六满意"的全面实现就是建设工程项目全部管理目标的实现。

在业主满意方面，"三圆图"以工程项目质量目标为"圆心"，以工程项目工期目标为"半径"，形成业主重点关注的项目目标的"业主满意"圆；该圆的"核心点"为工程项目"质量工期好"的管控目标。

在企业满意方面，"三圆图"以工程项目成本为"圆心"，以工程项目效益为"半径"，形成企业重点关注的项目目标的"企业满意"圆；该圆的"核心点"为工程项目"成本效益好"的管控目标。

在社会满意方面，"三圆图"以工程项目安全为"圆心"，以工程项目环保为"半径"，形成社会重点关注的项目目标的"社会满意"圆；该圆的"核心点"为工程项目"安全环保好"的管控目标。

由此形成了工程项目作为独立产品应体现的主要管理目标——质量工期好，业主满意；成本效益好，企业满意；安全环保好，社会满意。但是，这"三好三满意"还只是基于工程项目本身应体现出来的最终管理行为目的，而从企业法人层面需要长期的、可持续发展的目标来讲，"注重人的因素""注重分供方及其他相关方""重视成果"以及企业信誉品牌建设目标方面的管理行为目的还不是很明确。

因此，"三圆图"将"业主满意圆"与"企业满意圆"的交点定义为"资金管控好"，理解为工程项目建设的实质是业主单位与企业单位基于合约关系的商品买卖行为，双方行为的核心关系体现在货币资金上，两者统一于项目的商务管理目标在于资金的有效管控上；另外，分供方作为工程项目建设的重要第三方，参与工程项目的行为实质也是基于合约关系的商品买卖行为，且其与业主和施工企业的关联核心也体现在货币资金上，故把这两圆重合部分定义为"分供方满意"。还有，当前建筑市场中，分供方，特别是劳务分供方，是工程项目成败的关键之一，所以有必要将包括劳务分供方在内的"分供方满意"列为施工项目的管理目标之一。

"三圆图"又将"企业满意圆"与"社会满意圆"的交点定义为"团队建设好"，可理解为一个工程项目既要实现对内（企业）满意，又要实现对外（社会）满意，必须要有方方面面的人才组成的项目管理团队，而且这个团队要形成团结一致、通力协作的局面，这样才能有效支撑项目最终目标的实现。同时，项目管理团队的人员既是企业的员工，也是社会的公民，他们的满意是业主满意与社会满意的组成部分。同样的理解，将这两圆重合的部分定义为"员工满意"。

"三圆图"将"业主满意圆"与"社会满意圆"的交点定义为"项目信誉好"，可以理解为工程项目除企业内部上级管理者以外的相关方满意即为项目赢得信誉；同样的理解，把这两圆重合的部分定义为"相关方满意"。这里的"相关方"主要是指与工程项目有一定关联的设计单位、监理单位、项目咨询单位、项目周边社区相关单位、团体、人士等，他们的满意也必须作为项目管理的目标内容。

总之，"三圆图"以业主、企业、社会三大利益主体和分供方、其他相关方和员工三大利益攸关者的"满意圆"的组合，形成了施工项目"六好六满意"的管理目标，"六好"即：质量工期好、安全环保好、成本效益好、资金管控好、项目信誉好、团队建设好。"六满意"即：业主满意、企业满意、社会满意、分供方满意、员工满意、相关方满意。这"六好六满意"的管理目标是一个完整的施工项目管理的目标体系，他们之间互为影响、互为作用，并最终以"三圆合一"的部分直接表现为"出效益、出人才、出品牌"的项目管理目标，直观地反映在"三圆图"的中心部位，意在重点强调"出效益、出人才、出品牌"是施工企业实施项目管理的最核心目标。只有全面完整地达到"六好六满意"目标，才能说一个施工项目的管理目标得到了较好的实现，才能说这个工程项目的管理是好的。

管理目标的确定形式多种多样，工程项目更是因其独有的特征而各不一样，工程建设企业的管理模式与方法也不尽相同，工程项目目标管理"三圆图"根据中国建筑行业的特点，反映了一般工程项目管理目标设置所应当遵循的规律和原则。"三圆图"模型在一些工程建设企业的管理实践中得到运用，并收到了良好的管理效果，有效地提升了企业的项目管理水平，也说明了这一模型的科学性与合理性。

三、分资制管理法

所谓分资制管理法，是指按照"责权利相统一"的现代企业管理基本原则，对企业资金管理实行的一种管理方法和制度体系，从而实现企业资金管理的科学、合理、高效。它是借用国家税与地方税分开的"分税制"理念，针对工程建设企业在资金管理方面提出的一种管理方法。分资制管理法自20世纪90年代后期在中建八局一公司实行，并收到良好效果后，又分别在中建五局、中南建设控股集团、中国平安建投公司等企业实施运行，都收到了很好的效果。

分资制管理法的基本内容表述为：费用划分开；资金分级算；收支两条线。所谓"费用划分开"是指把工程建设企业的运营费用和工程项目的建造费用分开，企业运营费用是在企业层面，项目建造费用是在项目层面。也就是把现场经费和企业经费划分开，如果这两种费用不分开，就谈不上分资制管理。所谓"资金分级算"，通俗地讲就是资金分开核算，就是"中央税"要交到"企业总部"，"地方税"则留在"项目"，"中央税"是由企业层面运营的，"地方税"是由项目层面运营的。而所谓"收支两条线"就是总部、分公司和项目部三级都要实行预算管理，资金分级核算，分支机构的费用由局总部拨给，不能从项目上直接划用。分资制管理的基本要点就是："分"要合理，"分"是基础；"算"要精细，"算"是关键；"线"要清晰，"线"是保障。

分资制管理法既是提高工程建设企业资金管理能力的一个工具，更是健全资金责任的一种方法。是确保企业生存发展的"血液"良性循环的管理制度。分资制的实践应用，主要有以下三个方面。

（一）费用划分开

首先我们将企业资金分为企业总部运营资金和项目生产资金，通过"分资制"将资金和费用挂起钩来。由企业总部开支的企业运营费用，包括上缴投资收益、本级管理费用开支、税金、对外投资等。这部分企业费用从工程项目创造的利润产生的现金流中来统筹；项目生产费用由项目经理部使用，主要包括"方圆图"划分的五类费用，即：人工费、材料费、机械费、现场经费和专业分包费。

"分"是基础。我们讲将企业费用和项目生产费用分开，实际上就是要做好资金的预算管理，把资金按企业与项目必需的用途"分"成几部分，确保资金使用无论是在用途还是在相应的时间阶段上，都有一个管控标准，不能想当然的有钱多花，没钱少花，干到哪里是哪里，那管理就会混乱，就会一团糟。这就好比我们的家庭生活中，吃饭的钱和买衣服的钱得分开规划，不能让买衣服的钱占用了吃饭的钱，否则总有一天就得挨饿了。也只有"分"清楚了，才能便于对管理中可能出现的问题进行原因查找、责任追究，进而解决对应的问题。

"分"要合理。既然要"分"，就得讲"分"的标准，我们强调"分"的标准是合理，也就是要分得科学。怎样实现"分"得科学合理呢？这就回到我们在前述章节阐述的"方圆图"提供的工具和方法。在技术层面以"价本分离"作为工具，科学合理地确定项目责任成本，进而落实"项目经理责任制"，通过企业层面对项目层面下达《项目管理目标责任书》的形式，给项目经理部下达包括成本、工期、质量、安全、环保、资金等等管理责任指标，明确项目必须完成管理目标和组织生产活动应该使用的成本费用额度，当然，其中还必须考虑项目管理团队应有的奖励激励成本。这部分资金使用就是"分"给项目的"地方税"，在授权范围之内，项目经理以实现项目生产力最大化为目标进行灵活自由地支配。项目在此基础上所创造的、超出"地方税"的效益部分，在资金的表现形式上应当是"分"给企业的"中央税"，即在此项目管理过程中应由企业层面留存的利润、资金。

（二）资金分级算

实际上，"资金分级算"与"费用划分开"是相互补充的要求，一是既然要"分"，就涉及要"算"，另外，所谓"算"，就是在"分"的基础上要把企业和项目两个层面的资金使用"算"清楚，进而有效建立资金在企业内部"存"与"支"的责、权、利关系。因为建筑工程项目具有生产周期较长的基本特点，其资金的"收"与"支"在其生命周期内是有着明显不平衡特征的，在项目实施过程中，必然存在某个项目在不同时期的资金"富余"和"短缺"，同时在不同项目之间，也一定会表现出有的项目资金"富余"，有的项目资金"短缺"。"富余"的项目因资金集中管理的要求上存资金在企业层面，"短缺"的项目也不能就此停止生产活动，它需要企业层面予以投入。这样，我们就必须在"分"的基础上把资金"算"清楚，让"富余"的项目资金形成给项目的收益，让"短缺"的项目投入资金形成项目的财务成本，这才是科学合理的资金管理方法。所以，在管理实践中，我们对于工程项目的每一笔工程款收入，都分为两部分：一部分是将上缴货币资金作为企业层面的营运资金来管理，剩余部分"算"为项目可用资金，集中到企业的结算中心。按"责权利统一"的原则，"算"清企业和项目各自权限内的资金，各负其责，各得其所，项目资金支付实行预算控制，按支出计划拨付。

"算"要精细。就是要做好资金精细化管理。我们在企业层面以企业发展战略为出发点，打好资金"盘子"，审慎理性地预测资金流入，充分估计现金流出，做好资金筹措计划，确保现金流不断链。在工程项目层面以"以收定支"和"动态平衡"为原则，做好项目的资金策划工作。一是做好项目的标前资金策划，预估项目现金流量运行状况，分析项目承接对企业运营资金管理的影响；二是根据现场策划、施工策划和商务策划，做好项目的资金实施策划工作，分析项目资金盈亏时点和盈亏数量，通过供应链资源的优选和组织，解决资金缺口，力争项目全过程管理中实现日常现金最大正流。

"算"是关键。"分资制"管理法在本质上也是强调管理的一种责任。把它作为"指挥棒"和"风向标"，通过考核，奖优罚劣，能激发全员资金管理的主动性和能动性。只有在企业和项目两个层级把资金"算"清楚的前提下，这种责任才可能明确，"指挥棒"的作用才会发挥充分。在项目层面，一是建立资金有偿使用机制，通过利息杠杆，传递资金管理责任；二是建立统一的资金支付平台，营造不同项目之间公平的管理环境，考核项目超额现金流量；三是将项目资金管理责任分解到岗位，并与项目工期、质量、安全、环保和成本等管理目标挂钩。在企业运营层面，将资金集中率、日均资金存量、经营活动净现金流量等关键指标与企业负责人的年薪收入，甚至岗位聘任挂钩，强化"一把手"和总会计师的资金管理意识。

（三）收支两条线

收支两条线的管理要求实质上是资金集中管理的要求，通过资金收支两条线的规定，借助资金管理信息化平台，强化资金集中管理，形成倒金字塔形状的企业"现金池"，做大企业总部的现金流量和现金存量，提升企业的资金调剂能力、融资能力和资金平衡能力，进一步降低融资成本，为企业"优结构、提品质、强素质"提供财力支持。

"线"要清晰。资金的收取、支取分两个渠道，企业各成员单位设置收款账户和支出账户。收款账户由企业集团结算中心直接管理，支出账户由区域结算中心与所属单位共同管理。企业总部对成员单位的全部收入通过收款账户收集，所属单位的每笔资金收入必须实时划转至企业结算中心，所属单位的收款账户应保持为零余额，所属单位的所有支出都集中在支出账户支付。各单位的生产支出所需资金则由企业层面根据预算下拨至支出账户，由各单位自行结算。

"线"是保障。以"收支两条线"实现企业对资金的集中管理，它既是"费用划分开"和"资金分级算"的实施保障，同时又进一步促进这两个要求得以实施得更标准、更科学、更精细化。"先收后支，以收定支"，是项目资金正常循环的必要条件，也是资金管理的红线。通过建立资金管理信息化平台，将收支两条线的内部管理理念嵌入资金信息化系统中，确保收支两条线有效实施和运行。

第四节　项目小微责任制

一、项目小微化管理

"项目小微化"是工程建设企业在海尔"小微模式"的基础上进行深化与提炼的经营管理理念和管理方法。所谓"项目小微化"，就是把企业变为平台，把项目部变成一个个自主经营、独立核算的单元，从而实现利益共享、风险共担、事业共创。项目小微责任制是按项目法施工并落实法人管项目的一项根本制度，其核心就是化小核算单元，按项目核算，将责任制落到实处。

项目是管理的基础，企业的一切管理工作都要以项目为基点。按项目算账是企业管理最本质的要求，每一单生意，每一份商务合同都是按项目签订的，只有以项目为单元进行算账才能反映出每个项目的生产经营质量状况，所以一定要按项目进行核算。2017年，江苏中南建筑集团公司推行项目小微责任制，收到了良好效果。

落实项目小微责任制对建立和完善项目管理责任体系、实现项目资源最优配置、激发员工积极性和企业内生动力意义重大。

（一）有助于建立和完善项目管理责任体系

项目小微责任制，之所以称为"责任制"，就是要强化项目经理、项目经理部各岗位的责任，强调"权责利"相统一与"法人管项目"这两个建筑工程项目管理的基本原则。通过深刻体会项目经理部"三个一次性"（一次性临时制、一次性成本中心、一次性授权管理人）的特点，逐步以规范授权管理、项目经理职业化、项目两级责任制建设等途径，对项目管理团队，特别是项目经理形成优胜劣汰的竞争机制、功过分明的激励约束机制。

从本质上来说，项目小微责任制就是项目经理责任制。自20世纪80年代开始，我国建筑工程项目管理先后经历了项目经济承包制、项目经理负责制和项目经理责任制为主的三种不同工程项目管理模式。从"项目经济承包制"到"项目经理负责制"的转变，再由"项目经理负责制"到"项目经理责任制"的提升，虽然表面看来只是"承包制""负责制"与"责任制"在文字上的几字之差，但它有力地刻画出了工程建设企业对项目运营机制管理不断完善的轨迹。项目经济承包制、项目经理负责制均不同程度存在以包代管、权责失衡的问题。而"项目经理责任制"立足于履行管理责任，以不断科学完善的《项目管理目标责任书》的形式，有效界定了企业与项目两个层面的责、权、利，要求项目经理部在权责范围内代表企业完成责任目标，并由此可以获得相应的奖励或接受既定的处罚。"项目经理责任制"的核心就是"法人管项目"和"责权利相统一"，有效地铲除了"承包制"和"负责制"模式下"以包代管"的弊端，扭转了"项目有利可图则项目经理风光无限，而项目亏损时项目经理却不承包责任或无法承担责任，只能让企业对项目管理失去控制、陷入困境"的"收则死、放则乱"的非正常局面。

项目小微责任制通过《项目小微目标责任书》落实责任体系，建立制度约束，科学地划分好责、权、利，将责任落实到项目每个人头上，使项目的每一位员工都清楚自己的职责权限，了解自己该干什么，该对什么负责。同时，通过建立健全绩效考核机制，奖优罚劣，使干好干坏有区分。因此，项目小微责任制有助于培养项目经理和项目团队的责任意识，使责、权、利相统一，从而建立健全项目管理责任体系。

（二）有助于实现项目资源最优化配置

工程项目管理的资源大体可分为两大方面：一方面是来自工程建设企业内部为工程项目提供配置的人、财、物，我们可以称为企业资源；另一方面是来自工程建设企业以外的产业链上下游提供的分供、服务资源和社会其他相关方提供的监管、协助资源,我们可以统称为社会资源。站在生产力的角度理解,资源都是项目生产力的要素。企业资源主要形成项目生产力要素中的生产工具和管理活动,而社会资源则主要形成项目生产力要素中的劳务者与劳动对象,当然同时也提供相应的管理活动要素。

在项目小微责任制的作用下,每个项目团队都类似于一个相对独立的小微公司,自主经营、独立核算、自负盈亏,生产资源(要素)也是以项目为单位来进行配置、归集、核算。基于此,项目团队必然会思考在实现管理目标的基础上,如何降本增效,以最少的投入获得最大的产出。从马克思主义生产力理论角度来说,只有在项目管理过程中实现各生产资源(要素)最优化配置,才能实现项目生产力最大化,从而实现各项目管理目标最大化。

也就是说,项目小微责任制将促使项目团队采取各种措施提高生产要素在项目上的最优化配置,例如,通过劳务改革、薪酬体系改革、分资制管理、机具料具改革、分供方资源管理等途径来改善项目生产要素配置,从而实现项目资源配置的最优化。

(三)有助于激发员工积极性和企业内生动力

项目小微化模式致力于建立项目与投资等利益共享机制,按照"缴足利润、挣够费用、自负盈亏、超利分成"的原则,各小微经营者以事业合伙人的身份,分享经营利润,打破"大锅饭",变"要我做"为"我要做"到"抢着做",从而激发广大一线经营者的积极性和创造性,增强一线小微主体适应环境变化的能力。

在推行项目小微责任制落地的过程中,不仅需要企业内部重构组织架构、开放企业资源、组建小微项目组,实施独立核算、划小分权管理,而且在运营模式层面,企业决策层的定位也将从内部经营管理者转变为全局项目的投资人与资源支持者,原企业员工的角色定位也将从上层命令的执行者转化为项目的驱动者。如此,项目负责人可以根据项目的具体要求经营决策,倒逼企业提供支持资源,主动驱动企业管理创新与经营盈利。为了保障小微化落到实地,其要求项目负责人严格按照"标前参与,衔接顺畅;明晰权责,各司其职；降低门槛，提高担保；及时兑现，加强互信；节点奖励，过程激励；价值引导，利益驱动"的原则，统领项目小微责任制具体工作的推进。

同时，在实施过程中，为了保证小微化的有效贯彻，规避风险，取得构想中的改革成果，项目部要按照"守住底线、留出空间"的总体要求，坚守住对项目集约和紧密型管理的总原则。其中"守住底线"就是要守住企业运营的系统性风险；"留出空间"就是让项目经理个人的不同风格赋予项目管理丰富的生命力。项目核心团队在制度框架下所做的有利于项目利益最大化的决策，应得到最基本的认可和尊重，这是契约精神最基本的体现，也是保障项目核心团队自主经营权的根本原则。

因此，项目小微化的落地可以充分调动员工个人的积极性与创造性，同时也能激发企业发展的活力。

二、项目小微责任制的基本做法

落实项目小微责任制是一项系统工程，不仅仅是简单地签订责任书和缴纳风险抵押金，更重要的是要将责任制落到实处。具体来说，应从如下几个方面落实小微责任制。

（一）建立项目经理、核心团队后备人才库

众所周知，企业的竞争最终将是人才的竞争，工程建设企业当然也不例外。而处在工程项目现场第一线的项目经理与项目管理团队，就是工程建设企业向项目业主和社会相关方直接展现人才素质水平的代表。项目经理与其团队成员所表现的人才竞争力，既是其实施工程项目、实现工程项目管理目标的竞争力体现，更是最直观的工程建设企业的竞争力体现。

项目小微责任制的基本原则就是落实项目经理责任制，也就是以项目经理部为责任主体，由项目经理带领项目班子及项目团队对项目的全生命周期、全方位管理负总责。因此，搭建好项目经理和核心团队的后备人才库尤为重要。要规范后备人才库管理，建立和完善项目经理、核心团队后备人才库。

进入后备人才库的后备项目经理及核心团队定期以模拟项目或已实施项目作为模型通过竞聘出库。一旦有项目中标之后，与其他可调配项目经理、优秀业务人才竞聘上岗，从而为项目管理提供强大的、源源不断的人才支撑和保障。

（二）做好价本分离测算

按照价本分离原则，项目预期收益要进行专业测算。拟派项目经理要参与并熟悉投标阶段、合同磋商阶段，一旦中标便以分公司为主导快速启动项目策划，做好成本策划、资金策划、生产组织策划等。拟派项目经理及核心团队根据合同及策划书进行成本分析，对项目预期收益进行测算。分公司组织在签订合同后 1 个月内确定项目经理，明确上缴预收益额，2 个月内项目部要签订《项目小微目标责任书》。

（三）完善履约保证金缴纳

一方面，应适度降低履约保证金缴纳额度。履约保证金一般统一按照合同额的 3‰ 缴纳，每个项目总额控制在 100 万元左右。缴纳人员为项目经理、技术负责人、生产经理、商务经理、质量员、安全员、材料员。激励兑现按照岗位系数、出勤系数、缴纳履约保证金系数综合分配。个人分配系数 = 岗位系数 × 出勤系数 × 缴纳履约保证金系数。激励总额预留 10%，供项目经理按照项目成员表现进行调配。

另一方面，需处理好劳动与资本的关系。施工项目属于劳务密集型，需要充分强化劳动岗位的作用。施工项目管理的成功取决于劳动岗位，不取决于劳动岗位人员投入资本的比例。因此，资本不能作为分配的主要依据，更不能成为分配的唯一标准，分配必须依据岗位劳动绩效进行。资金是辅助性的，项目是干出来的，效益是管理出来的，分配奖金要与个人的努力程度、工作绩效直接强相关，干得好奖金就要多发点。履约保证金缴纳要考虑到岗位，项目经理是第一个级别，技术负责人、商务经理、生产经理是第二个级别，骨干管理是第三个级别，其他员工是第四个级别，要根据岗位的重要程度、责任大小来区分。核心人员中项目经理一般占 30% 左右。

另外，要限定履约保证金的缴纳时限。履约保证金必须在项目小微协议签订后一个月内缴纳，履约保证金未缴或未足缴的部分可采取如下方式：一是向公司抵押借款；二是使用已核算未兑现的工资奖金或留存工资进行冲抵；三是可使用未来工资逐月进行冲抵，但需在 6 个月内冲抵完成。前提是除预计冲抵的工资外，其余必须在目标责任书签订后 1 个月内现金缴纳。

（四）实现责权利相匹配

小微化的关键是实现责权利的匹配对等，需认清有限责任和无限责任的关系，坚持权责对等、能力和责任相匹配。

一方面，应适当给予项目较大的自主权，赋予小微化运营的相应实权，包括生产经营决策权、业务承接和投资权、产品销售权和定价权、基础人事管理权、自主分配权、财务资金权、人财物选择和调配权、检查监督权、考核奖罚权等。让小微化项目真正拥有自主计划、自主决策、自主经营、自主监督的权利。在获得自主经营权的同时，小微主体也将对自己的决策、运营等承担实际责任。

另一方面，项目是一次性机构，项目经理的能力是有限的，不宜把所有权限都下放给项目部，应根据项目经理能力的实际情况，匹配适度权限。特别是在项目经理能力不够强的情况下，权力大于责任是干不好工作的，还容易出问题，因此权责要对等，同时授权要结合项目管理人员的实际情况。如项目经理的采购权一定要适度，可以是小额、零星的采购，而且需要明确哪些零星材料由项目经理负责。

（五）完善资金管理

推行"分资制"管理法，建立资金分资制管理。资金管理坚持三项原则——费用划分开、资金分级算、收支两条线，费用划分开指企业费用与项目生产费用（项目生产资金）划分开，企业资金归公司调配，项目资金归项目部调配。资金分级算指总部资金、分公司资金、项目资金分级核算，明确权责。收支两条线指项目工程款收支实行全面预算管理,以收定支,没有预算不支付。

具体来说,一是企业费用(假定10%)包括上缴公司的项目应缴税金和管理费用,用于公司运营、市场开拓;管理费用纳入全面预算管理,进行考核并实行节超奖罚。二是扣除企业费用的剩余部分为项目生产资金,用于项目的生产组织施工。为保证区域公司范围内各个项目的有效组织和均衡生产,可以在项目生产资金中授权区域公司总经理调节每个项目10%的生产资金,在10%范围内不需经项目经理同意,但项目经理有知情权,分公司在此10%范围内调度资金平衡各项目生产,区域公司调剂资金的限度不得超过10%。按照谁借钱谁支付利息的原则,项目部向分公司借款利息要高于正常贷款利息。分公司总经理权限内的调剂资金年底统一返还至各项目。项目经理资金支配权限为剩下的80%,且只能用于本项目生产,项目之间不允许拆借资金,严禁资金横向流动。三是归属项目经理资金支配权限使用的资金,资金支付由项目经理根据资金预算计划审批,项目经理审批后,按财务资金规定支付,需要区域公司审核的应当报区域公司总经理审批。四是鼓励项目部向业主加大要款力度。对于项目部自身支配权限80%的资金,有结余存在资金池内的资金按照贷款利息计提给项目部,包括对项目部实行资金贡献奖励。五是按照以上分资制管理逻辑,上级不能无偿调动下一级的资金。平级之间不允许拆借资金,下级可以向上一级融资贷款。

(六)完善激励兑现体系

降本增效是工程项目精细化管理的出发点,因此成本控制是项目管理的重中之重。财务成本是侧重于最后结果的核算,商务成本是过程核算,两者要结合并打通。没有过程就没有结果,要以商务成本为主线,加强过程成本管控,建立以成本节约为主线的激励体系。

管理重点要放在日常的过程管理,抓好项目过程成本控制,算清收入账与支出账。过程管控要抓好预算收入、责任成本、目标成本、实际成本的"四算"对比分析和考核;要做好材料费、人工费、机械费、现场经费、专业分包费"五大成本"的过程管控;要抓好工期、质量、安全、环保"四大支撑"。

具体来说,一是项目启动前,由项目经理签订项目部目标责任书,根据合同与成本分析,确定履约目标、成本目标、效益目标、资金目标,且制定相应的成本量化限额措施,如管理费、人工费、钢筋混凝土节约率、机具料具平方米指标控制目标等重点单项成本。二是将责任制落实到项目成本的过程管控中,按照五个节点及时兑现,比如可以分为:结构正负零节点、主体封顶节点、竣工验收节点、结算完成节点、决算完成节点等,已经竣工的项目则要按照最终的审计结果兑现。要特别注意及时兑现的重要性,只有项目分红及时兑现,项目经理才会主动想办法降本增效。三是成本节约实行阶梯式累计分享,整体分享比例采取抛物线的形式确定。每个考核时点,如项目考核累计无成本节约时不得计提项目成本考核兑现奖。兑现的前提条件为,进度款回款不低于合同应收款的100%;项目累计利润点不低于预计收益。当期累计计提的应兑现成本节约奖应减去上期累计已经兑现的成本节约奖。同时,将履约与过程成本节约奖扣减挂钩,即过程成本节约激励 × 履约调整系数,其中履约调整系数由工期修正系数、质量修正系数、安全修正系数、创优修正系数组成,由履约管控部门负向考核。

第九章

数字化战略与数智企业

　　自从进入工业文明以来,因为蒸汽机的发明、电气技术的应用、电子技术的推广以及信息互联网技术的普及,人类社会历经了机械化、电气化、自动化、信息智能化四次技术进步。每一次技术进步,对人们生活及生产方式都带来了巨大的变化。信息互联网技术作为改变当今社会生活及生产方式的革命性技术,是每一个中国企业都应该高度关注的。

第一节 企业数字化的意义

一、信息数字技术的发展与应用

随着近些年行业信息化的发展，大家对各类信息化新技术的研究和选择越来越热衷，各类新技术名词让人目不暇接。根据技术发展周期理论，任何新技术都会经历萌芽发育期、欲望膨胀期、幻灭低谷期、复苏生长期、生产成熟期五个阶段（图9-1）。

- 每5年左右，都会出现一些新的技术，近些年进入技术创新爆发期；
- 任何新技术都将经历萌芽发育期、欲望膨胀期、幻灭低谷期、复苏生长期、生产成熟期五个阶段；
- 视频AI/VR、建筑BIM等都经历过萌芽、膨胀、幻灭到复苏和成熟阶段。

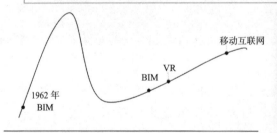

萌芽发育期 欲望膨胀期 幻灭低谷期 复苏生长期 生产成熟期

产业发展远落后于技术的炒作高点

图9-1 信息数字技术的发展规律

近些年技术创新进入爆发期，但产业发展远落后于技术的炒作高点，无法达到技术与应用结合，提高生产力的目的。所以，当企业在使用新技术的时候，最好是寻找那些处在复苏生长期和生产成熟期的技术。目前已有一些处于复苏生长期和生产成熟期的技术可供我们使用，比如AI、VR、建筑BIM、低代码等。

选对技术的标准是什么？我想应该是信息技术和管理实践的有效结合，达到像能够引爆核聚变"奇点"那样一种由量变到质变的飞跃。"奇点"本是天体物理学的术语，"奇点"的一种含义是指人类与其他物种（物体）的相互融合，这里用来表示电脑智能技术与人脑智能的兼容，产生和释放巨大能量的那个奇妙时刻。技术必须能够实现赋能，提高管理效率，提高资源整合能力，提高全要素生产率，而不是为了信息化而信息化。信息数字技术要赋能企业高质量发展，赋能生态圈共建共赢。比如可以助力业务规模增长、人员效率提升、决策难度降低、经营风险可控、部门协同效率提高、业财资税一体化和生态合作更顺畅等方面，实实在在地帮助企业生产经营。

数字化转型需要以投入产出为考量，以切实帮助企业经营为目标，而不能为了数字化而数字化。在信息化与工业化"两化融合"的趋势下，技术赋能管理，管理需要技术，主要体现在提高工作效率，控制企业经营风险，提高管理能力，降低企业运营成本等方面。

以用为主可以从两个方面讲：一是管理适用，二是技术实用。

管理适用包括：岗位作业数据化、业务管控在线化、经营决策智能化、企业协作生态化。数字化的基础是数据，借助管理系统，把企业员工和合作伙伴在日常经营中产生的数据收集起来，并融入数据中台，为数字化、智能化提供基础性支撑。

业务管控在线化，一是保证业务管控通过在线化的手段，解决现实世界中跨时间、跨空间的管理问题；二是所有的管控数据为未来的决策提供基础，用数字化的手段评估各种管控措施对业务发展的影响。结合各类执行数据、经营数据、外部数据，通过强大的算力和匹配的算法模型，得到本企业的各类经营分析成果；对于经营决策也不再仅仅是各类经营报表，还需要数字化的各种经营建议，从而实现经营决策智能化的效果；企业数字化过程可以内外兼修，对内精细化运营，对外生态协作，结合企业自身发展需要，对生态伙伴做好分类管理，满足合作双方的利益诉求和安全需求，构建稳固的合作关系。

技术实用包括：业务流程配置化、交互体验智能化、经营决策智慧化、生态合作一体化。这些技术与管理相匹配，建设企业面临的环境是非常复杂的，在数字化过程中，如何权衡业务、管理和技术，不仅是对技术能力的考验，更要把握管理需要什么样的技术匹配。首先要有一个好的管理平台，在这个平台上，业务骨干、技术人员可以把有限的精力放在如何赋能业务，而不是把时间都耗在加班加点的埋头实现上。不能让技术限制企业的管理，但是很多企业却没有用好技术，一方面想利用数字化手段帮助经营，一方面太过于聚焦眼前，没有一个好的规划，导致在实施时往往头痛医头，脚痛医脚，并没有从根本上解决企业的管理问题。要想做好这些，一个强大的业务骨干团队、一个落地能力很强的技术团队、一颗强大有力耐得住寂寞的决心都是非常重要的。业务的变化在所难免，我们运用数字化手段，降低各种变化带来的企业阵痛，用好技术平台并不仅是针对当前模式能用好，更要在未来多变的商业环境中，在企业姿态发生调整时，依然能够快速响应，这样的技术平台才是我们需要提前规划好的。而业务流程配置化、交互体验智能化、经营决策智慧化、生态合作一体化也是这种技术平台能够支持和解决的，这些点也是我们在选择技术平台前必须考量的具体内容。

这里讲的技术融合特指科学技术发展给企业带来的红利（图9-2）。举个例子：在移动互联网之前，很多便利化的场景没有好的解决方案，随着移动互联技术逐渐成熟，我们就可以借助各类传感器代替人工的方式，来获取各类数据，比如智慧工地中的摄像头，随着图像处理技术、人脸识别技术突飞猛进的发展，解决了很多工地上的管理问题。简单地说就是在新技术到来之前"无法用技术解决的业务问题"，已经开始在各个场景下被新技术应用所解决。在数字化转型中，我们需要多思考、多创新，融合各类新技术，给企业带来实实在在的好处。

二、企业数字化的发展历程

自20世纪80年代初，工程建设企业开始尝试使用计算机辅助办公，到20世纪90年代，局域网与专业系统的应用，再到21世纪初以来的互联网与

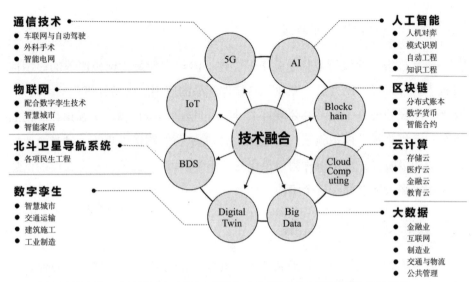

图 9-2 技术融合

管理信息协同化、集成化的应用，走过了 30 多年的发展历程。建筑行业信息化大体经历了以下四个阶段（图 9-3）：

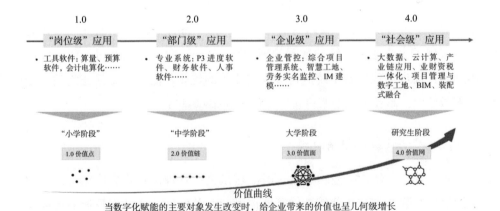

图 9-3 建设行业信息化发展历程

（一）"岗位级"应用阶段

通常称为"建设行业信息化1.0"。这一阶段主要是为岗位服务的通用信息技术、计算机辅助办公、专业工具软件产品的应用。包括计算机辅助设计，文字、图表处理电子化（办公软件），计算机辅助结构计算、工程预算、钢筋下料、工程算量、模拟施工、3D建模、测量定位、图像处理等。这是企业信息化的初级阶段，也可以称为信息化的"小学阶段"。目前，不少企业的信息化应用水平大体上处于这个阶段。

（二）"部门级"应用阶段

通常称为"建设行业信息化2.0"。此阶段信息技术与管理模块融合，局部的、专业部门业务管理子系统的产品较为成熟，应用比较广泛，显著提高了管理水平。企业应用的主要业务系统有：办公自动化系统、财务管理系统、企业门户系统、人力资源管理系统、视频会议系统、档案管理系统、项目管理系统、决策支持系统等。这个阶段，已经在零散的软硬件应用基础上实现了特定模块的集成，可以称为信息化的"中学阶段"。目前，大部分大中型企业或者大部分总承包特级、一级资质企业和部分发展比较好的专业承包资质企业处在这个阶段。这一阶段又有"初中"和"高中"之分，"初中"阶段是初步实现了主要业务系统的数据管理；而"高中"阶段则是经过一段时间应用之后，逐步实现了对系统进行"定制化"的优化，同时，子系统之间的矛盾不断显现，对其进行变革升级的需要也越来越强烈。

（三）"企业级"应用阶段

通常称为"建设行业信息化3.0"。这是企业管理信息集成应用阶段，此阶段信息互联技术与企业管理体系整体融合，总体性企业数据贯通的集成应用基本实现，应用效果明显。行业内仅有少数优秀企业达到了企业级管理信息集成应用水平。这一阶段，可以称为建筑企业信息化的"大学"阶段。这一阶段又有"大专"与"本科"之分，"大专"即浅层的集成应用；而"本科"

的应用深度可以贯穿企业总部到项目基层，实现明显的集成效果。企业管理信息集成应用的难度和效果又视企业规模、管理跨度而有所不同，按规模可分为"十亿级""百亿级""千亿级"和"万亿级"企业。"千亿级"和"万亿级"企业在信息集成上的难度要大一些。

（四）"社会级"应用阶段

通常称为"建设行业信息化4.0"。这是信息化发展的方向，也是企业数字化转型的本质要求。这个阶段可以称为"研究生"阶段，它是建筑企业乃至整个建筑行业信息化的发展方向和目标。如果再进一步细分，也可以把"研究生阶段"分为"硕士"和"博士"，"硕士"为"研究生（社会级应用）"的初级阶段，它以建筑产品生产建造全过程产业链数字化为主要特征；"博士"则为"研究生（社会级应用）"的高级阶段，它以建筑产品"投、融、建、运"全生命周期的生态圈数字化应用为基本特征。目前，少数优秀的企业集团，已经开始未雨绸缪，组织专门力量与IT产业的专业公司联合研究，在建筑产业全要素生态圈数字化和建筑产品全过程产业链数字化方面积极探索，寻求突破，这是值得推崇的。

总之，建设行业信息化1.0的"岗位级"应用，对于企业来说它所带来的是分散的"价值点"；建设行业信息化2.0的"部门级"应用，对于企业来说它所带来的是将各个价值点连通起来的"价值链"；建设行业信息化3.0的"企业级"应用，对于企业来说它所带来的是将各个价值链连通起来的"价值面"，会达到1+1>2的效果；建设行业信息化4.0的"社会级"应用，对于企业、行业来说它所带来的是将各个价值面连通起来的"价值网"。从价值点、价值链、价值面再到价值网，为企业所带来的生产力的提升是大不相同的。

结合以上四个阶段的划分，企业一定要清晰地认识到本企业的数字化当前在哪里，又要着眼于何处。明确适合本企业发展战略的数字化目标、路径、措施，制定好顶层规划，实事求是地分步实施。毕竟，实用好用才是最重要的。

建设科技企业市场空间大，数字化在建筑产业中占比仅0.1%，按照复合的年增长率30%计，到2025年建筑科技化的产值应该达到千亿元，这将是一个规模庞大的产业。从国家角度来看，政策也正在全力推进企业数字化转型，因此建设行业数字化改造和数字化赋能，将是一个重大的机会。

三、企业数字化方向

中国产业信息网数据显示，2018年我国建筑数字化投入占总产值的比重仅为0.10%，低于1.00%的发达国家平均水平，也低于0.30%的国际平均水平。总体上讲，目前我国建设行业数字化水平还有不小差距：

一是覆盖率低。建设行业数字化水平远远低于西方发达国家行业数字化水平。发达国家建设行业超过80%的项目运用计算机技术，国内则不足10%，且不少企业以为线下流程线上化就是数字化。

二是人才缺乏。数字化管理人才需要具备企业管理知识、数字化管理知识，能够策划数字化方案并实施好数字化项目。

三是成果不明显。很多企业只看到表面现象，认为项目管理软件成本高，实施过程不会给企业带来直接效益，并且需要人员投入管理成本。但却不懂数字化技术逐步使用后的成本和管理风险下降带来的核心价值。

四是数据孤岛林立。企业某些职能管理系统应用较好，例如：造价、财务、合同等，但是整体数据集成差，信息割裂。设计、施工、业主、供应商等项目参建方无统一的数据接口，导致产业链数据割裂，下游企业无结构化数据。

很多企业的管理者对智能化还持有怀疑和观望态度。有些地方可能把数字化带来的价值夸大了，有些数字化项目在实施中失败了，从而带来了负面评价。

要真正改变现有局面，除了运用先进的科学技术和数字化工具来为传统行业赋能之外，还需要思考，如何在采用技术手段的同时，对传统的管理模式进行革新，从根本上由粗放式管理向精细化管理转变，从而助力完成数字化转型。

建设企业和科技企业是建设行业数字化的主要参与主体，结合建设行业和建设企业数字化的特点，建设行业数字化有三个基本方向：

（一）企业管理数字化

所谓企业管理数字化，就是将企业的运营逻辑和项目的管理规律，通过管理与信息数字技术的深度融合，实现企业管理精细化，提高企业运营管理效率，进而提升社会生产力。这里，厘清企业的运营管理逻辑和项目的管理规律是前提，管理与技术的深度融合是关键，数字化是途径，精细化是目标，提高企业管理效率与提升社会生产力是根本目的。

环顾工程建设领域的数字化现状，则存在着"三座大山"：一是 IT 技术与企业管理的"两张皮"；二是企业内部各部门之间的"部门墙"；三是企业各层级各专业之间的"数据篱"。究其原因，主要在于 IT 人不懂管理者、管理人员不懂 IT 技术，企业内部缺乏既懂业务、又会商务、还通财务、也晓 IT 技术的"通才"，各业务线条没有统一的管理语言，人为分割，鸡鸭对话，各自为政，只会"各美其美"，不能"美美与共"，更难"美人其美"。企业数字化的当务之急就是融化"两张皮"，打通"部门墙"，拆除"数据篱"，真正实现"美美与共"。

要想实现信息共享，就必须花大气力攻克信息化企业级集成应用这个堡垒，而要达到企业级集成应用的目标，首先要明确我们需要什么样的信息化，或者说，我们需要信息互联技术帮我们解决企业运营管理的什么问题，需要什么样的信息化；在进行信息化顶层设计时，如何坚持"从实践中来，到实践中去"，清晰企业级信息化集成应用（信息化 3.0）的内涵特征，着力解决信息化应用的基点、难点和重点问题。从而为产业链、生态圈的数字化奠定良好的基础。

（二）项目建造智能化

项目建造智能化就是在项目的建造过程中运用数字化技术，提高人、材、机的运转效率，缩短建设工期，降低建造成本，提高工程质量，减少安全事故，不断提高项目建造的智能化水平。

建筑业在国民经济中占有着重要的地位，但又有着高能耗、低生产率的现状，而这些现实问题在工程项目建设中恰恰是需要智能化才能解决的。建筑业目前面临的发展问题有劳动密集、现场生产、粗放型的增长方式，频繁出现施工风险与质量问题，管理水平低，缺乏先进实用的技术。由于项目分布广，地域跨度大，信息含量高，项目各参与方的信息沟通问题是工程项目实施的主要影响问题。智能建造是一个新型建造理念，要求建筑业发展走低消耗、低污染和可持续发展的道路，同时能应用信息化技术改革建筑业传统的生产方式，智能建造理念的核心技术就是建筑信息模型（BIM）。智能建造包括两方面含义：其一是走可持续发展道路，高效利用能源，节约能源，保护环境，减少污染；其二是利用先进的信息技术实现整个建造过程的智能化，使各方协同工作，信息得到有效共享，实现共赢。

（三）产业生态互联网化

产业生态圈借助互联网的手段互联互通，在这个过程中会涌现出一批拥抱产业互联网的建设企业和科技企业，达成深度合作，这也是数字经济最有价值的部分。它包括建筑产品生产建造全过程的产业链数字化和建筑产品"投、融、建、运"全生命周期的生态圈数字化。

目前，建筑产业互联网平台在全国范围来说还没有统一确定的定义。《中国建筑业信息化发展报告（2021）智能建造应用与发展》在建筑产业互联网章节中，根据建筑产业数字化转型发展趋势及要求，创新地提出了其定义。建筑产业互联网平台要贯穿工程项目全过程，升级产业全要素，连接工程项目全参与方，系统性地实现全产业链的资源优化配置，最大化提升生产效率，赋能产业链各方。建筑产业互联网平台通过"协作、赋能与共生"将建筑企业组织、单位聚合在一起，发挥共享资源、相互吸引、相互补充的作用，形成一个集体利益共同体，为建筑企业提供一站式的数字化、网络化、智能化服务，从而助推建筑产业的转型升级。

第二节 标准化与数字化的融合

如何实现信息互联技术与企业管理的深度融合呢？中华传统文化的哲学智慧给我们提供了良好的思维工具。关于企业管理与信息技术的融合原理，我们可以用一张形象的太极图来表达。太极图左侧相当于信息技术，右侧相当于企业管理，大道至简，最终的目的是实现技术和管理两者的深度融合，同时产生巨大的力量。

一、企业数字化需要解决的基本问题

目前，挡在我们面前的主要有"三座大山"：一是IT技术与企业管理的"两张皮"（即IT企业与建设企业之间、IT企业与IT企业之间、建设企业内部之间三个方面的不融合）；二是企业内部各部门系统之间的"部门墙"（主要体现为三个"不统一"：管理语言不统一、各业务系统规范不统一、平台顶层设计不统一）；三是企业各层级各专业之间的"数据篱"（主要表现为经济数据之间，经济数据与非经济数据之间，企业与生态圈、产业链之间的不互通）。企业信息化的主要课题就是融化"两张皮"，打通"部门墙"，拆除"数据篱"。

（一）要真正克服"两张皮"

建设企业运营管理有着它的基本规律和基本逻辑，对于IT企业来讲，应该从需求端出发，少一些互联网思维，多一些实体经济思维，以实体企业为主，以满足实体企业的管理需求为目标。IT企业只有研究透建设企业和行业的需求，提供符合需求的产品，切实解决"两张皮"的问题，使建设企业得到健康发展，IT企业自身才能得到持续发展。企业经营管理只有真正运用信息互联

技术，才能切实提高工作效率和企业效益，才能极大地提高企业生产力水平。

(二)要坚决打掉"部门墙"

信息化是以一定的标准化为基础的。企业管理信息化必须通过管理标准化、标准表单化、表单数据化、数据信息化、信息集约化来实现。

在进行企业级信息集成应用顶层设计时，必须着重考虑好核心、基础和目标这三大问题，核心是商务业务财务一体化主数据管理，基础是成本过程管控为主线的综合项目管理系统，目标是满足全集团多组织高效运营有效管控。企业所有的业务系统都要在标准统一的主数据平台上进行信息互通、数据共享，才能实现各项业务横向与纵向高效协同集成。这里的关键要素是主数据标准必须统一，各业务系统数据必须与主数据系统互通。否则，各业务系统之间就会形成"部门墙"，数据不通、数据不准、数据不全的问题就难以解决，将长期制约企业信息化水平的提高。

(三)要切实拆除"数据篱"

企业经营的基本逻辑是收支平衡。任何一家企业要想持续经营，最基本的要求就是实现收支平衡。工程项目自中标签约开始，到最终结算完成，整个过程涵盖了各个管理环节，这些行为均围绕成本、收入及效益之间的关系展开。实现商务过程成本和财务收支核算的无缝连接，实现商务成本、财务核算、资金支付、税费缴纳等经济数据的完整、准确、一致，是企业信息化过程中必须面对、必须解决的基本问题。

工程建设企业信息化的当务之急是搬掉"三座大山"，即克服"两张皮"、打掉"部门墙"、拆除"数据篱"。同时，要进一步转变思想观念，积极拥抱信息互联技术，加快BIM技术、云计算、大数据、物联网、智能化、3D打印、区块链等现代信息互联技术的研究开发和应用，不断提高新技术的转化应用效率，进而提高社会生产力。

二、管理标准化与数字化融合的途径

世界上的万事万物，我们的先贤们将其归纳为阴阳二气，阴阳二气相伴相生，相对相融，生生不息，阴阳二气万物生。现代信息互联技术与企业管理就像自然界中的阴阳二气一般，相伴相生，只有相互融合才能产生巨大的动能。

（一）语言互通是数字化转型的一大痛点

当前数字化发展的阶段，技术语言与管理语言存在着巨大的鸿沟，是制约数字化转型的一个巨大阻碍。传统企业的业务管理者关注的是业务模式、业务流程和业务痛点，而技术供应商、传统企业技术部门关注的是技术趋势、技术特点、技术能力。这两者交流，缺少一个转换的映射。比如对于业务管理者而言，他希望了解的是使用一个数字化产品，能否解决业务痛点，能否改善业务流程，能否带来新的收入；并希望确认使用这个技术能够达到他的目的；但更多的技术供应商，介绍的是自己产品符合技术趋势，介绍产品特点，介绍技术能力。

随着技术不断地与管理融合，也会对未来的技术和管理产生影响，会出现管理工作的技术化，如 ERP 取代管理的计划和资源组织职能，管理就是决策，决策可以由算法替代，管理的控制也可以自动化等；反之，随着管理手段的多样化，技术的研发与应用也会不断演化，比如 BIM 技术、大数据技术、AI 技术、VR 技术（虚拟现实）、AR 技术（增强现实）、5G 技术、物联网技术等。

（二）可数字化的标准化

企业管理的标准化是企业信息化的基础，信息化反过来可以促进管理的标准化。没有一定的管理标准化作基础，信息化就很难进行，强行进行信息化，也必然造成无谓的浪费，甚至返工重做。

管理标准化是一个不断发展变化，逐步由低层级到高层级提升的过程，管理标准化只有到了可数字化的 4.0 水平，才能够满足数字化的要求，才能实现标准化与数字化的"深度融合"。如果企业管理标准化达到了可数字化的 4.0 水平，就能够比较容易实现管理数字化了，而管理的数字化反过来会固化优化企业管理标准，促进管理标准化水平的提高。也就是说，企业管理标准化只有达到可数字化的水平，才有可能真正实现与信息化的深度融合，从而实现企业管理的精细化。

可数字化的管理标准化是对企业以前众多的管理流程、工作与工序标准、运营管控报表等进行梳理，统一管理语言，统一度量衡，以满足信息技术应用的基本条件，形成一套统一的、完整的、可数字化的、可操作性强的企业运营管控标准手册，为信息化提供一个良好基础。

企业既然要用数字化技术，就得适应技术规则的要求，要想在火车道上跑，就得把轮距做得跟火车轨道一样的宽度才能快速行驶。

（三）管理信息因子的标准化

鉴于工程建设行业的特殊性和多样性，管理语言标准化非常重要，不能仅在管理行为的标准化上花气力。具体来说，就是要把管理语言细化到管理信息因子级别，通过统一的数据编码，形成统一的计算机能懂的管理语言，为实现管理与技术的深度融合创造条件。管理信息因子标准化数据编码及其应用操作规范，可以归纳为两点：一是统一语言，二是统一信息交互规则。以管理语言的统一性满足管理行为的多样性。

企业管理信息因子标准化数据库，要实现管理语言的统一，就必须首先实现管理的标准化。需要指出的是，我们提出的管理标准化并不等同于管理的整齐划一。目前，对于企业管理信息化的几个基本概念，在平常使用时比较混乱，需要做一些厘清。一般地，从管理元素的分解上讲，概念从大到小应当是：社会大数据—企业私有云—企业运营平台—业务系统（系统之下可以有若干个子系统）—管理模块—工作单元—场景—节点—管理信息因子。通过对管理信息因子标准化数据进行不同的管理元素组合，为不同的管理人员服务，服务的对象从最低层级到最高层级依次为：岗位—小组—业务部门—项目部—分公司—法人公司—集团公司—产业集群。每一级别都可以从下一级别管理者和管理信息因子标准化数据库中提取管理信息因子，以满足管理需求。

企业管理数字化，就是通过这种管理元素的分解和组合完成企业管理与信息数字技术的深度融合。在这种融合过程中，最为关键的是建设管理信息因子标准化数据库，并且要制定与之相配套的管理信息因子标准化数据应用操作规范及数据维护管理办法，以指导数字化的具体实施。

（四）企业管理与信息技术深度融合的途径

实现企业管理与信息技术深度融合的有效途径是"三化融合"。"三化"是指标准化、数字化和精细化，标准化是基础、是前提，数字化是手段、是工具，精细化是目的、是结果。一定要把精细化作为最终目的，因为我们搞数字化也好，搞标准化也好，就是为提高企业的管理水平，实现精细化管理。而"四化方法"，即管理标准化、标准表单化、表单数字化、数字集约化，则是实现三化融合的必由之路。

第一步是管理标准化。标准化是企业管理水平发展到一定阶段的产物。我们在进行管理标准化的过程中必须十分注意把西方的东西"中国化"，把普遍的原理"企业化"，把过去的东西"时代化"，把高深的理论和专业的定律"通俗化"。企业管理的标准一定不能搞成晦涩难懂、佶屈聱牙的东西。需要特别指出的是，我们说的管理标准化，不是要求管理行为的整齐划一，而是管理语言的标准规范，只有实现了管理语言的统一，才能实现管理的有效沟通。统一管理语言不能仅仅在统一管理行为上打转转，更要在统一管理语言上下功夫。

管理信息因子是最小的管理元素，管理标准化就是要对管理信息因子进行标准化数据编码，形成管理信息因子标准化数据仓库，并编制统一的《管理信息因子标准化数据编码应用操作规范》，为企业各层级管理人员服务。具体来说，就是要把管理语言细化到管理信息因子，通过统一的数据编码，形成统一的计算机能懂的管理语言，为实现管理与技术的深度融合创造条件。要制定科学、合理、适用的管理信息因子标准化数据编码及其应用操作规范，从而达到统一语言、统一信息交互规则的目的，进而以管理语言的统一性满足管理行为的多样性，真正实现管理行为的融合协同和管理信息的互通共享。

第二步是标准表单化。如何把众多的管理标准变成计算机能懂的管理语言，是必须解决的问题。一是要把标准"化"成工作表单，二是实现人机"零"距离。不能信息化搞一套，日常管理却是另一套。甚至信息化输入输出的表单与平时管理者工作中要用的各种报表之间互相矛盾，同样一件事，工作人员要重复录入两三遍，这样就增加了工作负担，降低了工作效率，加大了企业成本。

第三步是表单数字化。数字"化"标准，就是把管理标准"融化"到计算机软件的运行程序中。把表单分成基础表单、工作表单、流程表单、台账表单，通过信息化巩固标准化管理的成果。信息化将输入和输出"链"起来，实现互联互通、无缝连接。

第四步是数字集约化。数字"化"集成，就是企业内部纵向各职能线条、横向各业务单元信息化的总集成，实现集团企业的纵向横向互联互通，业务财务互联互通，线上线下互联互通，通过"互联互通"实现数据"实"利用，大大提升了企业的精细化管理水平。

三、企业数字化的顶层设计

我们必须加快推进信息互联技术在企业管理实践中的应用，尽快实现现代信息互联技术与传统建筑产业的深度融合，降低建筑业的能源消耗，增强建筑企业的素质，提升建筑产品的品质，提高建筑产业的生产力。而要实现上述目标，企业首当其冲的必须进行数字化顶层设计，做一个符合企业实际和长远发展需要的数字化建设规划。

（一）企业数字化顶层设计

许多企业搞数字化的愿望十分强烈，盲目上马，一个系统接一个系统，一个软件接一个软件，上线很快，但没有一个统筹规划。久而久之，企业内部系统繁杂、平台众多，由于管理语言不统一，技术语言不一致，各系统之间信息无法交互，信息孤岛林立，"部门墙"现象十分严重，信息系统不系统，信息平台不互通，甚至不断地推倒重来，耗费了大量的成本和精力。可以说是"辛辛苦苦建孤岛，扎扎实实反复搞"。企业数字化如果没有统一的顶层设计和统一规划，就像建筑施工盖房子，没有设计图纸就盲目开工，必然造成大量重复劳动，误工返工，资源浪费巨大，最后什么都做不好、做不成。

1. 坚持"四有原则"

在进行企业数字化规划时，必须坚持有用、有效、有根、有保障的"四有原则"。"有用"是指企业数字化要以"用"为本，以企业管理实际需要和实际应用为出发点和落脚点。那种为了做样子给上级看，为了满足政府行政管理要求（如特级资质信息化达标）的信息化都是错误的、没有益处的，都应该坚决改正。"有效"是指在数字化的过程中一定要坚持以提高管理工作效率，降低管理成本，提高企业管理效益为目的、为标准。那种为了信息化而信息化，"繁琐哲学"，重复劳动，为了所谓"达标考核"，华而不实，搞花架子，甚至弄虚作假的信息化有百害而无一利，既不解决实际管理中的问题，又造成人财物的重复投入，是劳而无功，劳而负功，更谈不上提高效率和效益了。"有根"是指企业数字化一定要落到实处，落到工程项目上。建筑企业的产品就是一个个工程项目，工程项目管理得好坏，是衡量企业管理水平高低的试金石。"有保障"，就是要求企业的数字化建设要切实保障技术、组织、人员、资金等资源落实到位，不能光喊口号。只有将信息互联技术实实在在地应用到工程项目的管理实践中，实现生产要素在工程项目上的优化配置，才能提高企业的生产力，才能说企业信息化取得了实效。

2. 确定数字化基本目标

信息互联技术被称为自人类进入工业文明以来的第四次重大技术革命，

它在生产与服务领域中的实际应用必将带来社会生产力的巨大提升。可以说，提高工作效率，降低生产成本，提升社会生产力是衡量信息互联技术应用效果的最终标准，或者说，检验信息互联技术应用效果的唯一标准是生产力的提升与否。就建筑行业来讲，应用信息互联技术的最初目的和最终目的都是也只能是为了提高建设企业的管理效率和效益，进而提升建设行业的生产力，这就是我们的初心。我们说不忘初心，就是在建设企业信息化的进程中不能忘记生产力标准。唯有如此，企业的数字化才是有意义的，否则，就是舍本求末，不得要领。

建设企业在数字化过程中，千万不能被所谓的"新词儿"所忽悠。要切忌囫囵吞枣，听来几个"新词儿"，就去盲目跟风，云里雾里，一会儿"大数据"，一会儿"云计算"。一个经营规模不足百亿元的企业，整天还在为把工程项目上的数字弄清搞准而头痛发愁呢，但却在那里张口闭口"云计算""大模型"地说个没完，岂不是"空谈误国、空谈误企"吗？表面轰轰烈烈，实际虚无缥缈，最后是"水中月，镜中花""竹篮打水一场空"，不仅没有效果，还白白浪费了钱财，失去了大好机遇。

3. 确定数字化系统架构

对建设企业而言，企业一体化系统错综复杂，又缺乏信息技术与专业人才，因此绝大多数企业会选择专业的软件服务商提供服务，采用"平台＋产品＋二次开发"的信息化建设模式。为适应不同类型的企业，软件服务商的产品独立灵活、针对性强，在实施的过程中要结合不同类型的企业进行系统设计与重组架构。建设行业除了CAD制图、预算等工具类软件外的管理软件可划分为业务系统类（人力资源、财务管理、资金管理、综合项目管理系统）、数据统计分析类（报表、决策系统）及办公类。其中业务系统类软件主要是解决业务办理、过程管理，业务逻辑关联较强，但数据统计功能相对较弱；数据统计分析类系统具有较强的数据抽取计算能力，灵活的统计分析功能；办公类软件具有较强流程引擎功能，有业务管理过程但关联性较弱，统计功能较弱。因此，建设企业架构数字化系统时要充分了解各产品与组织管理职能的需求，进行系统性设计与架构。

4. 确定数字化系统部署方式

企业数字化系统在部署方式上通常采用集中、分布与集中相结合的两种方式。集中部署方式通常在集团统一数据库下部署同一套系统，内部不同公司或项目都使用同一系统，业务标准化程度较高；分布与集中部署相结合的方式指集团制定统一的主数据标准，内部不同公司架构相同或不同的软件系统，然后通过报表或决策分析系统从各组织单位系统中抽取数据进行分级汇总，实现集团上下纵向与部门横向之间数据互通的模式，满足集团数据集成一体化管控需要。

对于大型建设集团企业可采用分布与集中相结合的方式。在集团总部统一编码体系，对核心的业务、财务等数据进行统一管控和集中管理，对于一些下属单位具体业务办理所使用的细节信息，是可以采用本地化部署的，集团统一管理的数据库定期同步实现数据仓库的集成，应当是兼顾效率和集团管控的更加可行的方法。对于一些细节性的信息或业务，若集团根本不需要看且无人关注，则没有必要盲目追求系统的大集成与数据的大集中。否则，会造成信息系统使用效率的下降，对互联网带宽需求的提高，从而增加不必要的信息化投资。集成与分布要与实际的管控结合，要把好尺度，并不是集中一定比分布好，反之也不成立，集团一体化系统的部署方式应该根据自身的管理职能选择合适的部署方式。

（二）企业组织职能与信息交互

集团企业的组织架构根据规模大小、企业特点采取三到四级管理模式，在进行数字化顶层设计时，应当充分考虑建筑企业的运营管理特点、组织特征和信息传递方式，实事求是地灵活运用信息互联技术，使组织运营效率得到提升。

1. 理顺各层级组织之间的责权利关系

建筑业通常使用项目责任制，项目责任制里项目部到底有多大的责任，其对应的权力有哪些、享有的利益如何，现在要说明白还确实有些不清晰；建筑公司有一些授权的区域分公司、专业分公司、地区经理部等等，其授权的范围、大小、责权利有些模糊，上信息化平台就要把责任权限界定到位，这些东西原有管理制度如果不明确，就需要理顺重新给予界定。这些涉及权限的事是特别难办的，需要高层领导推动，比如分包采购合同的签订、项目有关费用的支付，权限界定就很重要，否则影响信息化的运行效率。

2. 理顺同一个层级组织内部各部门线条之间的责权利关系

企业组织关系错综复杂，有线条管理、有事业部管理；有综合管理部门、有业务管理部门；有监督部门、有支持部门，要做信息化就要把各自之间的责权利关系说清楚，把各自职责权限的界限划出来，才能设计出信息化模型与流程，这样一来，如果原来这些事分得不是很清晰，要协调的麻烦事就来了，如管理流程的设计经过哪些管理节点，就意味着谁有什么样的权利，或者谁的权利大一点，谁的权力小一点，如果涉及保留哪个节点删除哪个节点就更不好办了，这些也需要高层领导的参与及推进。

3. 理顺一个组织内部各岗位之间的责权利关系

主要是基层组织内部岗位之间的责权利。各项工作到底是由谁发起、传给谁、谁复核、谁审核等等都是非常具体的，而且职权还要与其上级组织层级进行交叉组合。为什么说管理数字化给一部分人无端地"创造"了很多工作，主要是管理流程设计时无端地把这部分人拉进流程，想摆脱都不行，实际上这些所谓的工作都是无效的，是应该简化优化的。在信息化环境下理顺这些关系，实际上有些岗位是要被优化掉的，信息化如果不能做到高效就是在这个环节出了问题。

总之，实施企业管理数字化，就必须打破企业内部传统的组织边界，实现数据共享与管理高效协同，提高工作效率，为企业运营管控服务。在实施时，要厘清不同组织的管理职能、分级分类系统架构以及信息交互规则和流向。

（三）企业管理主导策略

大家知道，"互联网+"更多的是一种以技术为主建设信息化的逻辑体现。我认为，作为传统行业来讲应该是"+互联网"而不是"互联网+"，传统企业不可能变成互联网企业，但要运用信息互联技术为管理服务，赋能企业发展，提高生产效率，提高社会生产力。这一点，人们的认识是逐渐转变，逐步提升的。

近年来，在建设企业数字化的实施过程中，数字化建设主导者出现了三种情况：第一种是部门采购为主的情况。它的数字化组织由多家相互独立、相互割裂的"供应商"组成，不同系统之间经常出现功能重复的问题，系统间难以打通，数据难以整合。第二种是IT企业为主的情况。它虽然形成了可以借鉴的行业案例，并制定了比较全面的数字化蓝图，但IT企业很难深度理解实体企业的业务发展战略和管理逻辑，并非真正的甲方视角和思维，更多的是IT思维，不够关注管理，没有以赋能为目标。第三种是实体企业主导的情况。它的特点是围绕企业战略和业务目标，甲方负责平台级产品规划，乙方负责模块级产品的实施与落地。

可喜的是，通过多年的积极探索，行业逐渐出现了更多成熟、成功的案例。总结这些案例时发现，建设企业自己主导、IT企业深度参与的情形越来越多了，这正体现了信息科技为管理服务，回归赋能的本质。

为什么有些企业在上了数字化系统之后，管理效率还是提不上来？有些企业在执行数字化战略时缺乏顶层规划，导致上了多重系统，但是系统直接割裂。不仅员工在各个系统之间跳转，学习使用系统上要花不少时间，还有可能各个系统的数据口径不一致，导致数据无法在各个系统之间流通，最后数据用不起来。业务用不起来，IT人员则花大量时间排查数据逻辑、数据口径问题，最后花钱买了系统却多了一堆麻烦。为了应对这个问题，一是要在系统建设前期就做好规划解决数据孤岛问题，二是可以采购PMIS系统来进行整合提升决策效率。

在如今的存量低利润时代，我们更要讲精细化运营。美国的雷达里奥运用数字化手段记录自己和旗下投资经理的每一次投资决策，作为未来辅助决策的手段，在此系统上建立了世界上最大的对冲基金。这就是数智化，让数据提供洞察，辅助决策。同样的手段也可以运用于工程建设企业的管理中，比如以项目为中心收集各生产要素的数据，并记录实际使用情况。那在以后类似的项目上就能更准确地预测各生产要素的需求,并结合运筹学,将人员动态匹配到项目上减少闲置。

第三节　企业管理数字化实践

一、企业管理数字化的三个基本特征

在进行企业管理数字化的顶层设计时,必须着重考虑好核心、基础和目标这三大问题:核心是商务业务财务一体化主数据管理;基础是成本管理为主线的综合项目管理系统;目标是满足企业多层级高效运营、有效管控。只有满足核心、基础、目标这三个基本特征的企业管理数字化,才可以称为企业级数字化应用。

(一)以商务业务财务一体化主数据管理为核心

收支平衡是商业经营的基本逻辑。任何一个企业要想持续经营,最基本的就是要实现收支平衡。建设工程项目自中标承接开始,到最终结算完成,整个过程涵盖了各类管理行为,这些行为均围绕成本、收入及效益之间的关系展开。如何厘清现场管理与收入、成本、效益间的关系,实现商务过程成本和财务核算成本的无缝连接,实现企业商务财务经济数据的完整、准确、一致,从而实现企业经营的基本逻辑——收支平衡、集约增效,是企业信息化过程中必须面对、必须解决的基本问题。

要通过管理数字化集成系统的深度应用,加强过程管控,杜绝管理漏洞,提高工作效率,降低运营成本,增加企业效益。一是要实现流程在线办理。项目材料、分包、设备与周材租赁四类业务的合同、结算、支付实现在线审批、自动结算,并通过资金支付倒逼业务规范管理,解决无合同不结算,不超合同比例付款。二是要实现业务在线办理。物资总控计划、需用计划、废

旧材料的线上调拨与处理，分包合同签订、变更、结算、支付，设备与周材的进场、停租、出场、结算等业务实现在线办理，从而加强成本过程管控，提高工作效率。三是要实现台账报表自动生成。物资出入库流水、对账单、结算单、分包与租赁合同、结算及支付等台账，物资与分包等成本报表实现自动归集，商务人员成本分析直接从线上取数，成本报表编制、商务与物资管理统计、计算、整理等日常工作均由系统自动完成，从而大大减少业务管理人员的具体事务性工作量，使他们腾出更多精力去开源，去关注赢利点、亏损点、风险点。四是实现远程在线稽查。项目生产经营数据在线共享，实现公司总部、分公司及项目部三级远程在线成本分析，风险自动预警，为管理层决策提供及时有效的支撑，强化过程管控，降低管理风险，同时更方便、快捷地为项目提供服务，提高管理效率，提升企业的精细化管理水平。

实践中，那些为了信息化而信息化的企业，那些缺乏顶层设计、盲目跟风搞数字化的企业，都吃尽了"部门墙"的苦头，他们在企业信息化上虽然花了不少时间和金钱，但收效甚微，甚至是负收获。

（二）以成本管理为主线的综合项目管理为基础

商务成本和财务成本的成本子项科目的名称、内涵和核算规则的不一致，是业务财务"一体化"的一大难题。要实现"业务财务一体化"必须首先实现管理语言的统一，必须搞好管理信息因子标准化数据库的建设，这里边最为核心的是商务财务一体化所需要的管理信息因子标准化数据。

要根据业务财务一体化集成的需要，建立商务造价工程量清单成本子项与财务会计核算成本子项的对应逻辑关系，制定最末级科目之间的对照标准并形成统一模板，在物资采购、商务合约、财务核算、资金支付等不同的管理环节中，实现材料费、人工费、机械费、现场经费和专业分包费等五大成本核算在口径与内涵上的统一，完善信息化数据编码体系，完成管理语言与信息语言的统一，实现管理与信息的融合。实现物资管理从物资总控计划、月度计划、实际计划、采购、入库、出库、盘点以及结算到支付的闭环管理；实现分包从合同评审与签订、过程与最终结算、成本分析及支付的闭环管理；

实现设备与周材租赁从合同评审与签订，到设备周材进场、出场、停租、成本归集及支付的闭环管理；实现主从合同、产值报量与审核，到收入列收到收款管理的闭环管理；最后实现从预算收入、责任成本、目标成本到实际成本的统计分析等核心内容。同时，项目的运行成果可以从商务的口径和财务的口径两方面及时、精准反映，实现管理者由原有的事后到事中管控的转变。

（三）以满足全企业多层级高效运营、有效管控为基本目标

业务系统要在统一标准的主数据平台上进行信息互通、数据共享，才能实现各项业务横向与纵向高效协同集成。底座平台一定要采用 IT 企业的成熟产品，主数据系统要由 IT 企业和建设企业联合建设，集团门户、OA 协同等业务系统可直接采用 IT 企业的成熟产品，再加一点儿少量的二次开发。人力资源、财务资金等业务系统在采用 IT 企业的产品时，二次开发的工作量会大一些，商务成本、集采与供应链、综合项目管理等系统必须以建筑企业为主、IT 企业为辅进行开发建设，BI 决策系统等则需要建筑企业提出明确的管理需求之后才能进行，IT 技术提供服务支持。

企业级数字化集成应用的关键在于"联"和"通"。一般来说，工程建设企业的组织架构包括企业总部、区域分公司、项目经理部这三级组织机构。对于集团企业来讲，则一般设有集团总部、子公司总部、区域分公司和项目经理部四个管理层级，每一级组织机构的战略定位、职能职责、管理权限以及对信息的需求和管理目标、方式等都有所不同，企业级信息化集成应用平台必须根据整个企业各层级组织的不同特点和不同的管理需求，实现信息资源互通共享、管理协同高效、管控到位有效，这就要求必须实现五个"互联互通"：一是集团企业上下的互联互通，二是商务财务资金互联互通，三是线上线下互联互通，四是各个业务系统互联互通，五是上下产业链条互联互通。

为了实现五个"互联互通"，需要从企业总部层面分层、分类统一建立报表决策分析模型，充分应用信息化技术，确保所有数据从源头来、从报表业务来、从决策系统来，实现数据一次录入、分级分类、及时汇总分析的整体要求。

二、企业管理数字化实践的四个阶段

中建五局以服务企业战略为出发点,坚持"统一规划、统一标准、统一管理、统一平台、统筹共建"的原则,按照"总体规划、分步实施、自我主导、技术集成、应用创新"的模式开展信息化、数字化建设;以构建"企业管控集约化、业务管理精细化、资源配置高效化、生态互联协同化"的"数字五局"为目标;以集约管控为重点,以业务财务一体化为核心,规范企业运营管理,实现各层级运营状况实时在线敏捷管理;以项目管理为基础,以项目成本管理为中心,不断促进各业务在线高效协同与精细化管理;最终通过IT技术与管理深度融合,实现企业上下组织、业务财务财税、产业链之间的数据互联互通为具体内容。

中建五局的信息化、数字化建设主要经历了以下四个阶段:一是2007年以前的以管理规范化、标准化为主要特点的信息化初级应用阶段;二是2008—2012年以业务全覆盖、服务集约化为特点的企业集成应用阶段;三是2013—2016年以管理与技术深度融合、业财一体化应用为特点的一体化融合阶段;四是2017年以来以移动化轻量化应用、数字化转型为特点的数据驱动场景化应用阶段。

(一)信息化初级应用阶段(2007年以前)

中建五局积极开展标准化与信息化融合、协同发展,为信息化与数字化赋能企业管理升级奠定了良好的基础。从20世纪90年代后期开始有了一些计算机专业软件应用、局域网等,2003年开始,中建五局引入ISO 14000环境管理体系与ISO 18000职业健康安全管理体系,进入"三证合一"认证的体系管理阶段,着力推动企业规范化、标准化管理,在部分业务部门系统推进信息化工作。到2006年,形成了以质量管理为特征的中建五局标准化1.0版;2007年,中建五局全面导入《卓越绩效评价准则》GB/T 19580倡导的卓越绩效模式,从领导、战略、市场、资源、过程、持续改进与结果等几个方面的管理进行全面对标、梳理与优化,并定义了36个企业管理的关键绩效指标,优化完善并发布了"中建五局运营管控标准化系列丛书",全面推进管理标准化和以标准化为基础、以信息化为手段、以精细化为目的的"三化融合",从而形成了以绩效评价为特征的中建五局标准化 2.0 版;2011 年,中建五局开始全面优化升级企业运营管理标准,梳理授权清单,利用信息化手段分析流程效率,打破部门壁垒,优化与重构流程。完善局总部、公司及项目层面运营指标体系梳理,实现数据共享、报表简化,形成了以可数字化为特征的中建五局标准化 3.0 版。

(二)企业集成应用阶段(2008—2012 年)

2008 年开始,中建五局开启了信息化建设的新阶段——集团级企业集成应用。在进行前期调研分析的基础上,制定了信息化整体规划与实施路径,选择确定软件集成服务商。先后完成了信息集成系统的基础架构平台的搭设、主数据标准的确定、协同平台与人力资源系统的上线运行。全面推进协同平台的应用,搭建以市场营销、生产技术、商务合约为主要内容的综合项目管理系统。2011 年起,对项目综合管理信息化系统进行了系统性完善,并架构了以项目成本管理方圆模型为基础的项目成本过程管控体系,按照标准化、信息化和精细化"三化"融合的原则推进业务财务一体化建设。

1. 实施路径

中建五局坚持从企业战略出发,整体规划、集中部署,采取"自主研发+专业外包"相结合的方式,由技术公司提供 IT 技术平台,中建五局按照分级分层分类的自主架构,结合实际业务管理提出具体解决方案,采用"做一不二,深度应用"的措施全面推进。在全集团部署一套系统,实现局总部、公司、项目三层级,商务、物资、财务等各业务线之间高度集成的业务、财务、资金一体化。

在信息化实施过程中以"中建五局运营管控标准化系列丛书"为基础,采用"管理标准化、标准表单化、表单信息化、信息集约化"四化路径与措施,推动标准化、信息化、精细化的融合。利用"四化"的方法将标准化手册读"薄",将管理工作的要求"化"为表单,即各业务线标准"化"为信息系统中的"基础标准、业务单据、业务流程、台账报表"。完善系统基础标准55种，业务单据307张，业务流程208张，台账报表213张。通过表单信息化，将管理表单固化于信息系统，优化了局管理信息化集成系统，驱动标准化落地，巩固标准化成果，提升精细化管理。

2. 业务架构

首先，解决集团内部对下属单位的集约管理问题。从"人、财、物"三集中管理出发，使其集成在一套系统内，形成整合全部业务流程的管理信息系统。支持多组织多层级架构，实现"人、财、物"在组织架构方面的统一管理。其次，解决各水平业务之间的标准统一和工作协同的问题。从战略管理和集团管控的角度，整体规划、统一部署，彻底打破不适应企业集中统一管理需要的"信息孤岛"，真正做到管理集成。统一企业内部所有信息编码，实现集团数据库集中存放，便于统一维护和管理。最后，通过信息化手段提高信息获取效率和质量，为决策提供有效数据支持。

中建五局信息化涉及各业务线15个部门，局、公司、分公司及项目四个层级，业务横向与纵向错综复杂，既有共性又有个性，而中建五局的信息系统是一套集中部署的系统，必须坚持以分级分层分类"系统架构，分步实施"为整体思路进行建构。以项目管理为重点，以协同办公为支撑，以实现业务、财务、资金一体化集成应用为特征，以统一的集成平台为基础，共用一套主数据，实现数据标准统一、资源集中与共享、信息互联互通。围绕项目全周期这一主线，按照管理活动与经济活动这两类来组织过程管理，以经济活动为核心，以管理活动为支撑，以实现项目、公司、局三级管理职能为重点，优化各业务部门管理职责。

管理信息化集成系统具有"组织全覆盖、项目全周期、企业全成本、业务全集成"四大特点，即集团门户、协同平台、档案管理、市场营销、生产技术、商务合约、人力资源、财务资金、电子商务、数据中心十大运行子系统和施工项目管理、投资项目管理两大支撑系统，形成了如图9-4所示的信息化虚拟社区图。

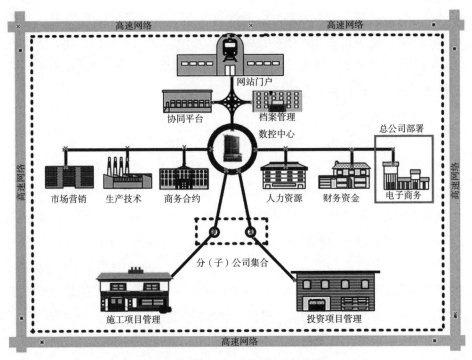

图 9-4 中建五局信息化虚拟社区图

一是以经济活动信息化为核心的业务财务资金一体化。

项目层级的经济活动主要以项目成本管理为中心，主要包括招标投标、合同、责任书、进度、收入、人员、财务、资金、物资、设备、分包、机械、周材等主要业务的管理，实现项目成本、分包与材料的结算支付、人工等费用的动态管理。公司与局级的经济活动主要包括人、财、物、资金的管理，因此重点架构人力资源、财务、资金、综合项目管理、电子商务五类关键业务系统，覆盖15个业务部门，加强过程管理。以业务系统为基础，再架构报表与决策系统，实现从业务系统自动取数，满足了公司与局层级分级汇总管理与管控的要求，实现各业务部门各层级资源共享。通过实施业财资一体化，规范了商务、物资与财务、资金横向的统一，实现项目收入与成本14项业务类型与财务的高度一致，实现物资采购款、分包租赁款以及项目现场经费的付款在线审批，实时准确反映对项目财务状况的监督等。通过"收付"业务流程信息化，促进了收支两条线，资金集中管理有效落地。

二是建立以管理活动为支撑的协同办公。

项目层级的管理除了成本管理，还有项目策划、施工过程、项目文化以及文件资料等管理。重点架构了项目资料管理、项目知识空间和协同办公、远程监控系统，实现了项目与公司及局三级协同，加强了公司或局层面对项目策划、方案、现场管理的实时管控，使法人管项目得到具体落实。

3. 技术架构

统一平台。中建五局的管理信息系统不是一个短期工程，是支撑其持续发展的长期过程，信息技术平台要适合于中建五局信息化的持续改进，同时也要适应集中管控的总体要求，因此采用了全局统一的平台，集中部署。同时，为确保系统稳定、安全运行，建立了全局统一的网络标准和稳定、安全的网络平台。

统一门户。为体现各子公司特点，服务集中管控的能力，建立了全局门户统一标准。中建五局的管理信息化系统是一体化系统，各子系统统一从一个界面登录，共享一套用户与密码，同时，各子系统的各项待办事宜集中在一个界面展现。

统一标准。管理信息化系统要做到真正的管理集成，形成各系统数据之间的集成，首先需要确定系统里有哪些数据，数据要应用到哪些系统及环节，必须统一标识。在实施前首先制定企业信息编码，完成人员、账号、组织、合同、文件、客商等主数据编码，真正实现全局一人一号。同时统一业务流程及工作表单，实现集团标准化，对全局所有业务流程进行梳理，统一制定、统一使用。其中基础数据定义为描述核心业务实体（如客户、供应商、产品等）的一个或多个属性，是企业业务架构分析中的核心业务对象。基础数据存在于企业价值链核心业务流程的各个IT系统中，梳理和整合分布在不同部门、不同业务线的相关信息，找出企业信息中共性的、完备的基础数据标准是实现一体化系统的关键所在。

统一数据库。中建五局所有系统都使用统一的数据库，建立统一的数据仓库，根据数据的不同属性进行统一分类，包括统一的数据来源，统一的取数规则,统一的维度,统一的取数时点,统一的标准化数据字典。

4.阶段成果

第一,协同平台系统建设。协同平台是中建五局管理信息化集成系统上线的第一个子系统。应用协同平台实现了项目、分(子)公司及局层级上下公文在线流转,率先实现了公文无纸化。围绕企业日常管理活动,实现了企业管理活动工作表单化,流程在线化,工作台账自动生成替代手工台账,原始过程资料在线查,系统地梳理了全局管理流程,如出差审批、签报审批、项目施工方案评审等2778个表单流程,其中局级流程226个,公司级流程2772个。

第二,综合项目管理系统建设。中建五局管理数字化集成系统除了围绕企业的人财物管理建设了人力资源系统、财务系统等,重点围绕项目层级建设了综合项目管理系统。从施工项目市场营销立项开始,到中标承接、开工实施以及最终结算完成,涵盖了各类现场管理行为,这些行为均围绕收入、成本及效益之间的关系开展。厘清现场管理与收入、成本、效益间的关系,并分析现有项目成本控制和创效管理是否合理和有效,是项目过程管理的重点。项目管理数字化以"方圆理论"为依据,涵盖了从市场营销、合同管理、项目策划及实施、工程结算到竣工验收的全过程。在市场营销阶段主要以客户管理、招标投标管理为重点。在项目实施阶段,主要以合同为主线,项目成本管理五大费用为核心,即实现劳务、物资、机械、周材、工程分包从合同管理到结算管理及付款管理的过程管控。其中物资管理实现从物资总控计划、月度计划、实际计划、采购、入库、出库、盘点以及结算到支付的闭环管理;分包管理实现从合同评审与签定、过程与最终结算,到成本分析及支付的闭环管理;设备与周材管理实现从合同评审与签定,到设备周材进场、出场、停租、成本归集及支付的闭环管理;收入管理实现主从合同、产值报量与审核,到收入列收、收款管理的闭环管理;成本管理实现从目标成本、责任成本到实际成本的统计分析等。

第三,业务财务一体化系统建设。企业管理的成果最终由财务体现,但在建筑行业,由于对内对外管理要求的不同,出现业务线统计口径与标准不一的现象。通过业务财务资金一体化，统一业务与财务口径，用财务核算、资金支付倒逼业务过程管理规范、数据精准全面。实现了项目收入与成本等14项业务自动生成财务凭证，可以做到业务与财务的高度协同。应用资金支付倒逼业务在线准确应用，创新研究了"一单四用"模型（图9-5）。"一单四用"模型从管理的角度命名，就是按照财务对项目"用款额度"的审批管理，实现财务核算、分资管控、收付流量、过程成本等四个管理功能。

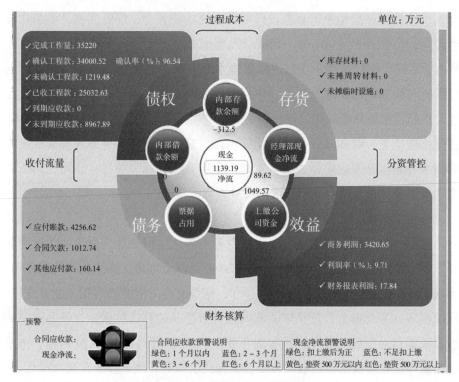

图9-5 "一单四用"模型展示图

"一单四用"模型基于"分资制管理法"，强调财务资金管理方面"四个中心"的管理理念，即：企业管理以财务管理为中心，财务管理以资金管理为中心，资金管理以现金流量管理为中心，现金流量管理以经营活动净现金流量管理为中心的理念。利用信息技术实现"一单四用表""一单四用图""现金净流及应收账款"在线分析展示,实现资金预警管理,通过资金支付促进业务财务一体化管理融合。

（三）一体化融合阶段（2013—2016年）

中建五局管理信息化集成系统的建成及全局各项目、各组织的全面推广应用,极大提高了工作效率,满足了企业管控要求,但也出现了实际业务以线下为主,线上系统以数据录入为主的"两张皮"现象。究其原因,由于信息系统是根据标准化手册要求设计的,系统功能齐全、逻辑性强、精细化程度较高,但操作难度大;线上数据录入要求高,手工录入工作量大,重复工作多;系统功能要求高于项目实际管理水平,实际的项目管理无法完全达到标准化与精细化的要求。为此,中建五局采取一体化融合方法,以应用为重点,不断将系统功能简化,逐步做到系统与实际管理的深度融合与有效应用。持续推进业务、财务、资金一体化应用,探索与中建集团财务系统集成应用的技术方案。开发应用报表分析系统,利用系统数据为项目、公司、局三级管理者服务,企业运营效率和运营质量大幅度提高。

1. 实施路径

按照"业务线上线下融合、业务财务一体化应用融合、企业运营报表融合"的实施路径与策略,梳理区分出哪些业务线上办理,哪些业务线下办理,实现业务在线替代,减少重复工作。同时,围绕业务与财务管理相关业务逻辑,系统梳理业务与财务管理具体关联内容及所涉及的具体数据,业务办理完成后系统能自动生成财务凭证,实现业务、财务及实际管理的深度融合。再系统地梳理企业运营所需的报表台账,实现线上取数,倒逼业务管理在线化。

2. 建设内容

一是业务财务资金一体化优化与应用。系统地梳理业务财务资金一体化体系,厘清两者之间的逻辑关系,实现与实际业务管理的深度结合。从人工费、材料费、机械费、周材费、专业分包费用开始,对照财务核算会计科目的分类,形成一一对应,从根本上解决业务口径与财务口径对项目成本核算不统一的问题。所有的成本数据通过业务端发起并录入,利用信息系统推送至财务端生成凭证,既满足业务口径按 WBS 科目进行分析的需要,又满足财务口径按《企业会计准则》(建造合同)中规定的成本科目进行归集。

二是集团运营数据分析系统建设。分级分类统一建立了报表决策分析模型,确保所有数据从项目源头来、从业务来、从系统来,实现数据一次录入、分级分类及时汇总分析的整体要求,架构中建五局经营分析系统。搭设了三层架构:第一层为业务系统,服务项目管理者,实现业务过程管理,完成基础数据采集,反映项目运营状况;第二层为台账报表系统,服务于分子公司及局业务线条管理者,实现数据从各业务系统自动抽取,在分(子)公司层面完善业务系统中无法采集到的数据,自动采集与手工补充相结合,及时反映分(子)公司及全局项目运营情况;第三层为决策分析系统,服务于分(子)公司及局决策者,利用图形可视化界面,对各层面的经营成果进行自动数据分析与预警,实现公司与局层级分级汇总管理与管控要求,达到各层级共享资源、集团敏捷管控的目的。

三是数字化应用体系建设。中建五局编制了包含总则、管理体系、数字化发展规划管理、信息化项目建设管理、系统运维管理、开发管理、数据治理、机房管理、安全管理、应急管理等 10 个章节的《信息化管理手册》,制定了《主数据应用规范》,统一数据分类及其编码标准,实现主数据系统管理。围绕经济活动,梳理了 55 种(类)基础数据作为集成系统的主数据。对组织、客商、人员、物资分类库、项目编码等基础数据按业务部门和层级进行统一分类,梳理权限指定责任人,制定统一的标准与维护流程,形成集团统一的主数据体系。通过应用规范进一步明确了管理标准、组织的职能与岗位职能及工作流程,将原有标准化与系统应用到实处。

从组织管理体系上,设置三级信息化领导小组和信息化工作小组,分别负责信息化工作的决策部署与工作落实,并成立信息化管理部门及信息化创新团队。其中信息化管理部门负责信息化战略规划、系统架构、系统建设和技术支持;信息化创新团队负责业务需求收集与分析、管理优化与变革;各级业务部门负责需求提出和系统推广,确保信息系统与实际业务管理深度融合。

3. 阶段性成果

一是流程在线审批及流程优化。

梳理标准化流程，通过"流程与节点"优化，串行改并行，合并无效流程。新增协同流程 519 条，优化流程 1628 条，减少合并原流程 541 条。应用流程共享、关联进行流程节点优化，完成项目部成立、刻制印章等 13 个流程的合并与共享，由原平均约 27 天，缩短至平均 4 天完成审批。二级单位主要领导审批事项优化，各二级单位主要领导日均减少审批流程 68%。各类业务审批由原来线下签字，改成线上审批，从项目到公司审批的时间由原来的 10 天缩短至 3 天完成。

二是业务在线办理及远程在线稽查。

将原有纸质工作表单取消线下模板，实现所有工作表单线上办理。如分包合同签定、变更、结算、支付，设备与周材的进场、停租、出场、结算等业务的在线办理。加强了成本过程管控，提高了工作效率。

项目生产经营数据在线共享，实现局、公司及项目三级远程在线成本分析，风险自动预警，为管理层决策提供及时有效的支撑。比如，公司商务人员随时随地通过系统全面了解每个项目总承包合同的执行情况，包括收入、分包、物资、租赁与结算、支付情况，对项目成本进行分析，到现场更能找准问题，实现对项目过程成本的精细化管理。

三是台账报表自动生成。

分层分类梳理各业务线条管理报表，实现系统自动取数、在线应用。如物资出入库流水、对账单、结算单、分包与租赁合同、结算及支付等台账、物资与分包等成本报表自动归集，实现项目 36 张台账报表自动生成，替代手工台账与报表。一个项目料账员从原来只做一个项目的料账到可以轻松地完成 2～3 个项目的料账工作，项目商务人员成本分析直接从线上取数，成本报表编制时间缩短 2/3。一线商务与物资管理人员原有的统计、计算、整理等日常工作由系统自动完成，从而腾出更多精力开源、及关注赢利点、亏损点、风险点，促进了项目精细化管理。

系统梳理局级报表与运营分析指标，梳理项目管理信息因子及企业管控信息因子,并制定统一标准。首先,收集项目、公司及局所有过程运营报表,对管理信息因子进行分类,明确管理信息因子标准,确定维护责任人。然后,结合信息系统确定每个因子来源,定义与规范了项目层级管理因子 330 个,公司及局级运营管控因子 46 个;市场营销月表 7 张、商务季报 5 张、生产月报 7 张、财务月报 3 张、人力资源报表 11 张、项目过程管理台账 3 张。市场合同额、生产产值、财务利润、商务成本、人力资源实现风险预警分析。局部门经理例会上,相关业务部门可以直接打开系统进行各业务经营情况汇报,实现企业运营报表与管理实际融合。

四是企业资源库建设。

中建五局管理信息化集成系统自 2009 年上线以来,通过持续推进与应用,在施项目 100% 上线,各项目成本业务逐步脱纸应用,积累了大量的数据。信息系统运行五年,积累了 760 万笔的物资采购明细台账,2.9 万个供方,9.9 万份合同的分包、设备租赁、周材租赁采购明细库,累计合同额 6923 亿元,分包清单达 181 万条,已逐步形成中建五局大数据库。同时,基于各业务数据先后开发了投标业绩库、供方资源库、物资价格库、EPC 概预算库。

(四)数据驱动场景化应用阶段(2017 年至今)

2017 年以来,随着信息技术的快速发展以及新技术的成熟应用,用户对信息化的认知不断提高,对信息化的需求也不断增加,而原有的系统很难满足用户的需要。为此,中建五局以自我为主,采用微服务架构,融合原有平台,既保障了原系统业务的可持续性,同时又发挥了原有系统较强的数据处理及关联功能。通过引进新的技术,补充原有技术性能较慢、个性化不强、用户体验较差等功能以适应新业务的需求。

1. 实施路径

坚持"总体规划、分步实施、自我主导、技术集成、应用创新"的实施策略,按照"业务场景化、场景数字化、数据在线化、决策数据化"的实施路径开展。即将业务从功能性需求转为业务实际场景需求,逐步将实际场景转化为数字化业务场景,实际业务及时在线办理,实际业务与线上数据实时同步,数据反映真实业务与运营,从而实现线上数据决策。

从增量逐步到存量的更新迭代,从服务集约管控逐步延伸到服务业务与用户体验,实现基层业务移动化处理,减少数据重复录入工作,同时以提高工作效率为出发点,逐步打通各岗位之间的断点,实现流程优化与重构、人找事到事找人的转变。

2. 阶段性成果

一是业务轻量化与移动化应用。

中建五局应用微服务架构,围绕项目经济活动的物资管理、分包管理、设备管理及周材管理四类业务全过程,进行了应用场景的梳理,其中物资管理全过程涉及招标投标管理、合约管理、采购管理、领料管理、材账管理、支付管理6个业务场景、16个管理节点,涉及4条业务线、21个岗位,基于各场景先后开发了"资产盘活系统""物资验收系统""零星用工""过程计量结算""智能地磅""供应链协同""电子合同"等微服务应用。完成了物资从合同、计划、订单、验收、入库、结算全过程的业务协同场景化应用,完成了分包从合同、过程计量,零星用工管理,结算到支付全过程的管控场景化应用。

通过资产盘活系统、物资验收系统、零星用工、智能称重、智能点数、设备管理、电子签章等微服务应用,实现了业务流程重构,以及岗位之间的互联互通,促进项目效率与效益双提升。全局1575个项目应用资产盘活系统,1933个项目应用零星用工系统,1132个项目应用物资验收系统。

二是优化智慧工地系统,实现相关方业务在线协同。

中建五局"智慧工地"从企业和项目管理重难点、多层级多用户角度出发,在技术路径方面,采取理论研究、跨界融合、集成创新、示范应用、实效优先的方法,着力解决当前工地现场管理的突出问题,围绕现场人员、材料、设备等重要资源的管理,构建了一个实时高效的远程智能监管平台,有效地将人员监控、位置定位、工作考勤、应急预案、风险预警、物资管理等资源进行整合。通过现场相关信息的采集和分析,为管理层进行人员调度、设备和物资监管以及项目整体进度管理提供决策依据。

整合了原项目业务系统，开发了实测实量、节点管控等现场应用工具，架构了客户门户，实现了项目文件及审批表半表单在线同步，项目动态自动同步。优化了供方门户，实现了电子合同、订单、结算等业务的在线协同。

三是促进流程优化，实现资源共享。

通过应用流程效率分析，精准找出 209 条低效率流程，针对每个流程分别分析节点数及节点平均处理效率，先后通过流程合并、节点优化、处理节点人员督导，实现 209 条流程效率提升 50% 以上。同时应用流程数据，精准分析所有三级单位主要领导审批事项，再通过分级授权，实现三级单位主要领导审批事项减半，效率提升 60% 以上。

新增文档 440 万份，实现了所有在线项目及各业务线条过程资料统一管理。累计形成供方资源 3338 条，为项目选择资源提供方便。形成了 1930 万条的物资价格，能精准分析具体某类材料在同一时间不同单位的采购价格，同时还能分析不同材料价格的市场趋势，提高了物资业务的管理水平。EPC 概预算库为设计概算、投标、分包、采购提供指标数据分析，进一步提高企业数据共享与应用能力。

四是升级数字化管理运营平台技术底座。

2020 年，中建五局将用友 IUAP 平台作为数字化转型升级的技术平台，主要包括业务中台、技术中台、智能大数据中台，两年时间经过三次大版本升级。一方面实现了原有用友 NC 平台与轻量化平台的互联互通，另一方面实现了与中建集团一体化平台及主数据平台的互联互通。实现了中建五局私有云平台与公有云用友 BIP 平台的互联互通，形成了混合云技术架构，架构了客户业务系统、供方业务系统，打通了企业内部与上下游业务生态协同的技术体系。同时，利用用友 IUAP 平台实现了低代码开发应用，完成了节点管控、方案管理、办公用品、设备、智慧工地看板等近 17 个微服务应用。基于大数据中台，通过购买营销数据，完成了中建五局智能营销分析，实现了中建集团一体化系统及中建五局各业务系统统一入户，形成了中建五局数据资产，完成了财务资金、人力资源、商务、物资、工程等 106 张业务报表的在线自动生成。

五是集团门户升级，优化用户体验。

建立了网页端、电脑客户端、移动端三个门户，完善第三方系统的统一登录，企业文化统一发布，增加了内部沟通工具及智能助手，提高了用户使用体验。基于统一主数据实现了中建五局各业务系统与集团人力资源系统、财务一体化平台的统一认证、统一登录，待办事项统一办理，消息统一提醒。通过移动门户能够一键查阅个人简历、工资条、同事信息等。同时，利用及时通信功能替代了微信和QQ，保障了企业信息安全。

第十章

文化兴企战略与创优争先

企业文化是社会文化体系中的一个有机的重要组成部分,它是优秀传统文化精神与现代意识在企业内部的综合反映和表现,是优秀民族文化和现代意识影响下形成的具有企业特点和群体意识以及这种意识产生的行为规范。

文化是在一定条件下人们意识的能动产物,而不是客观环境的消极反映。企业文化是在一定环境中,为适应企业生存发展的需要而形成的,是企业员工共享的价值观、愿景、使命及思维方式的总和,代表了被员工广泛接受的思维方式、道德观念和行为准则。只有反映企业生存发展需要的文化,才能被多数员工所接受,才具有强大的生命力。

第一节 "信和"文化的形成

企业文化构建的基础是企业与员工的共同目标和统一价值观。不同的企业有不同的文化呈现。中建五局结合企业的管理与生产实际，形成了独具本企业特色的"信和"主流文化。"以信为本，以和为贵"，是中建五局"信和"主流文化所体现的核心价值观，也是中建五局人在不断发展壮大中矢志不渝的文化追求。

"信和"文化建设与企业的人力资源管理高度契合，解决了企业人力资源管理中的一系列难题。

"信和"主流文化中的信、和二字，分别来源于我国著名儒家经典《论语》中"民无信不立"（《论语·颜渊》），"礼之用，和为贵"（《论语·学而第一》）。"信和"主流文化的产生，既体现了对中华五千年文明成果的传承，又受到具有地域性特色的湖湘文化熏陶，同时中建五局作为中国建筑集团下属的二级企业集团，其"信和"文化的理念与内涵又承接了中建集团企业文化的核心内容。

一、"信和"文化的产生背景

1965年，服从于国家"大三线"建设的需要，一批来自上海、河北的建设者聚集到贵州遵义的大山沟里，投身于国防工程的建设中，中建五局的前身——101工程指挥部就此诞生了。1977年，这支建设力量又根据国家建设需要进行了"军转民"的体制转型，改组成专门从事机械化土石方施工的专业工程局——国家建委第五工程局。从那时起，企业的发展总体来看是向前的，由小到大、由弱到强、越来越好的。但由于市场形势变化和企业自身专业技术、工程市场的"先天不足、后天失调"等多方面因素的影响，20多年间，企业走过了一段曲折艰难的发展历程，尤其是"九五"中后期，企业连年亏损。

2001年中华人民共和国审计署的审计报告，对中建五局有一段这样触目惊心的记载："该企业资金极度紧缺，已资不抵债，举步维艰；由于长期欠付工资和医疗费，职工生活困难，迫于无奈，部分职工自谋生路，有的只好养鸡、养猪，甚至到附近菜场捡菜叶为生……"

2002年中国建筑集团的审计报告记载："中建五局1.6万名职工中，在岗职工4800人，离退休职工5600人，待（下）岗职工5500人；全局营业额仅为26.9亿元，合同额为22.3亿元；企业报表利润总额为－1575万元，不良资产达4.8亿元。"原下属16家二级单位中有11家亏损，每年亏损几千万元。

中建五局是一个十分困难的企业，许多问题积重难返，需要作长期而艰苦的奋斗，谁来挑这副担子，都将面临巨大的挑战，都需要足够的勇气和足够的智慧。

中建五局的困难，在当时突出表现为"三失现象"：一是"信心丢失"。在21世纪初，企业全面亏损，债务拖欠严重，官司不断，上访闹事的事件时有发生……人心浮动，国企这面红旗还能打多久，人才严重外流，下属一个1000多人的企业本科生走得只剩下一名，即便是那些在岗职工也是"人在曹营心在汉"，当时的中建五局已经基本失去了发展的信心和勇气。二是"信用缺失"。一方面，对员工信用缺失。其中一个公司拖欠职工工资达48个月，甚至经历唐山大地震的职工的抚恤金都有拖欠无力支付。另一方面，业主对企业的信用缺失。当时的中建五局之所以一度陷入困难，一个重要原因是在思想观念上未能树立"顾客至上"的经营理念，失去了顾客和社会的信任，导致市场越做越小，企业越来越困难。三是"人和迷失"。企业陷入困境，一个重要原因是企业内部是非观念模糊，"你好我好大家好，干好干坏一个样""好人不香，坏人不臭"，员工躺在企业身上吃大锅饭，价值观扭曲错位。

为了破解"三失"困境，使企业转危为安，重焕生机，中建五局从开展"树信心、讲信用、求人和"的"三项工程"建设，倡导"创新、敬业、团队、节俭"四种精神入手，逐渐培育出了独具特色的"信和"主流文化，为企业的振兴发展，为实现"社会尊敬、员工自豪"的企业愿景，为构建幸福五局注入了无穷的活力。

二、"信和"文化的三大来源

"信和"文化的产生也不是偶然的。它诞生于改革开放大背景下大型国有工程建设企业体制机制转型的阵痛期，面对企业效益低下、市场萎缩、资不抵债、人心不稳的窘境，如何在竞争激烈的市场经济环境中走出困境、再创辉煌？中建五局的管理层依靠的是先进文化的力量，根据企业自身谋求发展的实际需要，力图重塑一种新型的企业文化，让全体员工兴奋起来，振作起来，奋斗起来，"信和"文化由此应运而生（图10-1）。

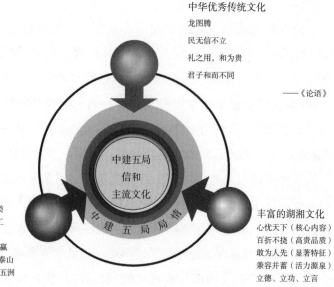

图10-1 中建五局"信和"文化来源

"信和"文化的形成主要源自三个方面，即：中华优秀传统文化、丰富的湖湘文化和中国建筑集团文化。

（一）传承中华优秀传统文化

中国传统文化中伦理意义上的诚信，可以追溯到先秦时期。中国最早的历史文献《尚书》中已出现"诚"与"信"的概念和记载，如"神无常享，享于克诚""信用昭明于天下"。在春秋时代以前，受社会生产力不发达局限，"诚""信"多用于对神界的虔信。

在儒家学说中，"信"逐步摆脱了宗教色彩，成为经世致用的道德规范。"信"被人们更早地与为政之道结合起来。孔子强调"信"在治理国家中的重要作用，认为治理国家时即使"去兵""去食"，也不能"去信"，因为"民无信不立"。

孔子还提出"信"是国与国相交的道义标准："道千乘之国，敬事而信。"孟子继承了孔子关于"信"的基本思想，并进一步把"朋友有信"与"父子有亲、君臣有义、夫妇有别、长幼有序"并列为"五伦"，成为中国封建社会道德评价的基本标准和伦常规范。荀子也把是否有"信"作为区分"君子"与"小人"的重要道德标准。可见，作为中国儒学的原创，孔、孟、荀都把"信"作为做人与为政必须遵守的基本准则。

中建五局的企业文化中鲜明地提出"信用"两个字，并将信用作为中建五局的立业之本，正是对中华传统文化中重"信"守"义"精神的继承与发扬。

对中华传统文化的传承，还体现在中建五局企业文化的"人和"思想上。"和"的思想是中国传统思想文化中最富生命力的文化内核和因子。"和谐文化"不仅要求个体身心和谐、人际和谐、群体与社会和谐，更要求人与自然的和谐，体现为"天人合一"的整体哲学精神，强调"天人共存、人我共存"的辩证立场，以宽容、博大的人道主义精神张扬着丰富的天道与人间和谐融洽的观念。

据专家、学者考证，中华民族的伟大象征——"龙图腾"的形成本身就是一个"和谐文化"的思想演绎。有中国上古奇书《山海经》记载，公元前27世纪时，中原地区原始部落争霸，姬轩辕在远古时代的著名战役——涿鹿会战中大败蚩尤，获众部落拥戴，尊称"黄帝"，成为中国远古时代华夏民族的共主。统一中华后，按当时的部落习俗，要树立一种"图腾"。图腾实际是一个被人格化的崇拜对象。轩辕"黄帝"为了能让所有部落更好地融合统一，提出以狮头、蛇身、鹿角、鱼鳞、鱼尾、鹰爪综合构成一种新的图腾，定名为"龙图腾"。其含义是：龙能腾飞，能下水，能陆行，取多种动物之能。"龙图腾"象征着中华民族的伟大和团结。"黄帝"轩辕被尊为中华"人文初祖"，为五帝之首。

儒家贵"和"尚"中"，认为"德莫大于和"。《中庸》有云："致中和，天地位焉，万物育焉。"《论语·学而》有云："礼之用，和为贵。"儒家学说更看重"人和"。孟子所说"天时不如地利，地利不如人和"是把"人和"看得高于一切。

儒家强调人际关系"以和为美"，提出的仁、义、礼、智、忠、孝、爱、悌、宽、恭、诚、信、笃、敬、节、恕等一系列伦理道德规范，其目的就在于实现人与人之间的普遍和谐，并把这种普遍的"人和"原则作为价值尺度规范每一位社会成员。

中建五局强调要统筹考虑股东、员工、顾客、供方、社会等所有相关方的利益平衡，确立和谐共赢的价值取向，把准了当今时代文明的终极走向，其企业文化中对"人和"理念的宣扬，正是对中华五千年儒家文化的有机传承，也是中华传统文化在现代社会中找到价值坐标的最好佐证。

（二）吸收湖湘地域文化养分

"一方水土养一方人。"中建五局总部从贵州迁转落户湖南省会长沙，已经有数十年，本地人在员工中占据了大多数，即便是外地人，由于长期生活在湖南，许多人在湖湘文化的熏陶下，也变成地道的湖南人了。

湖湘文化是一种区域性的历史文化形态，它有着自己固定的文化特质和特定的时空范围。从空间上说，它是指湖南省区域范围内的地域文化；从时间上说，它是两宋以后建构起来并延续到近现代的一种区域文化形态。湖湘文化是中华文化的多样性结构中的一个独具特色的组成部分。尤其是近百年来，随着湖湘人物在中国历史舞台上的出色表演，湖湘文化已受到世人的广泛瞩目与确认。

"信和"文化体现了湖湘文化"心忧天下、敢为人先"的核心内容。千百年来，国家民族利益高于个人利益，对国家、民族兴亡的强烈责任感和使命感，成为湖湘文化鲜明的价值观。从伟大的爱国主义诗人屈原，到变法图强的谭嗣同、辛亥革命中的湖湘志士黄兴，以及新民主主义革命时期毛泽东等无产阶级革命家，潇湘大地上一代又一代伟人先贤心忧天下、以天下兴亡为己任的伟大精神凝聚成为湖湘文化的核心精髓。

"信和"主流文化的基本表述为"信心、信用、人和"，其中关于"用命工作""用心工作""用力工作""员工讲贡献，企业讲关怀"等理念和要求，较好地体现了湖湘文化中"心忧天下"的精神；中建五局"立德、立人、立业"的企业使命，更是湖湘文化"立德、立功、立言"这种责任感和使命感的另一种表述方式。

"信和"主流文化中"困难企业不讲困难""为最高目标奋斗""用激情点亮前程"等观念的阐述，无不体现了湖湘先贤英烈为了实现理想信念，所表现出的百折不挠的高贵品质。

"信和"文化体现了湖湘文化敢为人先的显著特点。"敢为人先"的创新奋进精神，是湖湘文化的突出特点。湖湘知识群体思想开阔，顺应时代潮流，站在中华文化发展的前沿。从周敦颐重构儒道，王船山"六经责我开生面"，到曾国藩、左宗棠等人致力引进西方技术开办洋务，再到宋教仁、黄兴进行民主革命推翻帝制，直至毛泽东领导中国革命取得胜利，无不彰显湖湘文化思变求新、开拓进取的精神品格。

发展无坦途，创新无止境。在创新引领世界前进的时代，必须不断解放思想，冲破一切不利于改革创新的观念障碍，将湖湘文化"敢为人先"的创新奋进精神，切实转化为加速推进企业前进的动力。据此，中建五局的"信和"主流文化明确把创新精神摆在了企业精神的首位："创新、敬业、团队、节俭"。企业要求全体员工，要"敢为人先，用行动把握机遇"。

"信和"文化体现了湖湘文化兼容并蓄的博大胸怀。"兼收并蓄"历来是湖湘文化的鲜明特征。从魏源提出"师夷长技以制夷"的新主张，进而成为近代中国对外开放思想的首创者，到毛泽东将马克思主义同中国革命具体实践相结合，实现了马克思主义中国化的第一次伟大飞跃，湖湘文化开创了中国近现代思想解放之先河，推动了中华文化的发展和社会的进步。

"信和"主流文化要求全体员工要"改善学习""常记七学"，力争做到"学而习、学而思、学而用、学而传、学而行、学而修、学而果"，始终站在时代的新起点，以湖湘文化兼容并蓄的胸怀，学习他人的先进理念和前沿科学技术，为企业的发展和壮大作出贡献。

"信和"文化体现了湖湘文化的人本精神。湖湘文化不仅是一种充满开拓精神和竞争意识的"刚性"文化，也是以中国充满包容情怀和博爱思想的和谐文化。心忧天下、敢为人先、百折不挠、兼容并蓄的背后，是心系劳苦大众的大爱之情，是深刻的人文关怀和"民本"精神的体现。同时，湖湘文化秉承儒家文化关于自身修养等方面的精髓，强调"立德、立功、立言"，曾国藩就是这样的代表人物。表达的是修身齐家治国平天下的完美人生追求。

（三）承接中国建筑集团文化

中建五局的上级母公司是中国建筑股份有限公司，简称"中国建筑集团"，2009年成功在上交所上市。中国建筑集团是隶属国务院国资委管理的大型中央企业之一，也是唯一不占用国家资源、没有地方保护、没有行业保护，处于完全竞争性领域的企业。中国建筑集团主要从事房屋建筑工程、国际工程承包、房地产开发与投资、基础设施建设与投资及设计勘察五大领域业务，拥有产品技术研发、勘察设计、工程承包、地产开发、设备制造、物业管理等完整的建筑产品产业链条。

2012年，中国建筑集团的企业文化理念概括为"中建信条"，主要由以下几个方面组成：①企业使命，拓展幸福空间；②企业愿景，最具国际竞争力的建筑地产综合企业集团；③主体价值观，品质保障、价值创造；④企业精神，诚信、创新、超越、共赢。

中建企业文化，来源于中国建筑集团旗下各子企业的文化，是各子企业文化精髓的传承与交融、丰富与升华。风雨六十年，深耕三十载，在各子企业文化的基础上，中建文化犹如一台熔炉，淬火而炼，可以解析中国建筑集团丰富多样而又清晰一致的文化元素。

中国建筑集团逐渐形成了主导文化清晰鲜明，特色文化灵活有序的"文化星系"大系统格局。如果把中国建筑集团企业文化看作一个"恒星系"，那么中国建筑集团的母文化就是太阳，各工程局、设计院等子企业的文化则是九大行星。行星围绕太阳公转的同时也有自己的自转，行星有大有小，亮度不同，各有特点。没有太阳的主导，就不能称为太阳系；没有行星的拱卫，也不能成为太阳系。这就需要强调太阳的主体性、主导性，又要尊重行星的相对独立性和自由度。太阳行星交相辉映，是为永恒。

通过中建五局"信和"主流文化与中国建筑集团的企业文化精神相对照，可以得知，"信和"主流文化既体现了母公司中国建筑集团文化的核心，又根据中建五局历史与现实的实际，在许多方面有所创新、有所发展、有所深化，具有自己的特色。中建五局"服务社会，福利员工"的企业宗旨就明白无误地体现了中国建筑集团"服务社会，造福人类，建设祖国，福利员工"企业宗旨的核心内容。

"信和"主流文化，也是中国建筑集团文化与中建五局具体实践相结合的产物，它在承接并全面贯彻母公司文化精神的基础上，又大大丰富了母公司文化，这是中建五局对中国建筑集团文化的重要贡献。

三、"信和"文化的建设历程

"信和"主流文化，既不是对世界著名企业文化的模仿，更不是专家学者以及所谓策划大师的"闭门造车"。它植根于中建五局四十多年前奋战"大三线"的辉煌沃土，发轫于中建五局处于生存危机的非常时期，成长于中建五局励志图强的艰辛征程中，并且伴随着中建五局的发展壮大而逐渐成熟。"信和"主流文化的形成，不是自发的、一蹴而就的，一直以来，中建五局紧紧抓住"总结提炼、宣贯倡导、领导表率、项目践行、虚实结合、全员参与"这六个环节，坚持不懈地探寻具有中建五局特色的企业文化建设之路。

自 1965 年企业创立之日起，中建五局的"信和"主流文化经历了孕育期、萌芽期、成长期、成熟期四个阶段（图 10-2）。

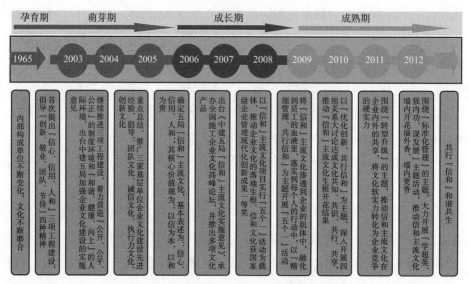

图 10-2　中建五局信和主流文化演进历程图

（一）孕育期（1965—2002 年）

早期的 40 年，是中建五局"信和"主流文化的孕育期。"信和"主流文化可追溯到企业组建初期的"大三线"建设时期，那时第一代中建五局人体现出的敬业奉献精神、艰苦奋斗精神其实都是中建五局"信和"主流文化的有机组成部分。后来，企业构成单位不断变化，文化也在不断磨合。

（二）萌芽期（2003—2005 年）

2003 年，根据企业先天不足、后天失调、长期积弱、危机凸显、企业内部突出存在"信心丢失、信用缺失、人和迷失"的局情，中建五局首次提出建设"信心、信用、人和"三项工程，同时倡导"创新、敬业、团队、节俭"的企业精神，并在全局范围内全方位推行绩效考核制度，使和谐、健康、向上的人际环境和公开、公平、公正的机制环境得以在全局上下逐步形成。

2004年,中建五局继续推进三项工程建设,着力营造"公开、公平、公正"的制度环境和"和谐、健康、向上"的人际环境,并出台了中建五局加强企业文化建设的实施意见。

2005年,中建五局在韶山首次召开企业文化研讨会,在总结三家优秀基层单位企业文化建设先进经验的基础上,明确中建五局主流文化的建设就是要积极推广以"团队文化、诚信文化、执行力文化、精品文化、学习文化、创新文化、快乐文化、节约文化"为内容的主流文化。这一阶段,为"信和"主流文化的萌芽破土培育了肥沃的土壤。

(三)成长期(2006—2008年)

这一阶段,时间虽短,却是"信和"主流文化的快速成长期。

2006年4月,中建五局再次召开企业主流文化建设座谈会,会上明确将中建五局的企业文化称为"信和"主流文化,主要内容概括为"信心、信用、人和"六字,将"以信为本、以和为贵"作为企业的核心价值观"信和",并制定了宣传提纲,组织全局员工开展"信和"主流文化大讨论。同年9月,借中国建筑集团企业文化十周年峰会在中建五局设立分论坛之机,中建五局又召开了企业主流文化推进会,再次对"信和"主流文化进行提炼,使其内涵更加准确和清晰:信心是中建五局的立业之源;信用是中建五局的立业之本;人和是中建五局的立业之魂。

2007年5月,出台《中建五局"信和"主流文化建设实施意见》,承办全国施工企业文化高峰论坛,并推出多项文化产品。为更好地推动"信和"主流文化的落地、生根,中建五局汇集"信和"主流文化的核心内容和相关解读,编写了《"信和"主流文化手册》,并开展了"信和"主流文化"五个一"项目行活动,即:读一本好书(《信和小故事集》)、送一本手册(《"信和"主流文化手册》)、布置一块文化展板、听一堂文化讲座、做一次文化共享。"信和"主流文化逐渐成长壮大,荣获了第十五届国家级企业管理现代化创新成果一等奖。

（四）成熟期（2009 年至今）

从 2009 年起，"信和"主流文化开始步入成熟期，"信和"主流文化逐渐渗透到企业的肌体中，融入员工的心底里，落实到每个人的行动上。全局开展以"精细管理、共行信和"为主题的"五个一"活动，即：学习一本手册、规范一类行为、打造一批标准化工地、宣传一批项目履约的典型、补齐一块工作短板，各单位坚持以项目为载体，通过施工现场这个窗口展现文化、落实文化，突出了施工项目对"信和"文化的承载、落地，实现了文化建设与施工生产和管理实践的有机融合。

2010 年，以"优化创新、共行信和"为主题，深入开展四组关系大讨论，达成文化共知、共识、共行、共享。

2011 年，围绕"转型升级"的主题，推动"信和"主流文化在企业内外的共享，将文化软实力转化为企业竞争的硬实力。

2012 年，围绕"标准化管理"的主题，大力开展"学超英、强内功、谋发展"的主题活动。这一时期，"信和"主流文化开始在中建五局开花结果，走向成熟，共行"信和"，和谐共生。

四、企业文化建设的六个环节

中建五局的"信和"文化从孕育、萌芽到成长、成熟历经 50 多年历程，企业文化的建设过程抓住了总结提炼、宣贯倡导、领导表率、项目践行、虚实结合、全员参与等六个主要环节。

（一）总结提炼

中建五局的企业文化可追溯到 1965 年企业组建初期的"大三线"建设时期，一代又一代中建五局人服从国家建设需要，风餐露宿，转战南北，体现出的敬业奉献精神、艰苦奋斗精神、团结创新精神，就是中建五局"信和"主流文化的基础，2003 年，中建五局把企业精神总结概括为"创新、敬业、团队、节俭"四种精神,同时,根据企业内部突出存在的"信心丢失、信用缺失、人和迷失"现象,提出了建设"信心、信用、人和"三项工程,努力打造和谐、健康、向上的人际环境和公开、公平、公正的机制环境(图10-3)。

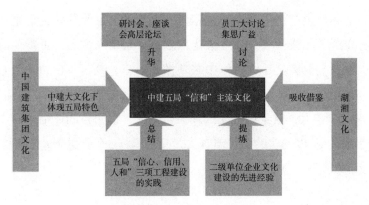

图10-3 环节一:总结提炼

2006年,在总结局属三公司、广东公司、广西公司等优秀基层单位企业文化建设先进经验的基础上,确定将中建五局的主流文化概括为"信心、信用、人和"六个字,明确信心是中建五局的立业之源,信用是中建五局的立业之本,人和是中建五局的立业之魂,并把"以信为本、以和为贵"作为企业的核心价值观。

(二)宣贯倡导

2007年,出台《中建五局"信和"主流文化建设实施意见》,编写了《"信和"主流文化手册》,推出多项文化产品,推动"信和"主流文化的落地、生根。充分利用国企的思想政治和组织管理优势,发挥党团组织及《管理之窗》《中建五局通讯》《中建五局网站》等宣传媒体的主渠道作用,旗帜鲜明地表达和张扬企业的文化主张。各级组织进一步拓宽思路、创新载体,以生动活泼、为群众喜闻乐见的形式,如组织文艺演出、演讲比赛、摄影作品展等,提高主流文化的传播效果。大力开展建精品工程、做优秀项目经理、创明星区域公司的"建、做、创"活动。"信和"主流文化开始从自发走向自觉、从零散走向系统、从朦胧走向清晰。

（三）领导表率

领导干部是企业文化建设的领跑者、推动者，主要领导更是企业文化的思想者、布道者、践行者。企业文化理念不仅是用来说的，更重要的是用来做的。领导在企业文化建设工作中必须做到亲心、亲言、亲力。亲心，就是做到忠心立人、诚心待人、平心做人；亲言，就是要真言感人、"大话"服人、"巧言"悦人；亲力，就是以务实的作风带动人，以出色的业绩感召人，以廉洁的行为影响人，以切实的关怀温暖人。只有这样，企业文化才能形成、成长、成熟和发展。

（四）项目践行

项目是建筑施工企业的基本单元，是企业利润的重要来源，是展示企业形象的最佳窗口，更是践行"信和"主流文化的前沿阵地。中建五局汇集"信和"主流文化的核心内容和相关解读，巡回举办工程项目"信和文化节"活动，并连续五年开展了"信和"主流文化"五个一"项目行，即：学习一本手册（《信和文化手册》），规范一类行为（如CI文化展板），打造一批标准化工地，宣传一批项目履约典型，补齐一块工作短板。根据企业实际，每年"五个一"项目行活动的内容有所不同，目的是将"信和"文化建设与企业经营管理融为一体，形成企业文化建设常态化机制。

（五）虚实结合

企业文化的建设，要将理念与实践、无形与有形、务虚与务实有机结合起来，才能收到良好的效果。实施棚户区改造等十大民心工程，认真做好和谐五局十件事，即：①优化经营结构，实现三个一流；②坚持福利员工，打造共同平台；③完成棚户改造，解决安居问题；④改造总部基地，提升生活品质；⑤兴建中建大厦，改善办公条件；⑥减少待岗人员，实现充分就业；⑦还清职工内债,解决历史拖欠;⑧落实帮困资金,关爱弱势群体;⑨组装社会要素,谋求合作共赢;⑩打造"信和"文化,永葆基业长青。累计归还内债4.8亿元,彻底解决了长期困扰企业的拖欠职工内债的历史遗留问题,中建五局积极推进下岗再就业工作,超过4000名职工实现了再就业。中建五局捐资兴建了韶山希望小学,汶川大地震发生后,中建五局积极参加抗震救灾,向灾区人民捐款捐物,积极履行社会责任,受到社会各界好评。

与业主、客户、分供方协同发展,建立和谐共赢的共享平台。中建五局每年为社会提供约10万个就业岗位,在进城务工人员中实施"五同原则"(即政治上同对待、工作上同要求、利益上同收获、素质上同提高、生活上同关心),被指定为"湖南省重点扶植外拓及劳务培训用工建筑企业"。2008年7月,湖南省委领导到中建五局检查指导工作时,充分肯定中建五局"万名员工闯市场、十万民工奔小康""贡献民生、贡献社会、贡献国家"的经验,要求加大对中建五局扭亏脱困改革发展做法和经验的集中宣传。

(六)全员参与

企业文化,只有被全局上下所有员工理解和实践,才能真正实现文化的"落地",才能真正成为"主流"文化。中建五局为使广大员工积极参加到"信和"文化的建设与践行中,开展了一系列以"信和"冠名的主题文化活动。不断创新活动载体,以广大员工喜闻乐见、踊跃参加的多种形式,普及推广"信和"主流文化。如:万元大奖征集"信和"文化展板(图10-4)、"信和"杯职工篮球赛、"信和"杯劳动竞赛、劳动模范"信和"奖章等。

图10-4 项目"信和"文化展板

通过职工群众积极广泛而有深度的参与，中建五局将"信和"主流文化由"共知、共识"阶段向"共行、共享"的深化阶段推进，使"信和"文化渗透到企业的肌体中，融化到员工的心底里，落实到每个人的行动上。

五、思想文化建设的"四次行动"

中建五局在"信和"文化体系建设实践过程中，根据企业发展不同阶段的生产需求，有针对性地开展了文化建设的"四次行动"。

（一）实施"信心、信用、人和"工程建设

从2003年开始，开展"信心、信用、人和"三项工程建设，推动企业扭亏脱困。当时的中建五局，积弱多年，针对当时企业内部凸显的"信心丢失""信用缺失""人和迷失"的"三失"现象，中建五局在制定"用三到五年时间扭亏脱困进而做强做大"整体战略的同时，在内部以"信心、信用、人和"三项工程建设为先导，推行了竞争上岗、建立全面的绩效考核体系等管理举措，确立了"以信为本、以和为贵"的核心价值观。最终"信心、信用、人和"成为"信和"主流文化的核心内容，"信和"主流文化体系初步成型，形成了"公开、公平、公正"的制度环境和"和谐、健康、向上"的人际环境，助推企业扭亏脱困，实现了中建五局发展史上的历史性转折。

（二）践行"立德、立人、立业"企业使命

从2006年开始，践行"立德、立人、立业"企业使命，推动中建五局做强做大。在完成扭亏脱困的历史任务后，中建五局面临着发展再上台阶的新使命。当时，适逢"十一五"开篇，借导入卓越绩效模式的契机，中建五局重新梳理了企业的使命、宗旨和价值观，提出了"立德、立人、立业"的企业使命，进一步厘清了立德为魂、立人为本、立业为果的内涵关系，并在实践中更多地关注相关方利益，实施了进城务工人员"五同"原则、构筑和谐中建五局"四年十件事"、推动低碳化转型等一系列管理举措，使企业从追求

"利润最大化"转变到追求"价值最大化",助推了企业做强做大,实现了中建五局持续发展的新跨越。

(三)正确处理"四组关系"大讨论

从 2009 年开始,中建五局广泛开展了正确处理"四组关系"大讨论活动,推动企业的科学发展。在历经多年艰苦卓绝的努力、创造了"浴火重生"的业界奇迹之际,从居安思危、推动企业可持续发展的角度出发,倡导在内部开展"公与私、是与非、苦与乐、言与行"四组关系大讨论活动。当时,企业已经完成了从最初的"有活干、吃上饭、不添乱"的扭亏脱困阶段,开始了向"吃好饭、谋发展、做贡献"的创新发展阶段转变,并正在向"弯道超车、持续发展"的差异化竞争阶段迈进。新的战略任务,要求中建五局找到新的文化先行切入点。"四组关系"大讨论,正是在这样的背景下被推向前台。

"四组关系"大讨论活动,着力宣传和打造一批正确处理"四组关系"的先进典型,引领全体员工树立正确的价值观、世界观、人生观和实践观。通过举办诸如征文、"青春在奉献中闪光"DV 讲演大赛等活动,诠释了感人的故事,引导广大青年正确处理"四组关系",取得了很好的效果。

"四组关系"大讨论活动,实际上是一个思辨的过程,起到了"真理越辩越明"的作用。"四组关系"中的每组关系里面,又分出高低不同的四种境界,分别对应着圣人、好人、俗人、小人四个做人的境界。一是"公与私"的关系,反映的是价值观的问题。分为大公无私、先公后私、公私不分、损公肥私等四种境界。要提倡大公无私、做到先公后私、批评公私不分、惩处损公肥私。二是"是与非"的关系,反映的是世界观的问题。分为是非分明、是非明辨、是非模糊、是非颠倒等四种境界。要提倡是非分明、做到是非明辨、批评是非模糊、惩处是非颠倒。三是"苦与乐"的关系,反映的是人生观的问题。分为以苦为乐、先苦后乐、计较享乐、贪图享乐四种境界。要提倡以苦为乐、做到先苦后乐、批评计较享乐、惩处贪图享受。四是"言与行"的关系,反映的是实践观的问题,强调的是执行力。分为言出必行、少说多做、只说不干、言行不一等四种境界。要提倡言出必行、做到少说多做、批评只说不做、惩处言行不一。

在正确处理好"四组关系"上，明确要求各层级领导干部要按最高的境界严格要求自己，力求"大公无私、是非分明、以苦为乐、言出必行"，发挥表率作用。2011年以来享誉全国的"大姐书记陈超英"，就是中建五局涌现出来的优秀代表。陈超英同志是中建五局土木公司的原党委副书记、纪委书记、工会主席，2011年在慰问家属的途中遭遇车祸殉职。她生前就是这"四组关系"讨论的积极组织者，更是"四组关系""圣人"境界的坚定践行者。员工眼中的"大姐书记"陈超英在中建五局浴火重生的进程中，不是树木，而是森林。正是因为有一大批"陈超英式"的国企好干部、好员工，才成就了一个新五局，才创造了"中建五局现象"。

中建五局将"四组关系"的第一个层次与陈超英同志的职业美德进一步提炼升华为"超英精神"——忠诚不渝的信念、公而忘私的情操、是非分明的品格、言行一致的作风、以苦为乐的境界、关爱群众的美德。"四组关系"和"超英精神"是对中建五局"信和"文化的进一步深化和提升，处理好"四组关系"，发扬好"超英"精神就是践行了"信和"文化。

（四）开展"学习超英好榜样"活动

2012年起，中建五局在文化建设推动企业发展取得一系列成效的基础上，继续开展"学习超英好榜样"文化建设活动，进一步推动了企业的转型升级。

2003年到2010年的几年中，坚持"1357基本工作思路"，把握住"五项重点"，遵循"树信心、定战略、用干部、抓落实、育文化"的"十五字路线图"，实现了从"老五局"到"新五局"的蜕变。在进入"十二五"规划实施阶段，中建五局提出了"1559工作思路"，即：围绕"转变发展方式、谋求持续发展"这个中心，实施"差异化竞争、精细管理、科技创新、素质提升、文化升级"等五大战略，坚持"房建求好、基建求强、地产求富、专业求精、区域求优"等五项策略。加强团队学习能力、总包管理能力、市场拓展能力、企业盈利能力、风险管控能力、融资投资能力、组织执行能力、品牌提升能力、党群保障能力等九种能力建设,力争再用8～10年的时间,遵循"转型升级"的路径,建设"全新五局"。

开展"学习超英好榜样"活动,正是在这样的背景下,开展以企业文化建设推动管理升级的重要行动。"忠诚不渝的信念、公而忘私的情操、是非分明的品格、言行一致的作风、以苦为乐的境界、关爱群众的美德"的"超英精神"是中建五局的宝贵精神财富,对弘扬社会主义核心价值观具有重要的积极意义。以发扬传承"超英精神"为重点,在全局开展"学习超英好榜样"活动(超英精神是什么,我比超英差什么,我向超英学什么,学习超英做什么),通过"用身边人教育身边人",进一步净化内部氛围,提升队伍素质,推动企业在"十二五"期间的转型升级和科学发展。

纵观"信和"主流文化的发展历程,每一次的文化集中活动,都是对全体员工灵魂的一次荡涤和升华,是对企业主流文化的一次丰富和深化,从虚到实,由软到硬,软硬两手并举,最终引领了企业螺旋式发展。这样一种节奏,可以说是主观的精心策划与客观的发展规律的契合与共振,也是对企业发展成果的双重保障和放大。

第二节 "信和"文化的内涵

中建五局在多年的探索实践中,形成了独具特色的"信和"文化。所谓"信和",不仅指"信用""人和",还包括"信心"。因此,"信和"文化由"信心、信用、人和"三个主要部分组成,三者缺一不可。其中"信心"是针对人的个体而言,"信用"是指人的相互关系,"人和"是指最终结果,"信和"文化的本质特征是"以人为本"。信和文化强调"主流"特点,所谓主流文化,是指在文化竞争中形成的,具有高度的融合力、强大的传播力和广泛的认同度的一种文化形式。

一、"信和"文化的理念结构

"信和"文化的主要理念有以下七条:

(1)核心价值观——以信为本,以和为贵,是企业文化中最为核心的部分。

(2)企业精神——"创新、敬业、团队、节俭"的五局精神。

(3)企业使命——立德、立人、立业。其中立德是根本,立人是基础,立业是结果。德为先,人为本,业为果。

(4)企业宗旨——服务社会,福利员工。

(5)企业愿景——社会尊敬、员工自豪。

(6)企业目标——三个一流,即把中建五局建设成为全国一流的房屋建筑施工总承包商、全国一流的基础设施专业营造商、全国一流的房地产品牌发展商。

(7)管理方针——规则无上、做守法企业,追求无限、创精品工程,地球无双、建绿色家园,生命无价、圆健康人生。

"信和"主流文化的三重结构的关系:物质文化是基础,制度文化是保证,精神文化是核心。物质层作为中建五局"信和"文化的外在表现和载体,是制度层和精神层的物质基础;制度层规范和影响物质层和精神层的建设,没有严格的规章制度,企业文化建设将是空谈;精神层是形成物质层和制度层的思想基础,也是中建五局"信和"文化的核心和灵魂。

中建五局的企业文化由精神层、制度层、物质层三个层面构成(图10-5)。

1. 外化于形的物质层

这是中建五局文化的表层部分,是可视的、有形的器物文化,主要包括中建五局名称、标志、网站、企业物质经济状态等。

2. 固化于制的制度层

这是中建五局文化的中间层次,是规范性、强制性的行为文化,其主体是中建五局建立起来的覆盖企业运营各个环节的"中建五局运营管控标准化系列丛书"（500 多万字，300 多项制度、办法和工作流程）。

3. 内化于心的精神层

这是中建五局"信和"文化的内核部分，是无形的、意识形态的理念文化，主要包括："以信为本、以和为贵"的核心价值观，"创新、敬业、团队、节俭"的企业精神，"立德、立人、立业"的企业使命等内容。

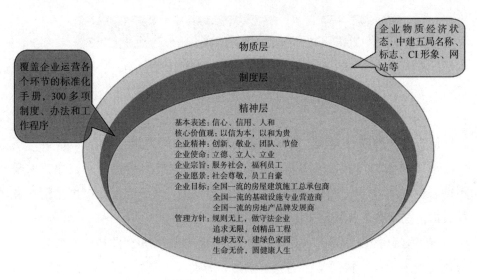

图 10-5　中建五局"信和"主流文化三重结构图

二、"信和"文化的基本内涵

"信和"文化由"信心、信用、人和"三部分构成，"信心"是讲个体的，"信用"是讲相互关系的，"人和"是讲最终结果的。这三者的内在逻辑关系（图 10-6）为：以源于个人内心的信念和力量，营造人与人之间诚信的氛围，从而达成企业、员工、社会和谐共生的"人和"目的。"信心"是中建五局的立业之源，"信用"是中建五局的立业之本，"人和"是中建五局的立业之魂。树信心、讲信用、求人和是中建五局"信和"文化的基本要求，"信和"文化必须始终贯穿着"以人为本"的主线。

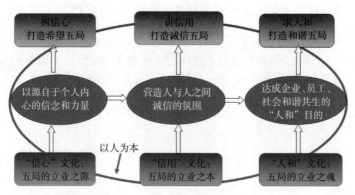

图 10-6 信和主流文化逻辑关系图

（一）"信心"文化为立业之源

信心是一种精神力量。托尔斯泰说过："决心即力量，信心即成功。"当信心源于科学的信仰，又奠基于客观现实时，这种力量将所向披靡、无坚不摧。在我国，坚定中国特色社会主义道路自信、理论自信、制度自信、文化自信，说到底是要坚定文化自信。

员工对企业的"信心"是文化自信的一种体现，是企业持久发展的内在力量。每个企业，特别是市场竞争激烈、劳动力流动性大的工程建设企业，在发展的过程中都不可能一帆风顺，关键是以什么心态、什么措施去应对和解决问题。坚持以积极的思维、积极的心态去积极地工作，企业的发展就不会止步于一时的困境。相反，如果失去了信心，那也就失去了求生的意识，失去了自救的能力，企业就会在困境中越陷越深，甚至走向衰亡。"信心"文化的内涵主要有三个方面。

1. 积极的思维

2002年底，中建五局新一届领导班子上任时面对的首个难题，就是信心丢失。长期计划经济体制下形成的"等、靠、要"的思维惯性，在困难面前员工主要寄希望于上级和政府的援助，缺乏一种自救的主动性；对国企这面红旗能坚持多久，企业上下也都心存疑虑，表现在工作上就是得过且过，做一天和尚撞一天钟。

因此，新班子上任后做的第一件事就是重建信心。首先从解放思想、更新观念上打开突破口，积极拓展解困脱贫、做强做大的发展之路。启动改革，实施全员下岗、竞争上岗，并同步建立覆盖全局各层面的绩效考核制度，建立"金条＋老虎"的激励机制，倡导业绩导向，从机制层面激发信心。

2. 积极的心态

对一个企业的发展而言，信心就是旗帜，信心就是力量。只要旗帜不倒，信念犹在，企业就不会被困难轻易击倒，企业就总能找到摆脱困境的出路。对于困难企业，讲困难很容易，不讲困难则需要勇气。企业通过在内部寻找亮点，领导身先士卒，到井冈山重温"星星之火，可以燎原"的井冈山精神等各种措施，从精神层面重建信心。不断强调"困难企业不讲困难"的理念，通过积极寻找工作中的亮点，坚定"中建五局能搞好"的信念。

3. 积极地工作

发展是第一要务，发展是解困的根本途径。企业一方面通过推进区域经营"四个转变"、实施资源重组整合等一系列改革举措，扭转生产经营的被动局面，以跨越式发展的实践成果，从物质层面支撑信心。另一方面，通过营造和谐、健康、向上的人际环境和"公开、公平、公正"的机制环境，领导以"牺牲享受、享受牺牲"的境界，带领员工披荆斩棘、攻坚破垒。调动员工积极性，做到一般员工"用力工作"，中层干部"用心工作"，高层领导"用命工作"。

中建五局依靠不断解放思想、培育"信心"文化，最终实现了蜕变新生的成功实践，为企业在困境中突围提供了一个实证样本。信心是企业的立业之源。开启了这一源头，企业就拥有了攻坚克难、勇往直前的巨大力量。

（二）"信用"文化为立业之本

为人处世讲信用，中西方都能找到深厚的文化渊源。孔子提出"民无信不立"，将"民信"作为一个国家的立国之本；孟子认为，"诚者，天之道也；思诚者，人之道也"，将诚信作为人之为人最重要的品德。企业作为市场经济的主体，培育"信用"文化至关重要，这是企业适应外部监管的客观需要，是企业自身发展的必然要求,也是维护市场生态的理性选择。

任何企业如果背弃了信用,在思想观念上不能树立"顾客至上"的经营理念,满足于追求企业短期利益最大化,必将受到市场的惩罚。因此,企业应及时更新经营理念、培育企业文化作为占领市场的金钥匙。

企业对社会的"守信"。企业对业主和社会要追求诚实信用的经营方式,崇尚规则,守法经营,提供最优质的产品和服务,力争为客户和社会带来更多的价值。现代市场竞争,争夺的其实是顾客的满意度。谁拥有了顾客,谁就拥有了明天。

企业应从倡导履约意识开始,通过每一个项目全面履约,不为失约找理由,只为守信想办法,逐步赢得顾客的信任。并以合同外的超值服务,使顾客的满意度进一步上升为品牌忠诚度。

企业与员工的"信用"。每一位满意的顾客身后,都站着一批满意的员工。企业的诚信表现为"福利员工",员工的诚信表现为"忠诚企业";企业只有真心"福利员工",员工才会自觉"忠诚企业";企业坚持"付出必当回报",员工才会相信"奉献自有回报";企业不让"雷锋"吃亏,员工才会自觉"学雷锋"。

只有对员工诚信关爱,才有可能赢得"员工用力工作、中层用心工作、高层用命工作"的自觉回报。每位员工自身工作质量的提升,又外化为企业对业主、企业对社会的诚信,从而形成一个良性互动的信用体系,为中建五局重新赢得市场、实现跨越发展奠定了坚实的基础。

另一方面,员工之间也遵循着"诚信"原则。表现为互相尊重,注意沟通,真诚相待,实事求是,言行一致。

(三)"人和"文化是立业之魂

孟子说:"天时不如地利,地利不如人和。"对一个企业而言,人和,就是企业内部、企业与竞争者和关联方、企业与社会和环境之间保持一种共生共赢的良好生态,形成"天人合一、人人合一、个人合一"的和谐氛围,这是企业发展的重要基础。

企业以人为本，就是要营造"企业即人、企业为人、企业靠人"的人本氛围，增强员工在企业里的成就感、成长感、归属感，就是要关注人的发展，让所有人能分享企业发展的成果，实现强企与富民的共赢目标。中建五局建立"人和"文化的过程，实际上就是一个重塑价值观的过程。

1. 企业内部的"人和"

"人和"不是迷失自我的一味附和，而是"和而不同"的一种境界，是建立在统一价值观和公平正义基础之上的一种秩序。要使团队的统一与个性的张扬、企业的发展与员工的成长实现有机的结合。中建五局致力于在内部营造和谐、健康、向上的人际环境和公开、公平、公正的制度环境。

一方面使员工明白，在市场经济竞争环境下，企业不是福利机构，平均主义是最大的不公平，是对辛勤劳动员工的"剥削"。通过持续不断的宣传引导，纠正了人们头脑中模糊、错位的观念，使"按劳取酬""不劳动者不得食"等价值标准在企业内部得到了回归和张扬，为企业发展营造了健康环境。另一方面通过建设学习型组织，倡导"无功就是过"的业绩观，提出"七成定律"的用人理念等措施，提高了人才素质，释放了人才潜能，为企业跨越发展提供了人才支撑。

2. 企业外部的"人和"

从宏观方面来讲，企业与社会及环境处于和谐共生的状态，才有利于自身的发展。企业应当遵守社会生态观念，兼顾自身发展和生态环境保护之间的关系，着眼于提高人类的生活质量、造福子孙后代，实现企业与社会、企业与环境的和谐共生。

从微观上分析，企业与上下游关联方之间，不仅是单纯的经济关系，而是要共享利益，共同发展。企业在整合上下游生产链条上做了积极探索，变"恶性竞争"为"良性竞合"，变单纯的"商务关系"为"战略合作伙伴"，统筹相关方利益，通过共同做大"蛋糕"，成为利益共同体，实现共赢。

对于上游的顾客，企业以战略联盟的方式，锁定了核心业主，这些业主"回头客"提供的订单占到全局的80%以上。对下游作为企业重要施工力量的进城务工人员供方，秉承"人本理念"，明确提出"政治上同对待、工作上同要求、利益上同收获、素质上同提高、生活上同关心"的"五同"原则，形成了"万名员工闯市场、十万民工奔小康"的和谐发展局面。

企业作为社会生态系统中的一部分，作为价值链上的一环，只有确立和谐共赢的价值取向，统筹考虑股东、员工、顾客、供方、社会等所有相关方的平衡利益，才能从"共赢"持续走向"久赢"，实现和谐发展。

三、"信和"文化的主要特点

企业文化作为精神形态的一种体现，其形成的内在规律有一定共性。但受多种因素的影响。从企业文化的表现形态看，不同的企业文化都有着差异性。

"信和"文化的特点有以下表现：

（一）着力提升员工的"幸福指数"

中建五局持续建设"信和"主流文化，是为了实现"社会尊敬、员工自豪"的企业愿景，说到底就是"以人为中心"，提升企业员工的幸福指数。

2002年前，企业"资不抵债，举步维艰"，此时"员工幸福"无从谈起。2002年12月，新一届领导班子上任后提出的第一阶段目标是"有活干，吃上饭，不添乱""穷则独善其身"；解决了"吃饭"的问题之后，提出下一阶段要"吃好饭，谋发展，作贡献"，也就是说，企业要提供更多优质产品，为国家增加更多税收，要为社会多做点贡献，"达则兼济天下"；后来，企业提出新的发展目标是"再次创业"，实现"社会尊敬，员工自豪"的愿景。要获得社会尊敬，就必须对社会做贡献，要让员工愿意在企业工作，并且觉得在自己的企业工作有自豪感，员工的劳动价值得到实现，经济、政治待遇不断提高。让所有员工都能分享企业发展的成果，进而使文化的软实力能转化为企业竞争的硬实力，促进企业的持续、健康、快速发展，实现强企与富民的共赢目标。因此，一个"社会尊敬，员工自豪"的企业就应该是"幸福指数"高的企业，企业员工有浓浓的归属感、成长感、成就感和幸福感。

（二）行业共性和企业个性的统一

企业文化是行业共性文化和企业个性文化的统一体。企业是商品的生产者和经营者，无论其所处何方，经营范围是否相同，都有着共同遵守的客观规律，这是其共同的一面。但是在同一行业内，每个企业又有其文化个性的一面，反映企业自身生产经营的不同特点，具有区别于其他企业的企业文化的独特性。"信和"文化在保持规范、严谨等工程建设企业文化的共性的同时，表现出"信用和谐、共生共赢"的独特性，使企业内部员工之间、上下级之间、团队之间、与合作方之间形成协调、和睦的关系，在"和谐共处"的企业文化环境中，员工自觉把个人利益的诉求与企业利益、团队利益有机结合起来，达到建筑行业共性文化和企业个性文化的统一。

（三）企业文化的稳定性与发展性相一致

企业文化是稳定性与发展性的辩证统一。首先，企业文化的相对稳定是核心，其长期形成的共同思想、作风、价值观念、行为准则一经形成，就为企业全体职工接受和认同，渗透于每个人的思想意识。因此，"信和"主流文化自提出、形成以来，在企业领导层、管理层和生产一线层面都保持了一定的稳定性，成为企业主流文化存在、发展的基础，而不会因各种干扰产生方向性变动。另一方面，封闭僵化的企业文化又会阻碍企业的发展，因为事物总是发展、变化的，企业文化与企业的发展紧密相连，必将受客观环境的变化而变化。"信和"文化在十多年的发展过程中，总是随着国家经济社会快速发展而不断丰富、加深的，作用不断增强，企业文化在保持相对稳定的同时，可以不断升华和发展。

（四）文化的精神性和物质性吻合

就企业文化所表现的企业的共同思想而言，企业文化是一种精神文化，其思想观念本身是无形的。但是无形的企业文化一定要通过企业有形的物质载体表现出来，如人、设备、设施、工程实体等。企业文化作用的发挥又必须以整个企业的精神文化为灵魂,企业文化是精神与物质的统一体。

在企业,任何一项生产、经营、管理、后勤、文娱活动,都会不同程度地反映出企业文化的精神层面与物质层面。"信和"主流文化正是其文化的精神性和文化的物质性统一的产物。如运用"都江堰三角法则",围绕目标因事制宜统筹规划,建立健全人力资源管理机制,促进员工队伍素质整体提升;如围绕共同发展目标,公平公正激励员工的薪酬体系,为员工建立"四条职业通道",设置三种晋升梯子与确立五类工资单元;如鼓励青年人才成长而实施的"青苗工程"等等,中建五局建立的一套科学、完整的制度体系,在企业运行实践活动中都取得了引人瞩目的成效,而在表面看不到的是企业文化的支撑,是"信和"文化主导着企业文化的精神性和文化的物质性高度吻合。

企业文化包含精神、制度、物质三个层面,三者合一,形成了一种内涵深厚的、持久的柔性管理力量,构成了企业品牌的文化基础。

一个企业做得好,一年两年靠机会,三年五年靠制度,长期发展则要靠文化。企业文化建设过程是一个企业管理升级、成就企业品牌的过程,其实质是一个企业能量激活的过程。"信和"文化之所以成为中建五局品牌建设的重要抓手,是因为以源于个人内心的信念力量,营造人与人之间诚信的氛围,实现了企业与员工和谐共生、同步发展。

第三节 创优争先与榜样引领

一、"建、做、创"活动

品牌是诞生在企业文化基础之上的,综合反映了企业整合的资源优势;品牌代表一个企业的形象,折射着企业的综合实力。品牌竞争力从某种意义上代表着企业竞争力。在经济全球化时代,实施什么样的品牌战略,如何对品牌进行有效的塑造与维护,关乎企业的生死存亡。中建五局从 2003 年起持续开展"建精品工程、做优秀项目经理、创明星区域公司"的"建、做、创"活动，从"名品、名人、名企"三个方面，大力推进精品名牌战略。"信和"文化依托"名品、名人、名企"向社会实现了有效辐射和延伸，产生了积极而深远的影响。

（一）以现场促市场，铸造"名品"

金碑银碑，不如市场口碑。诚信致远，精品工程才能树立口碑。信用，是经济指标攀升的通行证。讲诚信，在中西方都能找到深厚的文化渊源。孔子提出"民无信不立"，将"民信"作为一个国家的立国之本。在西方，诚信原则产生于古罗马商品经济基础之上，是现代市场经济的道德基石。信用工程建设不仅仅是润物细无声的内在道德修炼，也是言出必行、令行禁止的执行力建设，更是打造精品名牌工程的最终体现。只有实施精品名牌战略，保证良好的工程质量和品牌影响，对外让顾客直接受益和满意，对内更好发挥以现场促市场、巩固老业主、吸引新业主的作用，才能使"信和"主流文化真正促进市场、繁荣市场。

1. 打造标准化工地

企业推行项目管理标准化建设，并连续多年开展"打造一批标准化工地"活动，成为"信和"主流文化建设"五个一"活动的重要内容。

一是每年组织一次标准化推进会，开展全局性标准化的培训和宣贯，提高全体员工通过抓好现场管理，以精品名牌工程落实"信和"主流文化和展示核心价值观的重要性和必要性。

二是完善两级考评办法，结合标准化推进工作，按照企业质量、安全等评价办法，在施工生产副职考评办法的基础上形成系统、完整的公司、项目各专业管理考评体系，实现对施工生产副职、项目管理部门以及项目的全面考核。

三是制定与实施三类标准，即形成以"安全防护和环境管理标准图集"为主的技术性标准，以"项目施工管理标准化实施细则"为主的管理性标准，以"项目质量工程师、安全工程师等专业工作手册"为主的操作性标准，使项目管理标准化实现了从现场标准化提升到施工管理标准化。

2. 树立项目履约典型

"推进一批项目履约典型",作为"信和"主流文化建设"五个一"活动之一,确定工程项目和劳务供方履约示范典型,在全局推广学习。工程管理部门每年组织两次履约评价与案例分析,组织对各单位质量、进度、服务履约以及维修赔偿情况进行调查统计,分析相关数据,对履约情况进行整体评价,剖析典型案例,有针对性地提出整改意见。同时,组织各单位对重大投诉和维修要求的处理情况进行督查,并对相关顾客调查组织核实行动,对处理不力的单位(部门)和责任人实施追究,对重大、典型案例组织分析,实现全局共享。

3. 坚持过程检查评比

为在打造精品工程和名牌项目工作中鼓励先进、鞭策落后,中建五局连续多年坚持一年两次的"生产技术线、合约经济线"检查,对重点项目的进度、质量、安全、成本和履约等进行综合评比,并打分排名、奖优罚劣。重点工程的检查考评促进了标准化建设,通过建立相应的现场标准化考评和验收制度,使标准化考核成为衡量项目管理水平的主要方法,形成了制度性的"检查—整改—复查—评价—追究"机制,将整改和复查工作上升为各单位监管工作的主要考核内容,并通过组织重点工程检查、重大问题的整改复查,对不实施整改或整改不力的单位和个人进行严厉处罚。

市场源于诚信,专业铸就精品。从2003年起的10年间,中建五局累计获得"名品"类奖项700多项(其中国家级工程奖项100多项、省部级工程奖项600多项)。真正发挥以现场促市场、巩固老业主、吸引新业主的作用,越来越多的大业主成为企业忠实的客户,为企业提供了源源不断的优质项目,支撑着企业快速发展。一大批省市以上的政府及国际知名公司、上市公司都与中建五局建立了战略合作伙伴关系,诚信经营给企业带来了丰厚的回报。

(二)建立育才机制,培养"名人"

中建五局持续实施青苗计划、导师带徒和进城务工人员"五同"原则等,开展"党员示范岗、党员责任区、党员品牌工程、党员攻关项目"等党建品牌活动,以及共青团"岗、队、手、号"创建活动等,打造了一批又一批先进典型和模范人物。

1. 创新制度设计,建设"名人"通道

为了出人才,出"名人",中建五局创新了一系列的人才培养制度。

一是开展职业生涯规划。在企业内部推行员工职业生涯规划,拓展人才发展通道,打造职业发展的平台,提升员工能力,制定了《中建五局员工职业生涯设计管理办法》,确定了员工晋升的行政管理类、项目管理类、专业技术类及操作服务类四种通道。各种通道之间可以相互流动。出台了《分支机构和干部职级管理办法》,对各通道员工晋升的条件、程序、审批权限等进行了规范。同时,采用工作轮换、工作扩大化和工作丰富化等方式,拓展员工横向发展通道,使员工掌握更多的工作技能,从而促进员工职业发展。

二是实施青苗人才计划。随着企业的快速发展,人才不足的矛盾不断突出。中建五局在全局范围内选拔若干学历背景好、思想品德好、敬业上进、有培养前途的青年员工,纳入"青苗工程"名单,并通过采取职业生涯规划指导、重点培训、导师带徒和岗位轮换等措施,培养一批具有领军潜质的青年后备干部队伍。"青苗工程"员工要参加各种培训,每年脱产培训课时不少于60个小时。此外,还安排"青苗工程"员工进行不同岗位的轮换锻炼,提高"青苗工程"员工的综合素质。

三是开展导师带徒活动。坚持"一份师徒协议、一份带教计划、一本学习笔记、半年一次检查和考核、每年一次鉴定和表彰"的运作模式,覆盖率达新进员工的100%。

建立育才机制,打造"名人"的效果显现,员工素质整体提高,并涌现了不少杰出代表。近年来,越来越多的员工相继荣获"中央企业知识型先进职工""全国五一劳动奖章""全国技术能手""全国技术状元""全国建设行业技术能手"等称号。

2. 建立学习型组织,打造"名人"素质

一是健全学习机制。除建立与学历、才能匹配的岗位聘任、晋升制度外,企业还以制度形式规范员工培训管理活动，形成长效机制，建立、保持和改进入职培训、岗位培训、继续教育、外培深造、出国考察等多层级、全方位的培训体系。同时，引导员工自学，每年推荐一本书，开展征文活动，通过奖励取得稀缺执业资格的人员、导师带徒、职业生涯设计等制度性安排，鼓励员工学习。

二是营造学习氛围。组织形式多样的学习活动，如坚持利用业余时间开展培训学习、组织"我就是老师"的主题培训活动，开展"分工有别，沟通无限"的学习交流活动。同时，注重标杆学习，宣传企业内部的名品、名人、名企，定期进行会议交流，推广经验，解剖案例，组织集中述职，相互学习借鉴。

三是发挥领导作用。注重学习理念的培育，营造实事求是的学风、理论联系实际的学风、有的放矢的学风，坚持两级党委中心组学习制度，每年组织领导干部集中培训活动。主要领导带头参加中欧商学院、清华大学总裁班学习，并经常为总部、二级单位及基层管理人员授课，营造全员学习的氛围。

（三）扩大社会影响，成就"名企"

企业对业主和社会最大的诚信就是遵章守纪、履约经营。中建五局奉行"规则至上"的管理信条，秉承"追求阳光下利润"的核心理念。在铸就精品的过程中展现人品，兑现"回馈业主、奉献社会"庄严承诺。

作为国有企业，能否获得社会认同，取决于如何通过发展来实现从履行企业责任到履行社会责任的延伸。为此，中建五局通过统筹各方利益，始终坚持与相关方和谐共赢，致力于打造一个在"贡献民生、贡献社会、贡献国家"领域有卓越表现的国企形象。

1. 与员工和谐共赢

企业坚持将强企与富民结合起来，努力打造企业与员工的共同利益平台。中建五局各项经济指标快速增长的同时，员工收入也实现了同步增长。企业建立了统一的薪酬体系，实行了生日祝福、免费午餐、集体旅游、定期体检、补充医保、企业年金等一系列福利措施，增强了企业的凝聚力。企业十分关注员工的学习和成长，通过一年推荐一本书等形式，引导员工提升素质。

同时，积极推行导师带徒及岗位轮换制度，建立职业发展通道，提供职业发展机会。

企业对内首先要讲诚信，只有坚持"福利员工"，员工才会"忠诚企业"；只有坚持"付出必有回报"，员工才会相信"奉献自有回报"；只有坚持"不让雷锋吃亏"，员工才会"自觉学雷锋"。针对企业内债多的历史遗留问题，在每年年初的工作会上，提出全局还内债的具体指标，与合同额、营业额、利润总额指标一起，作为年度奋斗目标，接受职工的检验和评价。同时，将内债净下降额作为硬指标，列入二级单位经营者年薪考核、领导班子日常考核、数字化党群目标评价体系和领导干部职代会述职内容，根据完成情况进行奖罚兑现。2003年以来，累计偿还职工内债近4亿元，至2007年企业内债已经清零，消除了内部一大不稳定因素。同时，关注弱势群体，积极推行下岗职工再就业、棚户区改造、扶贫济困等民心工程，为职工办实事。

2. 与业主和谐共赢

坚持以客户为中心，持续不断地改进产品质量和服务质量，力争为客户和社会创造更多的价值。过硬的工程实体质量和服务质量，为企业赢得大批优良的回头客，企业品牌忠诚度逐步提高。

3. 与分供方和谐共赢

坚持"强强联合、互惠互利"的原则，高度关注供方利益和供方发展。开展供方分级评价，逐步实行钢材在局层面集中采购，与大型材料设备商进行长期战略合作。将劳务队伍建设放在企业发展的战略高度，对近10万名进城务工人员，坚持实行"五同"原则，即政治上同对待、工作上同要求、素质上同提高、利益上同收获、生活上同关心。建立了湖南省第一家进城务工人员学校，并陆续在各项目建立进城务工人员学校，逐步完善教育培训制度，促进进城务工人员的快速成长，其中的优秀代表——进城务工人员翟筛红、黄明被授予"全国五一劳动奖章"。同时，将"信和"主流文化建设和思想政治工作、党群组织建设等，延伸覆盖到进城务工人员群体，充分发挥国企的政治优势，满足进城务工人员在政治、文化等精神层面的更高需求。每年在内部评选杰出务工人员，与其他员工同台表彰；每年召开合作伙伴座谈会，表彰优秀分供方。

4. 与社会和谐共赢

中建五局坚持发挥国有企业政治优势，履行国有企业社会责任，先后组织捐建"中国建筑韶山希望小学"，进行抗冰救灾、抗震救灾等公益活动，获湖南省及国资委抗冰救灾先进单位、全国建设系统抗震救灾先进单位、全国总工会抗震救灾重建家园工人先锋号、全国住房和城乡建设系统抗震救灾先进集体等荣誉称号，为促进企业发展积淀了新的精神财富。

二、弘扬"超英精神"

"超英精神"发源于中建五局扭亏脱困、涅槃重生的发展实践中，弘扬"超英精神"，是企业发展的本质要求。如何进一步加强"学超英"长效机制建设，进一步用"超英精神"感染人、凝聚人、成就人，从而加速企业发展和员工成长，成为中建五局思想文化建设的重大课题。

2012年以来，中建五局深入推进"学超英、强内功、谋发展"活动，以"六个品牌活动"为载体，深入建设践行"超英精神"的长效机制。以党政工团各级组织联动推进，搭建了从领导干部到普通员工、进城务工人员，从企业内部辐射到社会民生的全方位、多维度的运行系统。

（一）建设践行"超英精神"的长效机制

1. 开展"学习超英好榜样"活动

2012年起，开展"学习超英好榜样"活动。在"学超英、练内功、谋发展"系列活动中，广大干部职工积极参与，努力打造一支"为民务实清廉"、符合"三严三实"要求的党员干部队伍，两级班子聚焦企业发展和职工群众的期盼，始终奋战在市场和管理第一线，精神面貌、工作合力处于良好状态，成为引领企业发展的巨大动力。

2. 建设"陈超英廉洁文化示范点"

中建五局以廉洁文化"四进"活动（进班子、进项目、进岗位、进家庭）

为路径，从"四个维度"创新开展廉洁文化建设，营造政治清明的内生环境和风清气正的廉洁氛围。开展"陈超英廉洁文化示范点"创建工作，制定作业指导书，明确创建路径和验收体系。在各区域公司选取1~2个体量大、影响广、履约和盈利较弱的重点工程作为创建示范的项目，以"三重一大"决策、"风险点识别和排查""降本增效"为重点，共同弘扬"超英精神"，营造廉洁氛围。

每年开展"双十项目"（十大亏损项目、十大风险项目）效能监察，纪检监察联动、审计、合约法务、财务等线条创新开展"综合管理巡视"，建立守法经营、诚信履约以及廉洁从业、预防腐败的机制，为企业持续健康、快速发展提供廉洁保障。

3. 开展"超英杯"劳动竞赛

"超英精神"是国企干部职工忠诚敬业、创先争优精神风貌的集中体现。"超英杯"劳动竞赛旨在激发广大职工，尤其是青年员工和进城务工人员在施工生产、技能提升方面的"学先、赶先、争先、创先"热情，成为铸就效益、精品、人才、品牌的"竞技厂"。

企业出台《"超英杯"劳动竞赛评分细则》《"超英杯"劳动竞赛综合考查表》等制度，明确以"五个一"（签订一份责任状，挖掘一批"超英式"优秀人物，造就一批先进班组，培育一支优秀劳务队伍，创出一批职工经济技术创新成果）为核心的运行体系，深入开展以"六比六赛"（比现场履约，赛工程进度；比科学管理，赛工程质量；比科技创新，赛节能减排；比精打细算，赛降本增效；比以人为本，赛安全文明；比团队和谐，赛廉政建设）为主的竞赛活动，以及CAD制图、算量、测量、"人人上讲台""五小发明"等技能比武，打造一批"履约工程""廉洁工程"，使劳动竞赛成为员工"长知识、长本事、长技艺"的法宝，实现"竞赛促技能、技能强竞赛"的双向互动。

"超英杯"劳动竞赛不仅突破了对工期、质量、安全的传统竞赛，把专业岗位的技能比武纳入竞赛体系，而且把劳动竞赛与多方联动、价值创造紧密结合，使施工作业面的现场竞赛扩展到专业线条的技能比武，竞赛平台实现从单项竞赛到综合竞技的延伸，竞赛结果从施工成品到促进管理提升、人才成长的转型，成为国有企业群众性劳动生产的创新方式。

4.建立"超英爱心疏导室"

陈超英本人就是一名思想政治工作的高手，是一位心理疏导专家。为弘扬她"关爱群众"的美德，企业立足于党群组织功能再造、人文关怀和满足个性需求的契合点，建立"超英爱心疏导室"，创新开展了从物质帮扶延伸到精神关爱，从关注心理健康到提升心灵等级的职工关爱活动。

在实施过程中，"超英爱心疏导室"以关爱基层青年员工、海外员工和进城务工人员为重点对象，不断丰富活动载体，扩大心理疏导的覆盖面和参与度，对外邀请地方组织和专家学者上门指导，确保从职工诉求、群众路线、人力资源、职业规划到进城务工人员关爱、外部联动等平台多元化、形式多样化，真正用"超英精神"感染人、凝聚人、成就人，推动员工成长实质化、实体化，使广大员工、进城务工人员深受裨益。

5.设立"超英爱心基金"

出台《"超英爱心基金"管理暂行办法》，按照"大基金、大关爱"思路，建立内外部"救助帮扶、关爱帮扶、社会捐赠"三位一体的关爱帮扶体系，并制定专业工作流程，严格按程序统筹做好"送清凉""送温暖"和社会捐赠等关爱帮扶活动和社会公益活动，把陈超英"关爱群众"的美德传递到社会、温暖在人间，共享国企发展成果，形成了"2万员工闯市场、20万民工奔小康"的和谐发展局面。

（二）从"超英"到"群英"

超英精神成为中建五局最重要的"精神符号"之一。践行"超英精神"长效机制的成功实践，为培育新时代"国企人"树立了思想标杆，打造了"超英式"好领导、好员工等一大批先进典型。"超英杯"劳动竞赛培养了世界技能大赛优胜奖获得者、95后进城务工人员邹彬，"全国技术状元""全国劳动模范"翟筛红等一大批"忠诚敬业、创先争优"的职业精英，开创了从"超英"到"群英"的喜人局面。越来越多的企业员工开始争当超英精神的传承者，他们在各种岗位上不断诠释和延展超英精神的内涵。

在众多"群英"中，邹彬是一位进城务工人员先进典型代表，也是企业"工匠精神"的代言人。工匠精神在中国有着悠久的历史文化传承，它代表着一个时代的气质，包含着坚持、笃实、精雕细刻和勇于创新，可以概括为蓝领工人们对产品设计的匠心独运、对操作技艺的不断改进、对完美品质的不断追求。

邹彬1995年8月出生在湖南娄底新化县的一个小山村，从小跟随父母到工地干活，吃苦耐劳、偷师学艺。2014年4月，年仅19岁的邹彬参加中建五局"超英杯"砌筑技能大赛，获得青年组冠军，被推荐参加第43届世界技能大赛砌筑项目国家集训队选拔，一路过关斩将进入国家集训队。经过8个多月训练，获得第43届世界技能大赛砌筑项目比赛优胜奖，实现了中国在砌筑组奖牌零的突破。邹彬以他精益求精的工匠精神，对企业员工思想起到巨大的正面激励作用，大幅提升了员工干事创业的信心，提升了员工的战斗力。

在第44届世界技能大赛中，中国选手梁智滨以69.89分的好成绩夺得砌筑项目第一名，为祖国捧回世界技能大赛砌筑项目第一枚金牌。第45届世界技能大赛上，中国选手陈子烽蝉联砌筑项目冠军。

邹彬作为"劳模和工匠人才创新工作室"领衔人，致力于带动创新团队创效提升，打造新时代产业技术工人的创新平台。承办企业千人大型观摩会，帮助企业成千上万名建筑工人提升技能，为多个重点工程项目解决了质量管控难题。以他"干活儿一定要坚持自己的标准"的工匠精神，邹彬影响社会各界共同监督，为企业质量生命延续保驾护航。

经过多年培养和打造，邹彬作为"青年工匠"的人物形象逐渐深入人心。继其在2014年世界技能大赛获奖后，又获评全国技术能手、全国优秀进城务工人员、全国劳动模范、中国青年五四奖章、央企楷模等荣誉，并连续当选第十三届、第十四届全国人大代表。2020年，邹彬当选全国青联常委，新华社全媒体报道累计浏览量达1.2亿次，作为建筑业唯一代表参加基层代表座谈会，向习近平总书记汇报并获亲切点评。邹彬的事迹也获得了社会媒体的广泛关注。

三、从"一枝独秀"到"八仙过海"

中建五局打造"名企"的活动促使各下属单位奋勇当先,从 2003 年起,每年局属二级单位(子公司、直营公司)的先进单位由"一枝独秀""比翼双飞""三驾马车""四大家族",到"三龙四虎""七星拱月",再到"五虎上将""六强争雄""春秋五霸""六雄并起""七雄并起""八仙过海",互相赶超;对局属三级单位(分公司)也连续多年评出"八大金刚""九大行星"作为先进标杆;对发展快、进步大的分支机构则授予"勇猛七杰""八员猛将"等荣誉称号;对优秀的项目经理部,每年评出"十颗明珠""十二骁将",给予表彰;被评为"优秀项目经理"和"劳动模范""优秀经营管理者"的先进人物,奖励一次本人携家属十天左右的"出国游学"。

通过认真并持续不断地开展"创优争先"活动,极大地激发了企业活力,极大地调动了全体员工的劳动积极性,先进单位和英雄模范人物如雨后春笋,层出不穷,从 2003 年的"一枝独秀"到 2013 年的"八仙过海,各显其能;勇猛七杰,敢于争锋;九大行星,疆场驰骋;十颗明珠,交相辉映;十二骁将,个个称雄",企业上下你追我赶,全体员工奋勇争先(图 10-7)。

打造"名企"提升了企业社会影响力和美誉度,全局获得全国五一劳动奖状、中国最具成长性企业、全国优秀施工企业、中国十大管理创新示范企业、全国建设系统精神文明先进单位、国资委抗击雨雪冰冻灾害先进集体、全国"五四"红旗创建单位等众多荣誉。

文化兴企战略的实施和"创优争先"活动助推了中建五局从"有活干、吃上饭、不添乱",到"吃好饭、谋发展、做贡献",再到"精细管理、弯道超车、持续发展""二次创业"的根本转变。中建五局由一家资不抵债、濒临倒闭的"建筑老国企"凤凰涅槃,蜕变成为一家"队伍精干、主业清晰、资产优良、文化积极、商誉良好、充满活力"的投资建设集团,成为一家"社会尊敬、员工自豪"的投资商、建造商、运营商"三商合一"的现代化企业,被新华社等中央主流媒体称为"中建五局现象",受到社会各界称道。

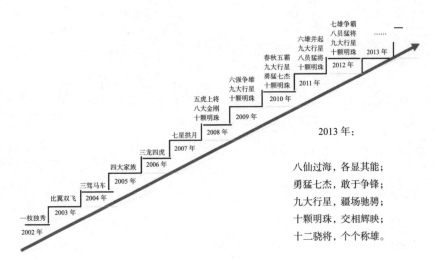

图 10-7 各年先进单位评选